Pacific Crest Trail

4,300km

175일간 미국 PCT를 걷다

Pacific Crest Trail

4,300km

175일간 미국 PCT를 걷다

양희종 지음

푸른향기
Prunbook Publishing Co.

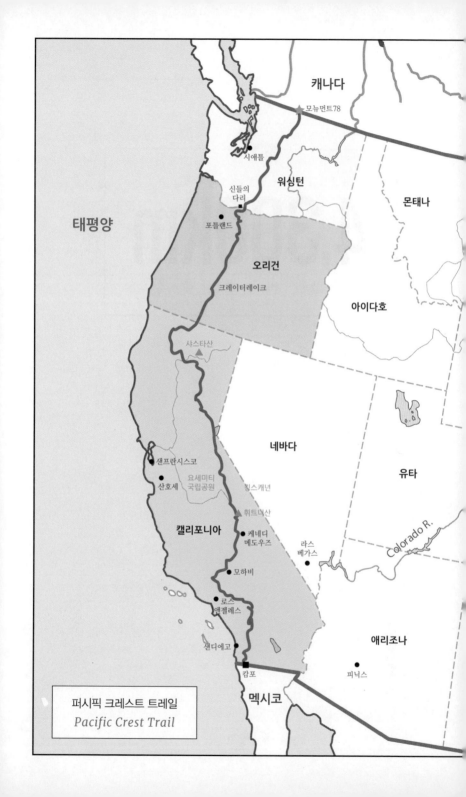

캐나다

모뉴먼트78

시애틀

워싱턴

몬태나

산들의
다리

태평양

포틀랜드

오리건

아이다호

크레이터레이크

사스타산

네바다

유타

샌프란시스코

요세미티
국립공원

킹스캐넌

산호세

휘트니산

Colorado R.

캘리포니아

케네디
메도우즈

라스
베가스

모하비

로스
앤젤레스

샌디에고

애리조나

캄포

피닉스

멕시코

퍼시픽 크레스트 트레일
Pacific Crest Trail

크레이터레이크 Crater Lake

I believe all my experience
will be a great asset for my life.
Each experience is Unique!

ZEROGRAM PCT Tent

모뉴먼트78 Monument78

Pacific Crest Trail

from Mexico to Canada(4,300km)

April 16, 2015~October 07, 2015

모든 경험들은 특별하다.

나는 이 길에서 스스로에 대한 답을 찾고 싶었다.

나의 모든 경험들은 내 미래를 위한

소중한 자산이 될 거라고 믿는다.

CONTENTS

프롤로그 ■ 38

01 캘리포니아 남부 *Southern California* ■ 47

PCT 하루 전 | 첫날부터 길을 잃다 | 물, 물, 물 | PCT 표식 | 첫 보급일정에 맞추려고 조금만 걷다 | 당신이 듣고 싶은 세 가지는? | 안경이 부러지다 | 트레일네임 | 첫 마을에서 첫 버거를 먹다 | 외로움을 날려버린 하이커박스 | 오지탐사대 후배들에게 | 우회할까 말까 | 나, 지금 심각하거든! | 산골 한인 아줌마의 저녁식사에 초대되어 | 인간의 최종 욕구 | 사막, 이기적인 유전자 | 달빛 하이킹 | 시차적응 | 내 인생 최초의 PCT | 갈비가 기다린다 | 일단 걸어라, 일단 도전하라 | 노천온천을 즐기다 | 맥도날드를 향해 45km를 걷다 | 발목까지 쌓인 눈 속을 걷다 | 마침내 갈비를 먹다! | 따뜻한 가족 | 달콤함 후에 오는 두려움 | 트레일엔젤과 트레일매직 | 최고의 맥주는? | 폭풍 속으로 | 내가 과자를 먹었어요 | 아프고, 꼬이고, 못 알아듣고 | 산들길을 걷는 긴길나그네 | 하이킹과 트레킹 | 하이커타운의 터줏대감들 | 모하비사막을 만나다 | This is Life! | 당신의 진짜 이름은 무엇입니까? | 희남이는 어디에? | 내 인생 최초의 고백 | 1,000km를 돌파하다! | 희종기지 3호 | 평범한 제로데이 | 히치하이킹을 하여 다시 PCT로 | 실버 아저씨와 트리플크라운 | 내가 꿈꾸던 진정한 PCT의 모습 | 브렌트 아저씨와 그의 손자들을 만나다 | 내 생애 최초의 사막 | 굿바이, 스파클 | 휘트니 트레일을 만나다 | 나의 버킷리스트, 휘트니산에 오르다 | 포레스터패스, 그리고 캠프파이어 | 식량부족사태로 PCT를 탈출하다 | 타지에서 아프면 서러워 | 돌아가는 길은 험난해 | 오르막, 오르막, 오르막 | 희남이의 실종 | 눈 속에 빠지고, 허리까지 차오른 강을 건너 | 10시간의 강행군으로 도착한 VVR | 그때 그 자전거를 빌려 여행을 계속했다면 | JMT 하이커에겐 가볍지만 PCT 하이커에겐 무거운 20파운드 | 희남이와의 재회 | 마모스레이크에서의 휴식 | 하루 더 쉴까? | 또띠아와 피넛버터? 쌀밥과 볶은 고추장? | 요세미티를 만나다 | 가장 그리운 것이 뭐니? | 함께 걸어도 목표가 다르다 | 모기떼와 함께 춤을 추며 걷다 | 먹고 싶은 것들 | 극심한 편두통 속에서 3,400m의 고개를 넘다

02 캘리포니아 북부 *Northern California* ▪ 195

밤새 설사하다 | 엄마, 이제 막 1,000마일을 돌파했어요! | 45km에 도전하다 | 사우스레이크타호에 오신 것을 환영합니다 | 카지노에서 새 신발값을 벌다 | 에코레이크, 아름다운 호수 | 바다가 보고 싶다 | 텐트에 떨어지는 빗소리, 감자전이 먹고 싶다 | 트레일에서 냉동피자를 데우는 마법 | 인디펜던스데이, 내 생애 가장 따뜻한 날 | 행복한 이별 | 시에라시티에서의 재회 | 위대한 하이커 | 입맛이 없어도 잘 먹어야지 | 숨겨진 보물, 혼커패스 | 가끔은 음주하이킹도 괜찮아 | 2,000m를 한번에 오르다 | 고마워요, 지구를 지켜줘서 | 아름다운 그녀 | 오렌지에 마음을 담아 | 제프 아저씨, 미안해요 | No goal의 나에게도 박수를 | 물마시고 체하다 | 아끼고 아끼던 비빔면을 먹다 | 51.26km, 신기록을 세우다 | 던스뮤어를 건너뛰고 곧장 샤스타산 마을로 | 가장 맛있는 아침식사를 하다 | 엎어진 김에 하루 더 쉬자 | 다시 익숙해지는 몸 | 100일을 걸어오다 | Enjoy Now | 이트나 브루어리에서 친구들을 만나다 | 양 화백 | 52킬로미터를 걷다 | 캘리포니아의 마지막 밤

CONTENTS

03 오리건 *Oregon* ▪ 255

서른 즈음, 결혼에 대한 생각 | 로드워커 교수님과의 인터뷰 | 사랑에 대한 이야기 | 창빈이를 만나다 | 두 번째 탈출 | 샌프란시스코로 가자! | 우리는 여름휴가 중 | 속도위반 딱지를 떼다 | 나쁜 일은 한꺼번에 온다 | PCT로 돌아가고 싶다 | 이별에 대해서 | 내 집 같은 PCT로 돌아오다 | 다시 길에 익숙해지기 | 여덟 번째 선물박스 | 헤드램프를 켜고 걷는 하이커들 | 아름다운 크레이터레이크 | 네 달째, 그리고 3,000km를 지나며 | 순탄한 오리건 하이웨이 | 새싹에게 기회를 주세요 | 다시 코피를 흘리다 | 지긋지긋한 너덜지대 | 마마팅크와 파파팅크 | 네 번째 신발 | 2,000마일을 돌파하다! | 유별난 콜라 사랑 | 맨발의 하이커 | 후드산을 바라보며 카우보이캠핑을 | 카메라가 계곡물에 빠지다 | 삼겹살과 김치를 사들고 오신 선배님 | PCT Days | 신들의 다리 | 비야, 멈춰라. 비야, 더 내려라

04 워싱턴 *Washington* ▪ 315

이별은 언제나 익숙지 않아 | 어느새 9월? | 진흙 속의 진주 | 타크라크레이크 에서 만난 행운 | 희남이의 부상 | 울긋불긋 꽃대궐 차린 동네 | 실수에 대한 외면 | 아까운 태극기 셔츠 | PCT에도 가을이 찾아오다 | 베어리에게서 온 문자메시지 | 속도는 무의미하다 | 한여름 밤의 꿈 | 외모와 성격, 무엇이 더 중요할까 | 착한 호텔에서 하루 더 | 비자만료일까지 20일 | 끝날 때까지 끝난 게 아니다 | 날은 춥고, 옷도 없고, 어깨는 결리고 | 따뜻하고 행복한 상상 | 천사 친구 바리스타 | 카메라가 고장 나서 돌아오다 | 어디서 어긋난 걸까? | 걱정 마, 너를 업고라도 갈게 | 희남에게 마라톤은 무리 | 뼛속까지 스며드는 추위와 희남이의 신음소리 | 300km 앞에서 제로데이를 갖다 | 타국에서 보내는 추석 | 이 식량으로 일주일을 버틸 수 있을까? | 길 끝에서 드는 솔직한 심정 | 꿈속에서의 응원 | 체력이 바닥나면 정신력으로 | 쥐들아, 제발 텐트는 갉아먹지 마라 | 5개월 만에 만난 친구 | 퇴근길 사가는 통닭 한 마리처럼 | 우연히 들른 마을 | 마지막 2,600마일 지점을 지나다 | 모뉴먼트 78을 향하여 | PCT의 마지막 밤 | Fin.

05 PCT, 그리고 그 후 ▪ 381

시간을 두려워하지 말자 | 빅토리아마라톤에 참가하다 | 가난한 여행자의 현실 | 행복, 하니? | 일상으로의 초대 | 남쪽으로 자전거 여행을

에필로그 ▪ 396

PCT Tips ▪ 405

신선이 되고 싶다

신선이 되고 싶었다. 무작정 달리기 시작한 포레스트 검프처럼, 불
법을 얻기 위해 먼 길을 떠난 원효대사처럼. 정확히 말하자면 깨달음
을 얻고 싶었다. 나란 존재에 대해서, 나의 삶의 의미에 대해서. 만
으로 서른이라는 시간을 넘길 즈음 겪는 성장통 비슷한 것이라고 해
야 할까? 30년 동안 한 방향만 바라보며 달려왔는데, 그것에 대한 의
문이 생기기 시작했다. 과연 내가 잘 하고 있는 것일까? 만약 여기
서 멈추지 않고 계속 나아간다면 더 이상 돌이킬 수 없다고, 아니 힘
들다고 생각했다. 그래서 생각할 시간이 필요했다. 온전히 나를 위해
생각할 시간. 그래서 4년간 다니던 회사를 그만두었고 어떤 계기를
찾고 싶었다. 무라카미 하루키는 "당신은 왜 달립니까?"에 대한 물
음에 이렇게 답했다.

"나는 공백을 획득하기 위해 달립니다."

나는 하루키의 대답에 한 가지를 더하고 싶다.

"나는 획득한 공백에 새로움을 채우기 위해 달립니다."

퍼시픽 크레스트 트레일

PCT. Pacific Crest Trail. 우리말로 번역하자면 '태평양 산맥 트레
일'이 가장 비슷한 의미일 것 같다. 말 그대로 태평양을 따라 이어진

커다란 산맥 줄기를 따라 나 있는 트레일이다. (엄밀히 말하자면 산맥은 아니다.) 멕시코 국경에서부터 시작하여 캐나다 국경에 이르는 약 4,300킬로미터(2,650마일)의 거대한 길, 그게 바로 PCT이다. 내가 처음 PCT를 알게 된 것은 2015년 1월 즈음이었다. 그때 나는 약간의 수행이나 고행이 될 만한 배낭여행, 혹은 자전거 여행을 고민하고 있었다. 그래서 많은 사람들이 떠나는 산티아고 순례길이나 존뮤어 트레일 등 장거리 하이킹을 할지, 혹은 내가 5년 전 알래스카에서부터 시작했지만 캐나다 유콘에서 자전거를 도둑맞는 바람에 어쩔 수 없이 끝낸 자전거 여행을 다시 이어갈지에 대해 고민 중이었다.

어느 날 아무 생각 없이 TV를 보고 있는데 「와일드」란 영화에 대한 소개가 나오고 있었다. 한 여자가 인생의 실패와 좌절을 겪었지만 PCT를 걸으며 이겨냈다는, 실화를 바탕으로 만들어진 영화였다. 다른 것은 눈에 들어오지 않았다. 4,300km의 엄청난 길이 저곳에 있다는 것밖엔. 그리고 그 순간 결정해 버렸다.

"PCT로 떠나자!"

바로 주변 친구들에게 이 소식을 알렸다.

"나 PCT 갈 건데 같이 갈래?"

준비, 그리고 함께 걸을 동료를 얻다

PCT에 대한 준비는 그리 오래 걸리지 않았다. 솔직히 말하자면 전혀 준비를 하지 않았다고 해도 과언이 아니다. 원래 큰 계획 없이 떠나는 성격이기 때문에 그 흔한 지도도 제대로 보지 않았고 자료도 별로 찾아보지 않았다. 가끔 PCTA(Pacific Crest Trail Association: PCT를 관리하는 단체) 사이트에 들어가 훑어보는 것 정도였다. 거기에 나와 있는 정보 중 가장 중요한 것은 PCT 퍼밋에 관련된 것이었다. PCT 500마일 이상을 걷기 위해서는 별도의 장거리 하이킹 퍼밋이 필요한데 올해는 2월경에 퍼밋 신청을 오픈한다는 것이었다. 그래서 퍼밋 신청 오픈 전까지 기다렸다. 그러던 중 드디어 PCT를 함께할 동료를 구하게 되었다. 김희남, 2010 오지탐사대 티베트를 다녀온 2살 터울의 동생이다. 해병대 수색대 출신에 마라톤도 수번 완주하고 태권도 동아리 대회에서 수상도 한 건강한 체력의 후배였다. 때마침 희남이도 PCT에 가보고 싶단 생각을 하고 있었는데, 내가 불을 지핀 격이 된 것이다.

개인적으로 이번 여행은 예전 오지탐사대 같이 북적북적한 원정대가 되길 원했지만, PCT의 특성상 쉽게 도전할 수가 없으니 한 명의 동료라도 찾게 된 것을 다행으로 생각해야 했다. 하지만 누군가와 함께 여행을 떠난다는 것이 얼마나 힘든 일인가를 잘 알기에 최대한 맞추고 배려하려 애를 썼다. 절대 틀린 여행이 아니라 각자 다른 여행을 하고 있다는 것을 알기 때문이었다. 희남이의 여행 스타일은 나와 정반대였다. 주변 지인들도 그러한 점을 잘 알기에 힘들 거라며 다시 한 번 생각해보라고 말리기도 했다. 희남이는 하나부터 열까지 정리해야 했고, 확실하게 기록해야 했다. 지도를 머릿속에 꿰고 있어야 했고, 하루에 얼마나 가야 할지, 어디에서 재보급을 받아야 할지 등 철저하게 준비를 했다. 상대적으로 아무것도 하고 있지 않은 듯한 나를 보며 참 답답했을 것이다. 나는 희남이에게 이렇게 말했다.

"희남아, 만약 네가 혼자 갔어도 넌 이렇게 준비를 했을 거고, 내가 만약 혼자 갔어도 이렇게 준비를 안 했을 거야. 그러니까 그런 거에 서로 서운해 하지 말자."

2월 중순 즈음에 기다리던 PCT 퍼밋을 발급받았다. PCT를 걷는 것은 평균 6개월 정도가 걸리는 장시간 여행이었기 때문에 미국 관광 비자라고 불리는 B1/B2 비자가 필요했다. 나는 2008년 알래스카 오지탐사 때문에 이미 발급을 받았기에 문제가 없었지만, 희남이는 첫 미국 방문이기 때문에 비자가 필요했다. 발급 요청 당시 뚜렷한 직업이 없고 무비자 3개월 체류도 가능한 시기여서 비자 인터뷰가 조금 걱정이 되었지만, 철저한 서류 준비를 했고, 가고자 하는 목적이 분명하여 큰 무리 없이 인터뷰에 통과할 수 있었다. 그리고 PCT를 통해 캐나다로 바로 입국할 수 있는 퍼밋도 신청했다. 캐나다로 이어지는 PCT가 산속에 있기 때문에 공식적으로 캐나다로 입국하려면 약 40km를 다시 돌아 나와 도로를 통하거나 비행기 등으로 캐나다 입국 심사대를 통과해야 하지만 PCT 하이커들의 편의를 위해 캐나다에서 PCT를 통해 입국할 수 있는 퍼밋을 발급해주고 있었다. PCT를 향한 큰 준비는 그렇게 마치게 되었다.

후원여행

이번 여행을 준비하면서 가장 많이 들었던 질문 중 하나가 바로 어디서 후원을 받았냐는 거였다. 결론부터 말하자면 이번 여행은 온전히 나를 위한 여행으로 만들고 싶어 후원이나 스폰서를 최대한 자제하려고 노력했다. 그래서 한 장의 기획서도 만들지 않았고, 비행기표부터 대부분의 장비와 경비 등을 내 힘으로 준비했다. 경비는 4년 동안 일하며 모은 돈과 퇴직금을 활용하였고, 장비는 그간 사용했던 장비들을 재활용했다. 그리고 추가로 필요했던 몇몇 장비들은 친구들이 돈을 모아 선물해 주었다. 그리고 김치버스 시형이형에게 공간을 후원받아 지인들을 초청하여 'PCT Project 2015후원의 밤'이라는 작은 행사도 열었다. 명색이 명칭은 '후원의 밤'이었지만 떠나기 전 고마운 분들에게 잘 다녀온다고 인사를 드리기 위해 만든 자리였고,

입장료 형식으로 받은 후원금보다 그날 함께 즐기며 먹은 음식과 술 값이 더 많이 나왔다.

이러한 부분에서는 희남이와 처음 준비할 때 약간 의견이 달랐다. 희남이는 최대한 받을 수 있는 도움을 받자는 쪽이었고, 나는 하나부터 열까지 스스로 다 준비하자는 쪽이었다. 그래서 희남이는 나름대로 기획서를 만들어 이곳저곳에 요청을 한 듯했다. 사실 PCT를 떠나기 전 내가 4년 동안 다녔던 회사가 아웃도어 브랜드를 전개하는 회사였고, 거기다 마케팅 팀에 근무했었기 때문에 후원을 안 해주느냐고 사람들이 많이 물었다. 나는 말했다. 지금까지 약 4년 동안 나를 배우게 해주고 경험하게 해준 것으로도 충분하다고. 아무것도 몰랐던 나에게 마케팅 실무란 것을 경험하게 해주었고, 아웃도어에 대해 더욱 깊게 생각할 수 있게 해주었으며 수번의 국내외 출장, 히말라야 트레킹, 거기에 월급과 퇴직금까지. 이 정도면 충분한 도움이었다고 생각한다.

만약 내가 제대로 마음을 먹었다면 내가 다녔던 회사뿐만 아니라 여러 루트를 통해 다른 회사나 어떤 큰 프로젝트, 아니면 국가기관 등을 활용했을 수도 있다. 내가 4년 동안 했던 일들이 그러한 것들이었으니 그런 것은 나에게 그리 어려운 일이 아니었다. 하지만 이번만큼은 오로지 나를 위한 여행을 하고 싶었다. 물론 기업이나 기관 등의 후원을 받으면 금전적으로 훨씬 자유로워지게 될 수 있고 더 잘 알려질 수도 있다. 하지만 그만큼 그들이 요구하는 것들을 충족시켜 줘야 하며, 그러한 과정 속에 내가 처음 생각했던 부분과의 간극이 발생할 수밖에 없다고 생각했다. 이 간극을 잘 좁혀 스폰서와 대상과의 시너지를 극대화시켜 윈윈이 되면 가장 이상적이지만 생각보다 쉽지 않다.

지난 4년 동안 수번의 후원 프로젝트 등을 기획, 진행하고 또 수십 번의 후원서를 받아본 결과 이번 여행은 오로지 내가 주인공이고 싶은 욕심이 있었다. 그렇다고 후원여행이 나쁘다는 것은 절대 아니다. 나도 예전엔 그러한 방법으로 여행을 다니기도 했었고, 그렇게 시작하여 성장한 사람들을 보면 대단하다고 생각한다. 또한 기업에겐 사회적 책임이라는 것이 있어서 이러한 것을 잘 활용하면 사회적 성장을 촉진시킬 수 있다고 생각한다. 하지만 이런 것을 악용하여 후원을 자기과시 수단으로 사용하는 사람들도 있다. 게다가 개구리 올챙이 적 생각을 못하고 정말 아무것도 없을 때, 가능성을 보고 후원해준 사람이나 기업을 등한시하는 경우도 있다.

이런 것을 다 떠나서 지금 어떤 여행이나 프로젝트를 기획하고 있는 사람이 있다면 그것의 진짜 목적을 생각해보길 바란다. 무엇을 위한 건지. 그 후에 후원을 받을지 말지 고려해보면 더욱 좋을 것 같다.

참고로 여행 중 개인 페이스북에 글을 올릴 때 달았던 해시태그 중 몇몇 기업명이 있는데 그것은 정말 내가 좋아하는 브랜드이거나 아무 조건 없이 나를 응원해주고 있는 분들, 혹은 지금까지 많은 도움을 받아 조금이라도 도움을 드리고 싶은 분들을 위해 명기해 놓은 것이다. 특히 국내 백패킹 제품 개발과 건전한 백패킹 문화를 전파하기 위해 노력하고 있는 제로그램에게 감사를 전하고 싶다. 일면식 하나 없던 우리에게 PCT 도전이라는 이유 하나만으로 텐트와 여러 장비들을 후원해주었다. 처음에는 이 역시 고민을 많이 했는데, 그들이 원하는 것은 PCT 무사 완주와 건전한 백패킹 문화를 많이 알려달라는 것밖에 없다는 것에 감동하여 승낙하게 되었다. 그리고 여러 가지 방법으로 나를 후원해주시고 응원해주신 모든 분들에게 진심으로 고마움을 전하고 싶다.

01

캘리포니아 남부

Southern California

PCT 하루 전

2015년 4월 8일, PCT를 위해 생애 처음으로 LA에 도착했다. 아는 사람이라고는 이민 와서 살고 있는 대학교 선배 형 한 명밖에 없었는데 뜻하지 않게 많은 분들에게 도움을 받았다. 현지 정보와 추가로 필요한 물품들, 그리고 보급 관련된 문제를 해결하려고 PCT 출발 약 일주일 전에 LA에 도착을 했다. PCT를 준비하며 걱정을 했던 부분 중 하나가, 장거리 트레일이다 보니 중간 중간 보급을 어떻게 해결하나 하는 것이었다. 그래서 일단 약 한 달치를 준비하여 각각 보급 포인트에 보내놓고, 그 후는 점차 적응하며 맞춰가기로 했다. 이 과정에서 재미대한산악연맹과 북미주한인산악회 회원분들이 정말 많은 도움을 주셨다. 아무 정보도 없이 무작정 문을 두드렸는데, 젊은 친구들이 큰 도전을 한다며 하나부터 열까지 조언해주시고 보급품도 우리의 일정에 맞춰 보내주기로 하셨다. 대학교 선배인 낙영이 형도 바쁜 와중에 시간을 내어 저녁도 사주고 힘내라며 약간의 여비까지 챙겨주셨다. 그렇게 짧지만 따뜻했던 LA 일정을 마치고 희남이와 나는 PCT 출발점에서 가까운 샌디에고로 향했다. 때마침 오지탐사대 출신이자 친구인 태진이가 파일럿 교육을 위해 샌디에고에 머물고 있어 그 친구 집에서 잠깐 머물기로 했다. 태진이는 파일럿 교육을 받는 다른 한국인 동료들과 함께 숙소에서 지내고 있었는데, 그분들도 우리를 거리낌 없이 반겨주셨고, 힘내라며 행동식과 밑반찬까지 챙겨주셨다. 마지막 날 밤, 떠날 준비를 마치고 마음의 준비를 했다. 내일이면 드디어 그 길에 서게 된다. 태진이가 아침에 PCT 출발점인 캄포까지 데려다 주기로 했다. 생각보다 멀리진 않았다. 군대 가기 전날 밤은 몹시 떨렸었는데 미지의 세계로 간다고 해도 그때보다는 많이 어른스러워진 것 같았다. 이제 시작이다.

04. 16. PCT +1

Campo~Hauser Creek(24.71km/24.71km/706m)

첫날부터 길을 잃다

드디어 PCT에 들어온 첫날이다. 태진이가 아침에 캄포에 있는 PCT 시작점에 데려다 주었다. 사실 어제 저녁 캄포에 먼저 도착하여 밤을 지샌 후 떠오르는 일출과 함께 멋진 시작을 하려고 했었다. 하지만 마지막으로 짐을 정리하다 보니 생각보다 많은 시간이 걸려 태진이에게 캄포까지 데려다 달라고 부탁한 것이다. 샌디에고에서 캄포까지 가는 길이 조금은 길게 느껴졌다. 점점 건물들이 사라지기 시작하고 차는 산길을 넘어 한눈에 보아도 건조해 보이는 지대를 달리기 시작했다. 캄포라는 표지판이 나타나고 작은 마을로 보이는 곳을 지나 시작점에 도착했다. 생각보다 황량한 분위기였다. PCT 마크가 새겨진 작은 구조물이 하나 세워져 있고, 뒤쪽에는 내 키보다 훨씬 큰 담장이 주욱 나 있었는데, 끝이 보이지 않았다. 앞쪽에는 사막 같은 메마른 땅과 언덕들이 펼쳐져 있었다. 저 길을 따라 PCT가 이어진 듯했다. 간혹 경찰차가 담장을 따라 지나다니며 감시를 하고 있었는데, 뒤쪽에 있는 담장이 멕시코 국경이었던 것이다. 나중에 안 사

실이지만 많은 멕시코 사람들이 이 담장을 몰래 넘기 위해 시도를 한
다고 한다. 그 과정에서 물리적인 충돌이 있기도 하고 사상자도 나온
다고 하니 참 무서운 곳이었다.

'삭막하군.'

그것이 PCT의 첫 인상이었다. 무척이나 건조한 땅이었다. 흙은 사
막처럼 바싹 말라 있었고, 태양빛은 강렬했다. 태진이와 함께 출발점
에서 기념사진을 찍은 후 작별인사를 했다. 태진이의 차가 시야에서
사라진 후 우리는 늠름하게 어깨를 펴고 PCT에 첫발을 내디뎠다. 하
지만 시작부터 길을 잃게 될 줄이야….

희남이는 신이 났는지 속도를 내어 길을 따라 힘차게 걸어갔다. 나
는 뒤에서 희남이를 따라가다 뭔가 이상한 느낌을 받았다. 우리는 북

쪽으로 걸어가야 하는데, 국경 담장을 따라 서쪽으로 걷고 있는 듯했기 때문이다. 나는 중간에 멈춰 서서 지도와 나침반을 확인했다. 희남이를 불러 세우려 했지만 이미 시야에서 사라져 버리고 난 후였다. 일단 방향을 확실하게 잡아야 했기 때문에 계속해서 지도와 나침반을 확인했다. 그때 국경 패트롤 차 한 대가 옆에 와 멈춰 섰다.

"PCT를 걸으려는 거지?"

"네. 이제 시작이에요."

"그렇다면 잘못된 길로 들어섰군. 저쪽으로 다시 돌아가서 북쪽으로 걸어야 해."

"그래요? 처음부터 길을 잃었네요."

나는 패트롤 아저씨에게 고맙다는 인사를 한 후 빨리 희남이를 쫓아가려 했다.

"그쪽이 아니라 이쪽으로 돌아가야 해. 내가 태워다 줄게. 차에 타지 그래?"

"아니에요, 아저씨. 사실 제 친구가 저 앞에 가고 있어서 그 친구에게 가서 말해줘야 해요. 길을 잘못 들었다고. 아니면 혹시 아저씨가 가서 말해줄 수 있나요?"

"그래? 그럼 내가 가서 그 친구에게 말해줄게."

"고맙습니다, 아저씨. 저와 같은 동양인이고 남색 옷을 입고 있어요."

잠시 뒤 희남이가 나타났다. 우리는 한바탕 웃고 난 후 다시 북쪽을 향해 걷기 시작했다. 시작부터 오르막이 온몸을 괴롭혔다. 계속해서 목이 말라와 물을 마실 수밖에 없었다. 갈증이 가장 힘들 것이라고 해서 2.5L 배낭용 수낭 하나와 1L 물병을 짊어지고 있었는데, 이러다가 금세 동이 날 것 같았다. 희남이는 물을 체계적으로 나눠 마시고 마신 양과 시간을 계속해서 기록하고 있었다. 하지만 나는 컨트롤이 잘 되지 않았다. 원래 물이나 음료를 많이 마시는 체질이기도 했고, 이렇게 뜨거운 날씨에 오르막을 오르며 갈증을 참는다는 것은 정말 어려운 일이었다. 하지만 그렇다고 무턱대고 마실 수는 없는 노릇이었다. 다음 물이 어디에 있는지 확실치도 않고 그렇다고 희남이에게 구걸하기도 싫었다.

우리의 여행을 잘 마무리하기 위해 세웠던 원칙 하나가 바로 자신의 짐은 자신이 짊어지고 가자는 것이었다. 물론 위험한 순간이나 필요한 순간이 오면 당연히 나누겠지만 원칙적으로 각자의 짐은 각자가 책임지기로 했다. 그리고 나는 그 원칙을 절대적으로 지키고 싶었다. 걷는 내내 배낭이 너무 무겁다는 생각을 했다. 무엇을 빼야 할까? 무엇이 필요 없을까? 출발 전 배낭 무게를 정확하게 재보진 않았지만 불필요한 것들이 너무 많은 듯했다. 삼각대, 읽고 싶었던 책들, 여분의 신발과 옷들, 하모니카, 잭다니엘까지 마치 내 욕심을 짊어지고 가는 듯했다. 너무 힘들어 입맛도 시들해졌다. 걸으며 미리 준비해 뒀던 에너지젤이나 에너지바를 먹으며 힘을 내보려 했지만 쉽지 않았다.

한참을 걸어 날이 어둑어둑해질 즈음 PCT 첫 캠핑을 시작했다. 원래 계획은 20km 정도만 걸은 후 쉬려 했는데, 텐트를 칠 수 있는 장소를 찾다 보니 더 걷게 되었다. 지도에는 하우저크릭이라고 나와 있어 물을 구할 수 있을 줄 알았는데, 모두 메말라버린 듯 찾을 수가 없었다. 미리 도착한 몇몇 하이커들의 텐트들이 보였다. 그들의 첫날은 어땠을까? 그들도 나와 같이 힘들어 했을까? 궁금한 것들이 많았지만 너무 힘들고 피곤하여 대충 텐트 형태만 잡고 희남이에게 수고했다고 인사한 후 침낭 안으로 쏙 들어갔다.

첫날, 첫 캠핑, 첫 PCT, 인생에서 첫날의 기억들은 어떠할까? 내 인생에서 가장 먼저 남아있는 기억, 내 기억 속의 첫 장면, 내 기억 속의 첫 부모님 나이…. 첫날의 기억들은 수도 없이 많다. 오늘의 이 기억도 조금 있으면 멋지게 포장될 것을 안다. 그때의 감정이 아닌 그때를 생각하며 지금의 감정을 표현하며 꾸며대는 것일 수도 있다. 그렇게 기억은 추억이라는 이름으로 미화될 것이다. 오늘 하루 많은 생각을 했다. 엄밀히 말하면 내가 왜 PCT에 왔지? 돌아가고 싶다, 콜라 마시고 싶다, 이러한 생각들이 나를 지배했다. 솔직해서 좋구나. 다시 생각해보니 욕을 참 많이도 했다. 내가 왜 여길 왔나, 뭘 얻고자 했나, 열여덟, 열여덟, 집에 가고 싶다. 신선이 되긴 개뿔.

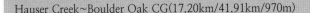

04. 17. PCT +2

Hauser Creek~Boulder Oak CG(17.20km/41.91km/970m)

물, 물, 물

둘째 날, 약간의 여유가 생기기 시작했고, 콜라를 어떻게 활용할까에 대한 생각도 했다. 결국 콜라를 힐링 포션으로 사용하기로 결정했다. 조금 무겁지만 콜라 캔을 살 수 있을 때 사서 배낭에 넣고 다니기로 했다. 갈증도 해결하고 약간의 칼로리도 섭취할 수 있으며 무엇보다 스트레스를 풀 수 있다고 생각했다. 가장 힘든 건 갈증과 열기였다. 아침 일찍 일어나 텐트를 정리하고 다시 출발했다. 희남이와 처음 일주일은 무리하지 않고 20km 정도씩 걸어보기로 했다. 처음부터 무리하여 욕심을 부리면 훗날 크게 후회할 수도 있을 것 같았다. PCT에서 만난 한 아저씨가 물을 조금만 나누어 줄 수 있냐고 물었다. 나는 내가 마실 물도 부족하여 미안하다고 거절했다. 그런데 희남이는 잠시 고민하더니 말했다.

"제 물을 조금 나누어 드릴게요. 저는 워낙 물을 잘 안 마시는 스타일이기도 하고 체계적으로 준비하여 마시기 때문에 약간의 여분이 있을 거예요."

희남이가 대견해 보이며 한편으론 나 자신이 부끄러웠다. 아저씨는 오늘 만나게 되는 모리나레이크에 도착하면 아이스크림을 먹을 수 있을 것 같다며 기뻐했다. 나도 너무 힘들고 목이 말랐지만 기대감 속에 걸었다.

계속해서 내리쪼이는 뜨거운 태양열과 건조한 공기는 우리를 지치게 했다. 모리나레이크에 가까워지면서 가볍게 하이킹을 즐기는 사람들을 만날 수 있었다. 나는 그들에게 인사를 건네며 물었다.

"모리나레이크에 가면 물을 구할 수 있나요?"

그들은 한결같이 웃으며 대답했다.

"그곳에 가면 물을 구할 수 있으니 힘내요."

그래도 혹시나 하는 마음에 마지막 물 한 모금은 남겨두었다. 점심이 지날 즈음 모리나레이크에 도착했다. 그곳에는 캠핑장이 조성되어 있었다. 일단 식수대를 찾아 물을 벌컥 벌컥 마시고 샤워장에서 첫 샤워를 하였다. 살 것 같았다.

모리나레이크는 매년 PCT 시즌이 시작되는 4월말 정도에 PCT Kickoff라고 불리는 PCT 하이커들을 위한 행사가 열리는 장소였다.

일종의 시즌 오픈 파티 같은 행사인데, 많은 하이커들이 이 시기에 맞춰 이곳에 도착을 한 후 행사에서 친구들도 사귀고 정보도 얻는다고 했다. 올해에는 4월 24~26일에 행사가 열리는데, 우리 일정과는 맞지 않아 그냥 지나치기로 했다. 모리나레이크에서는 조금 멀리 떨어져 있었지만 작은 마트가 있다는 소식을 듣고 그곳에 가 콜라와 맥주를 사와 마셨다. 이 모든 것이 이틀 만에 일어난 일이었다. PCT를 준비하면서 나름대로 많은 것을 내려놓았다고 생각했다. 약 두 달여의 시간동안 많은 사람들을 만났고, 그들에게 지금껏 숨겨왔던 이야기들을 했다. 그게 좋은 이야기든 아니든 짐을 내려놓고 싶었다.

PCT 둘째 날, 나는 삼각대를 내려놓았다. 샌들을 내려놓았다. 책들을 내려놓았고 잭다니엘을 내려놓았다. 하지만 아직도 내려놓지 못한 것이 많다. 이 길의 끝에 내가 짊어지고 가는 것이 얼마나 될까? 어제는 집에 돌아가고 싶은 마음이 굴뚝같았는데, 오늘은 이 길의 끝에 서있는 나를 보고 싶었다.

04. 18. PCT +3

Boulder Oak CG~Burnt Rancheria CG(23.83km/66.74km/1,809m)

PCT 표식

밤기운이 점점 쌀쌀해지고 있었다. 높은 곳에 올라와서 그런지 몰라도 기온차가 상당해서 밤에 빨래해놓은 것들이 얼고 있었다. 처음이 길을 걸을 때 조금 걱정이 되었던 것도 사실이다. 과연 길을 잃지 않고 잘 걸을 수 있을까? 길을 잃어버리면 어떻게 해야 하지? 아는

사람 하나 없는 낯선 땅에서, 그것도 사람의 발길도 드문 이 산길에서 길을 잃는다면 어떻게 해야 할지 겁이 났다. 하지만 막상 이 길에 서고 나니 괜한 걱정이었다는 생각이 들었다. PCT를 따라 걷다 보면 친절하게도 많은 표식들이 길을 안내해 주고 있었다. 마치 제주 올레 길의 화살표처럼, 스페인 산티아고 순례길의 노란화살표나 조개껍질 처럼 친절히 우리가 가야 할 길을 알려주고 있었다. 초반에는 브라운 스틱(Brown Stick)이라고 불리는 갈색 막대기가 길가에 세워져 있었 다. 갈림길이나 조금 복잡한 곳을 지날 때면 어김없이 브라운스틱이 우리를 반겨주었다. 때로 다른 하이커들이나 그 길을 먼저 지나간 사 람들이 길을 표시해 주기도 했다. 나뭇가지로 화살표를 그려놓거나 종이에 써서 붙여놓기도 했다. 가장 많이 볼 수 있는 것은 PCT 로고 가 그려져 있는 표식이었다. 브라운스틱에 붙여져 있거나 표지판에 그려져 있기도 하고, 트레일 주변 나무에 달려있기도 했다. 그런데 나무들이 너무 아파보였다. 나무가 자라면서 오래된 표식을 감싸 안고 있었다. 제 살로 상처를 덮어 치유하려는 것처럼 보였다. 그 어느 나라보다 자연을 대하는 태도가 성숙하다고 생각했던 미국에서, 그것도 자연 친화적인 PCT에서 살아있는 나무에 핀을 박아 표식을 달아놓았다는 것이 나에겐 충격이었다.

PCT에 와서 첫 친구들을 사귀었다. 캠핑그라운드를 찾아 들었는데 사이트당 10달러를 내야 했다. 이 캠핑장은 따로 지키는 사람이 없이 각자 봉투에 비용을 담아 통에 넣으면 되는 시스템이었다. 희남이와 나는 모르는 척 텐트를 쳐야 할지, 아니면 떳떳하게 비용을 지불하고 텐트를 칠지 고민을 했다. 그때 한쪽 텐트에서 쉬고 있던 하이커가 우리에게 다가와 말했다.

"PCT를 걷고 있니? 우리도 그렇단다. 괜찮다면 우리 옆에 텐트를 치려무나. 우리가 이미 결제했으니 함께 사용해도 된단다."

와우 아저씨와 프린세스 모나코 아주머니라고 했다. 호주에서 온 중년부부였는데, 친절하게도 우리에게 캠핑사이트를 공유해주었다.

"저희는 한국에서 왔어요, 아주 멀리서 왔죠."

"우리는 호주에서 왔단다. 더 먼 곳이지. 하하하."

04. 19. PCT +4
Burnt Rancheria CG~Mt.LagunaCG(9.77km/76.51km/1,679m)

첫 보급일정에 맞추려고 조금만 걷다
커피를 못 마시는 소년이 있었다. 정확히 말하면 일부러 안 마셨던 것일 수도 있다. 소년에게 커피란 것은 어른이 되어버리는 매개체 같은 것이었다. 어린 시절 소년은 연상의 여인을 만나게 된다. 그녀는 커피를 좋아하는 어른이었다. 데이트할 때마다 카페에 들러 커피 한 잔을 하곤 했는데, 소년은 커피는 너무 쓰다며 단 음료만을 찾았다. 그때마다 그녀는 말했다.

"네가 커피 맛을 알게 되면 어른이 되었다는 뜻이야."

시간이 흘러 소년은 그녀와 이별을 경험하게 되고 그 후로도 계속 커피를 피하게 된다. 몇 번의 연애와 수백 번의 데이트를 했지만 일부러 커피는 피했다. 소년에게는 예전 그녀가 했던 말이 어떤 주문이 되어버린 것이었다. 마치 피터팬이 어른이 되고 싶지 않아 네버랜드를 벗어나지 않는 것처럼, 어린왕자가 어른이 되어 예전의 순수함을 잃어버리고 싶지 않은 것처럼. 그런 소년이 어른이 되어 가는지 조금씩 커피 맛을 알아가고 있다. 어른이 되고 싶어서 그랬는지 평소에 안 마시는 커피를 PCT에 잔뜩 챙겨왔다.

첫 보급을 받기 위해 약 10km만 걸은 후 텐트를 쳤다. 더 가야 했지만 보급 스케줄에 아직 익숙지 않아 거리를 조정하지 못했다. PCT는 워낙 먼 거리를 걸어야 하기 때문에 1주일에서 열흘 간격으로 적당한 장소에서 보급품을 보내고 받아야 한다. 일정이 맞지 않으면 식량이 떨어져 곤란한 상황에 빠지기도 한다. 우리의 첫 보급지는 마운트라구나 우체국이었는데, 일요일에 도착하여 짐을 찾을 수 없는 상황이었다. 앞으로 보급지에 맞춰 운행 스케줄도 맞추고 요일도 신경 써야겠다고 생각했다. 우체국에서만 보급품을 받는 것은 아니지만 보급품을 받아주는 스토어나 트레일엔젤들의 상황도 고려해야 할 것 같았다. 그러한 이유로 조금 이르긴 했지만 조금 쉬고 내일 우체국 여는 시간에 맞춰 보급품을 받고 떠나기로 했다. 오랜만에 생긴 여유를 즐기려고 코펠에 물을 끓였다. 그리고 챙겨온 커피 한 잔과 함께 하루를 돌아보았다. 오늘도 걸으며 많은 생각들을 했다. 무슨 생각을 했다라고 딱 말하긴 어렵지만 내 인생을 주욱 돌아본 것 같다. 내가 과연 무엇을 잘했던 것일까? 내가 무엇을 잘할 수 있을까? 에 대한 생각도 했다.

날이 어둑어둑해지기 시작하더니 금세 깜깜한 밤이 되었다. 밤하늘의 별을 올려다보았다. 별들이 내 눈앞으로 쏟아지는 듯했다. 앞으로도 수없이 만나게 될 PCT의 별밤. 누군가 물었다. 별 백만 개짜리 호텔에서 자보았냐고. 나는 오늘도 그렇고, 앞으로도 수없이 자게 될 것이다.

04. 20. PCT +5

Mt.Laguna CG~Boulder Field(13.52km/90.03km/1,585m)

당신이 듣고 싶은 세 가지는?

우체국을 여는 시간에 맞춰 우리의 첫 보급품을 찾으러 갔다. 우체국 앞에는 많은 하이커들이 삼삼오오 모여 이야기를 나누고 있었다. 5일째 이 길을 걸으며 정말 많은 사람들을 만나고 있다. 다양한 나라, 다양한 모습, 다양한 생각들을 가지고 이곳 PCT에 모인 사람들. 하지만 그들에겐 한 가지 공통점이 있었다.

"너희들은 캐나다로 갈 거니?"

"당연히 그러길 바라지."

그들은 모두 이 길의 종착점인 캐나다로 가고 싶어 한다. 둘째 날

캠프사이트를 공유해준 호주의 노부부 와우와 프린세스 모나코도(모두 트레일네임이다), 셋째 날 만난 후 계속해서 마주치는 일레이, 포레스트, 제이크도, 오늘 우체국 앞에서 보급품을 기다리다 오랜 시간 이야기를 나눈 팬더, 스티븐, 벤, 조슈아, 휘트니, 그리고 조금 전 볼더필드에서 카우보이 스타일 캠핑을 준비하던 핸드릭스도 모두 이 길의 끝, 캐나다에 도착하겠다는 희망을 품고 있었다. 그래서 우린 더욱 쉽게 친해질 수 있었고, 공감할 수 있었다.

팬더는 일본 출생으로 노스캐롤라이나에서 살다 하와이로 거주지를 옮긴 뒤 PCT에 온 24살 청년이다. 생김새는 일본인보다는 하와이안에 더 가깝고 덩치도 내 두 배만 했다. 자기 자신을 팬더라고 소개하며 쿵푸는 잘 못한다던 친구, "Out of tune(음이 안 맞아)"이라며 부끄럽게 우쿨렐레를 연주하던 친구, 해맑게 웃던 모습과 다르게 온몸에 타투가 많아 신기했던 친구, 이런저런 얘기를 하며 친해져 타투에 대해 묻던 중 그로부터 의미심장한 이야기를 들었다. 그의 왼쪽 귓바퀴 앞쪽에 조그만 라인 세 개가 타투로 새겨져 있었는데, 이 특이한 타투는 특별한 사연을 가지고 있었다. 팬더는 예전에 군대에 있었는데, 사격훈련 중 한쪽 귀의 청력을 잃었다고 했다. 하지만 좌절

하지 않았다. 잘 들을 순 없지만 꼭 듣고 싶은 세 가지가 있어 귀에 세 개의 라인을 타투로 새겼다고 했다.

"그 세 가지는 진실, 지식, 그리고 지혜(Truth, Knowledge, Wisdom)야."

그의 이야기를 듣고 내가 듣고 싶은 세 가지는 무엇일까 생각해 보았다. 파도소리, 바람소리, 그리고 사람소리? 여러 가지가 떠올랐지만 세 가지로 한정하기에는 너무 많은 소리가 듣고 싶었다. 나는 아직 욕심이 많은가 보다.

한국인 하이커 한 분을 만났다. 써모미터(Thermometer)라는 트레일네임을 쓰는 아저씨였다. 그전에 다른 하이커들에게 한국인 하이커가 있다는 이야기를 들어 궁금해 하던 참이었는데 드디어 만나게 된 것이다. 써모미터 아저씨와의 첫 만남은 우체국 옆에 있는 스토어에서 이루어졌다. 군것질거리를 사러 들어갔는데, 외국인 하이커가 나에게 저 아저씨가 뭐라고 하는지 알 수 있냐고 물었다. 그가 가리키는 곳을 바라보니 한국인으로 보이는 아저씨가 맥주를 들고 서 있었다.

"안녕하세요? 한국인이세요?"

"어! 한국인이네. 통역 좀 해줄 수 있어요?"

희남이와 나는 통역을 도와드렸다. 아저씨는 고맙다며 맥주 한 병씩을 사주었다. 우리는 밖으로 나와 그늘에 앉아 이런저런 이야기를 나누었다. 아저씨는 장거리 트레일이 처음이 아니라고 했다. 몇 년 전 동부에 있는 애팔래치안 트레일(Appalachian Trail)을 종주하고, 이번이 두 번째라고 했다. 더 놀라웠던 점은 영어를 한마디도 못하는 거였다. 희남이는 아저씨에게 기본적인 영어단어 몇 개를 수첩에 적어드렸다. 하나, 둘, 셋 등 숫자를 비롯하여 맥주, 고마워, 천만에 등이 길을 걸으며 정말 필요한 단어들을. 그리고 우체국으로 함께 가서 아저씨의 보급품을 다른 곳으로 보내는 법을 도와드렸다. 조금 더 시간을 갖고 이야기를 나누고 싶었지만, 각자의 일정이 있기에 다음에 또 만날 것을 기약하며 헤어졌다. 텐트로 돌아와 짐을 정리하고 다시 길을 나섰다.

PCT를 걷기 시작한 이후 신기할 정도로 배변활동이 활발해졌다. 남들이 다 겪는 물갈이도 없었다. 방귀도 훨씬 시원하게 뀌어댄다. 여행 닷새 만에 팬티에 구멍이 난 것이 그 때문일까. 아니면 매일 몸을 엄청나게 움직여서일 수도. 볼더필드라는 멋진 곳에 텐트를 치고 하룻밤을 지냈다. 해발 1,500m가 넘는 바위언덕이었는데, 텐트를 치고 바라본 일몰이 정말 아름다웠다.

04. 21. PCT +6
Boulder Field~Scissors Crossing(34.01km/124.04km/694m)

안경이 부러지다

저녁에 캠핑사이트를 찾아 텐트를 치고 안경을 벗고 잠시 누워 있다가 깜빡 잠이 들었다. 얼마 후 배가 고파 뒤척이며 일어났는데, 손을 잘못 짚어 안경을 누르고 말았다. 또깍 하는 소리와 함께 안경 콧대 부분이 부러졌다. 우려했던 일이 벌어지고 만 것이다.

눈이 나쁜 편인 나는 초등학교 때부터 안경을 썼고 그 후로도 안경과 떨어져 살아본 적이 없었다. 운동을 할 때에도, 군대에서도 마찬

가지였다. 잠에서 깨면 제일 먼저 하는 일이 안경을 찾아 쓰는 일이었다. 한때 콘택트렌즈를 시도해 보았지만 눈 안에 무엇인가 있다는 느낌이 너무 불편해서 포기했다. 수술도 생각해 봤지만 이 역시 후유증이 있을 수 있다고 하여 어쩔 수 없이 안경을 계속 썼다. PCT에 오기 전에도 안경이 걱정되었다. 오랜 시간 걸으면 땀도 많이 흘리고 비바람에 모래바람까지 만날 텐데 과연 잘 버텨줄까? 게다가 강렬한 태양빛에 선글라스는 필수라 해서 도수 넣은 선글라스를 새로 맞췄다. 결국 선글라스 한 벌과 기본 안경 한 벌을 챙겼는데, 혹시나 하는 마음에 여분의 안경을 하나 더 챙겨오게 되었다. 안경과 선글라스를 번갈아가며 썼다. 혹시라도 안경을 떨어뜨리거나 잃어버리지 않을까 노심초사했다. 만약 둘 중에 하나라도 잘못되면 눈 뜬 장님이나 마찬가지일 테니까. 그렇게 조심했지만 결국 안경이 부러지고 만 것이다. 이리저리 붙여보려 했지만 얇은 금속 테라서 불가능했다. 여분의 안경을 가져왔기에 망정이지 큰일 날 뻔했다. 오래 전에 쓰던 안경이라 도수가 잘 맞진 않지만 있는 것만으로도 감사하며 잘 쓰기로 했다.

04. 22. PCT +7
Scissors Crossing~CS0094(27.91km/151.95km/1,310m)

트레일네임(Trail Name)

일주일 정도 희남이와 길을 걷다 보니 조정해야 할 부분들이 보이기 시작했다. 최대한 서로 맞춰가며 걸으려 했지만 각자 걷는 페이스가 다르기 때문에 쉽지만은 않았다. 처음에는 걷는 시간을 맞춰 1시간 걸은 후 10분 정도 쉬었다가 다시 걷는 방법을 택했다. 하지만 희남이의 걷는 속도가 나보다 빨랐고, 나는 속도보다는 순간에 집중을 하여 사진을 찍고 싶거나 머물고 싶은 곳이 나오면 잠시 멈추곤 해서 희남이가 번번이 나를 기다리기 일쑤였다. 그것들이 본의 아니게 서로에게 부담으로 작용되는 듯했다. 그래서 우리는 출발 전 그날 우리가 갈 목적지를 정해놓고 그곳에서 다시 만나는 방법을 써보기로 했다. 함께한다는 의미에서는 조금 억지스러울 수 있지만 서로의 여행을 존중하기 위해서는 필요한 처방이었다. 그래도 최대한 희남이의 페이스에 맞춰 가야겠다고 생각했다. 하지만 중간에 물을 찾으려 하다 길을 잘못 들어 늦어지게 되었다. 희남이와 만나기로 한 곳에서 3~4km 전에 캠프사이트를 발견했다. 다른 하이커들 몇몇이 머물고 있었다. 그들에게 희남이에 대해 물었더니 모두 희남이를 보았다고 했다. 약 한 시간 전에 자신들을 지나쳐 갔다는 것이다. 은퇴 후 세계여행을 하고 있다는 오크 아저씨와 싸이프레스 아주머니가 이렇게 말했다.

"희남? 그 빠른 친구 말하는 거지? 그 친구라면 아까 지나갔어."

"아, 그래요? 그 친구가 엄청 빨라요. 따라잡아야 하는데 힘드네요."

"맞아. 그래서 우리가 그에게 별명을 지어줬어. '히맨'이라고, 알지? 만화 캐릭터 He-Man 말이야! 강하고 빠른! 희남! 히맨! 잘 어울리지?"

그 후로 희남이는 PCT에서 히맨으로 불리게 되었다. PCT에는 트레일네임이라는 독특한 문화가 있다. 말 그대로 트레일에서 쓰는 별명 같은 건데, 대부분의 하이커들이 진짜 이름 대신 트레일네임으로 자신을 소개하며 불리고 있다. 내가 쓰는 스폰테니어스(Spontaneous)처럼 스스로 자신을 표현하기 위해 붙인 이름도 있지만, 히맨처럼 그 사람의 특징을 살려 다른 하이커들이 지어주기도 한다. 물론 마음에 안 든다면 쓰지 않아도 되지만, 남들이 지어준 별명으로 트레일네임을 쓰는 하이커도 꽤 많다. 그래서 하이커들은 처음 만나 인사할 때 어떻게 트레일네임을 얻게 되었는지 묻고 대답하며 서로에 대해 조금씩 더 알아가곤 한다. 리틀베어나 론울프 등 동물 이름을 사용하는 하이커도 많았는데, 그들은 외모가 동물과 닮았거나 성격이 비슷했다. 쿠키몬스터나 팝타르트처럼 자신이 좋아하는 음식을 활용한 이름도 있고, 바리스타나 아쿠아넌트처럼 취미를 이름으로 쓰는 사람도 있었다. 그중 기억에 남는 트레일네임은 퀼티와 그롤러인데, 퀼티는 북유럽 퀼트족처럼 체크무늬 치마에 기다란 수염을 기르고 있어 그렇게 불렸고, 그롤러는 잘 때 코를 너무 골아 그런 별명이 붙여졌다고 했다. 나는 계획보다는 행동을 앞세우는 점 때문에 스폰테니어스라는 이름을 사용하였는데, 많은 사람들이 내가 PCT에 오게 된 이유를 알고는 정말 즉흥적이라며 잘 어울리는 이름이라고 했다.

희남이의 트레일네임을 알게 된 후 조금 무리해서 희남이를 쫓아갈까 했지만, 날씨도 안 좋고 너무 어두워져서 내일 아침 따라잡기로 하고 즉흥적으로 텐트를 쳤다.

04. 23. PCT +8

CS0094~Warner Springs(24.27km/176.22km/928m)

첫 마을에서 첫 버거를 먹다

넓게 펼쳐진 평원을 걷고 있는데 우뚝 솟아 있는 바위가 저 멀리 보였다. 그리고 몇몇 사람들이 그 바위를 향해 걸어가고 있었다. 출발 전에 이글록(Eagle Rock)이라는 랜드마크가 있다는 것을 봤던 것 같아서 혹시나 하고 나도 그쪽으로 향했다. 바위 앞에 도착한 순간 나는 입을 다물 수가 없었다. 집채만 한 바위가 정말 이름 그대로 독수리 형상을 하고 있었던 것이다. 다른 하이커들과 나는 어메이징!! 을 외쳐가며 연신 셔터를 눌러댔다. 순간 궁금증이 생겼다. 이 바위는 자연적으로 생긴 것일까, 아니면 누군가 독수리를 형상화해서 만든 것일까? 하이커들 사이에도 의견이 분분했다. 자연적으로 만들어진 형상이다. 아니다, 원주민들이 오래전에 만들어 놓은 것이다. 나중에 안 사실이지만 자연적으로 만들어진 바위라는 설이 지배적이었다. 공식적인 자료를 찾진 못했지만 많은 사람들이 자연이 만들어낸 작품이라고 주장하고 있었다. 이글록의 경치에 취해서였는지 내려오는 길에 모자가 날아간 것도 모르고 계속해서 걸었다. 모자가 사라진 것을 알았을 때는 이미 너무 멀리 걸어와 돌아갈 수 없었다. 누군가 주워 가져다 줬으면 좋겠다는 생각을 하며 오늘의 목적지인 워너스 프링스 마을로 향했다.

PCT를 시작하고 처음 만나는 마을이기도 하고 보급지로 정해놓은 곳이기도 했다. 어제 잠시 헤어진 희남이도 그곳에서 다시 만날 수 있을 것 같았다. 많이 걱정하고 있을 것 같아 빨리 가서 걱정을 덜어주고 싶었다. 마을에 도착하여 PCT 현수막이 걸려 있는 마을회관으로 향했다. 건물 앞 공터에 많은 하이커들이 텐트를 치고 쉬고 있었다. 나는 그들에게 다가가 혹시 희남이를 보지 못했냐고 물었다. 한 하이커가 그가 희남인지는 모르겠으나 건물 안 식당에 한 동양인이 있다고 말해주었다. 나는 짐도 풀지 않은 채 안으로 들어갔다. 그곳에서 희남이를 다시 만났다. 희남이는 내가 올 시간이 되었는데 나타나지 않아 걱정하고 있었다고 했다. 나는 어제 있었던 이야기를 들려주었다.

"히맨이 뭐예요?"

"네 트레일네임이야. 만화 캐릭터인데 어제 만난 다른 하이커들이 너를 히맨이라고 부른대."

희남이도 싫지 않은 눈치였다. 나는 희남이와 같은 햄버거와 콜라를 주문했다. PCT에서 먹는 첫 햄버거였다. 라면이나 건조 쌀 같은 인스턴트 음식들만 먹다 제대로 된 음식을 먹게 된 것이다. 알래스카 자전거 여행 중 먹었던 첫 햄버거가 생각났다. 그때만큼은 아니지만 너무 맛있었다. 워너스프링즈는 아주 작은 마을이었는데, PCT가 지나가고 있어서 그런지 PCT 하이커들에게 매우 친절했다. 마을회관

앞 공터 같은 곳을 활용하여 PCT 하이커들이 캠핑을 할 수 있도록 하였고, 햄버거와 음료들도 저렴한 가격에 판매하고 있었다.

이 길을 걸으며 정말 많은 친구들을 사귀고 있다. 주로 영어를 사용하여 약간의 어려움은 있지만, 계속 하다 보니 어느 정도 소통은 되는 것 같다. 오크 아저씨도 다시 만났는데, 밴쿠버의 홀스슈베이(Horseshoe Bay)에 여름 별장을 가지고 있다며 끝나고 오라 했다. 좋다! 그리고 난 남미로 가야지. 내년엔 데날리나 애팔래치안 트레일에 도전해보고 싶다는 생각을 했다. 비구름이 조금씩 몰려오고 있었다.

04. 24. PCT +9
Warner Springs~Lost Valley(16.1km/192.32km/1,353m)

외로움을 날려버린 하이커박스

"남들에게 외로움을 느끼는 건, 그 전 단계이고 그걸 넘어서 나 스스로도 나를 외롭게 하는 순간 난 죽는 거지. 결국은 자아의 문제 같아. 그 원초적 본능을 감추려고 이성이나 동성에게 '나를 봐주세요.' 하며 어필하고 그 관심을 양분삼아 즐거워하는 것인지도 모르지. 하지만 그것조차 성에 차지 않게 되면 스스로 자책하고 힘들어 하는 게 아닌가?"

오래 전 외로움에 힘들어하던 친구에게 힘내라며 술기운에 썼던 글이 생각났다. 맨 정신에 다시 읽어보면 조금은 난해하지만 곰곰이 생각해보면 한번쯤은 공감하지 않을까? 인간이라면 누구나 한번쯤 외로움에 힘들어해 보았을 테니. PCT를 걷다 보면 외로움에 대해 많이 생각하게 된다.

워너스프링스를 떠나기 전 혹시 몰라 하이커박스를 찾아봤는데, 누군가 내 모자를 주워서 넣어놓았다. 하이커박스는 PCT를 걸으며 만날 수 있는 소소한 즐거움 중 하나이다. 쉽게 설명하자면 나눔 상자 같은 것이라 할까. 하이커들이 불필요한 것들을 다른 하이커들을 위해 나누어 주는 문화라고 생각하면 된다. 장거리 트레일을 걷다 보니 자신의 계획과는 다르게 보급품이 많이 남는 경우도 있고, 걷다가 필요 없게 된 물건도 있다. 그런 것들을 버리지 않고 필요할 수도 있는 다른 하이커들을 위해 남겨두는 것이다. 하이커박스는 보통 하이커들이 자주 들르는 가게나 우체국, 혹은 트레일엔젤의 집에서 찾을 수 있다. 그래서 많은 하이커들이 마을에 도착하자마자 보물찾기하는 기분으로 하이커박스를 먼저 찾게 된다. 가끔은 나에게 요긴한 것들을 보물처럼 발견하여 비용을 아끼기도 한다. 이따금씩 식품류도 발견되는데, 하이커박스만 잘 활용하면 보급품이 필요 없을 거라는 우스갯소리도 있다. 내가 잃어버렸던 모자처럼 누군가 잃어버린 물건들을 하이커박스에 넣어 두기도 한다. 아끼던 모자를 찾을 수 있어서 정말 기뻤다. 외로움에 대해 생각하다가 정말 외로워졌는데, 누군가의 사려 깊고 따뜻한 마음에 감동하여 기분이 좋아졌다. 거의 일주일 만에 샤워까지 하고 나니 행복감으로 날아갈 것 같았다.

04. 25. PCT +10

Lost Valley~Nance Canyon(33.25km/225.57km/1,020m)

오지탐사대 후배들에게

이틀째 비가 왔다. 태양이 가려져서 오히려 운행에는 수월했다. 약 34km를 8시간 만에 주파했다. 평속 4km 정도로 걸었다. 장시간 운행은 확실히 다리에 무리를 준다. 물집도 많이 잡히고, 발이 안 아픈 곳이 없다. 탕에 들어가서 좀 풀고 싶다. 어제까지 행복하다고 생각했는데, 금세 불평을 늘어놓고 있는 나를 발견했다.

달력을 보니 내 인생에 큰 변화를 가져다 준 오지탐사대를 선발하는 시기가 다가오고 있었다. 한국 청소년 오지탐사대, 글로벌 시대를 맞이하여 글로벌 리더를 키운다는 명목 하에 대한산악연맹에서 주최하여 매년 약 50명의 대학생을 선발하여 오지탐사의 기회를 주는 프로그램이다. 만약 한국에 있었다면 내가 받았던 도움만큼 후배들에게도 도움을 주고 싶어 이런저런 방법을 찾아봤을 것이다. 하지만 나는 그들과 멀리 떨어져 이 길을 걷고 있었다. 길을 걸으며 내가 오지탐사대로서 느꼈던 것들에 대해 정리를 해 보았다.

안녕하세요. 08알래스카 양희종입니다. 현재 오지탐사대 OB활동을 하고 있으며 자칭 타칭 양 단장이라고 불리고 있습니다. 2011년엔 회장단도 역임했었고, 아웃도어 브랜드 밀레에서 마케팅 일을 4년 정도 하다 사표를 내고 지금은 멕시코부터 캐나다까지 이어진 약 4,300km의 PCT를 걷고 있습니다. 먼저 오지탐사대에 선발되신 것에 축하드리며 멋진 도전과 수많은 기회에 마주하게 된 것에 대해 경의를 표합니다. 멋진 후배님들이 생겼다는 소식에 조금 주제넘지만 멀리서나마 몇 가지 이야기를 해드리고 싶어 글을 남깁니다.

제가 생각하는 오지탐사대의 의미에 대해 말씀드리고자 합니다.

말 그대로 '오지탐사대', 우리를 대표하는 이 단어는 크게 부분으로 나눌 수 있습니다. '오지', '탐사', '대'. '오지'는 앞으로 여러분이 마주하게 될 대상입니다. 가깝게는 여러분 각 팀의 탐사지가 될 수 있고, 더 나아가서는 앞으로 마주하게 될 현실, 사회 등 더욱 확장되고 다양한 의미로 다가오게 될 것입니다. '탐사'는 여러분이 행해야 하는 책임과 행동입니다. 이 역시 가깝게는 탐사지에서 해야 하는 탐사 활동과 봉사, 문화체험 등이고, 더 나아가서는 앞으로 살아가며 행해야 하는 모든 책임과 행동이 포함됩니다. '오지' 그리고 '탐사'에서 유념할 것이 하나 있습니다. 절대 사전적 의미의 '오지'와 '탐사'만을 인정하고 쫓지 마십시오. 그러다 보면 현실과 너무 동떨어진 이상주의자가 될 위험이 있습니다. 이를 저는 '오탐's 트랩'이라고 부릅니다. 우리는 우리를 남들보다 엄청 뛰어나고 앞서가는 집단이라 생각할 때가 있습니다. 경쟁률이 치열했던 오탐에 선발되신 여러분이라면 물론 뛰어난 분들이죠. 하지만 가끔 현실사회에서 자신의 몫을 다하고 있는 사람들을 너무 쉽게 볼 때가 있습니다. '왜 바보처럼 일만 하지?' '왜 꿈을 잃었지?' '저렇게 사는 건 인생이 아니야. 인생은 항상 도전이지!' '역시 저렇게 살아야지. 나도 떠나야겠어!' 누구의 인생도, 누구의 도전도, 누구의 역할도 쉽게 판단할 수 없다고 생각합니다. 다들 각자만의 이유가 있고 각자만의 도전이며 그들만의 '오지'이고 '탐사'라고 생각합니다.

마지막으로 '대'에 대해 말씀드리고자 합니다. 많은 사람들이 '오지'와 '탐사'란 단어에 조금 더 의미를 두고 있으셨을 거라 짐작이 됩니다. 저 역시 그랬구요. 하지만 진정한 오지탐사대의 의미는 이 '대'에 있다고 생각합니다. 오래 전 사람들은 저 높은 곳에 무엇이 있을까 궁금해 하기 시작했습니다. 그래서 수단과 방법을 가리지 않고 정상에 오르려고 했습니다. 이것이 바로 결과를 중시하는 등정주의의 시작입니다. 시간은 흘러 오를 산들은 모두 정복되었고, 사람들은 이제 방법에 대해 고민하기 시작합니다. 더 어려운 루트, 남들과 다른 방법, 이것이 바로 과정을 중시하는 등로주의입니다. 또 시간은 흘러 이제 사람들은 새로운 것을 고민하기 시작합니다. 누구와 오를 것인지, 올라 무엇을 생각할 것인지, 이것이 바로 등인주의의 시작입니다. 오지탐사대는 혼자 가는 것이 아닙니다. 함께 가는 팀이 있습니다. 옆에 팀원들을 보세요. 여러분은 앞으로 그들과 함께 하는 것입니다. 그들은 물론 개개인으로도 훌륭하지만 함께 있을 때 더욱 훌륭해집니다. 혹시 '이 친구가 왜 뽑혔을까?' 싶은가요? 걱정 마세요. 오지탐사대에는 리더만 있는 것이 아닙니다. 만약 삼국지에서 유비만 100명, 조조만 100명 있다고 생각해 보세요. 그 나라는 산으로 갔을 것입니다. 사공이 많으면 배가 산으로 가는 것처럼 말이에요. 여러분의 팀에는 유비도 있고, 관우도 있고, 장비도 있고, 제갈량, 조자룡, 황충, 방통 등 다양한 능력자들이 있습니다. 자신의 자리에서 자기의 역할을 잘 해낼 테니 걱정 마세요. 만약 자신이 리더형 인간이라고 생각한다면 그들의 능력을 잘 판단하여 이끌어 내는 것도 리더의 역할입니다.

사실 오지탐사대 선발과정에서 여러분의 라이벌은 모든 지원자가 아니었습니다. 여러분의 라이벌은 그 지원자 중에 여러분과 색깔이나 능력이 겹치는 사람들이었을 거예요. 이것은 나중에 사회에 나가서도 마찬가지입니다. 무조건 리더가 되려고, 리더가 될 수 있는 척 포장하지 말고 자신의 역할이 무엇인지 잘 파악하여 그 사람들 중 최고가 되려 노력하십시오. 지금 여러분 곁에 있는 팀원, 대원들은 앞으로 여러분에게 엄청난 힘이 될 것입니다. 각 분야로 뻗어나가 엄청난 커넥션이 이뤄질 것입니다. 최고의 방법은 한 사람이 모든 것을 잘할 수 있는 것이지만, 이는 신이 아니고서야 불가능할 것입니다. 그렇다면 최선책은 잘하는 사람을 곁에 두는 것입니다. 그리고 그 사람들이 믿음으로 연결이 되어 있다면 그것보다 든든한 것은 없을 것입니다. 그것이 제가 생각하는 '대'의 의미이며 '오지탐사대'의 진정한 의미입니다. 지금 제가 말씀드린 이야기들이 지금 당장은 공감이 안 갈 수도 있지만 훗날 다시 한 번 돌이켜보게 되길 바랍니다. 공감가는 순간이 온다면 언제든지 말씀해 주세요. 아니면 다르게 생각되는 점이 있거나 궁금한 점, 혹은 더욱 발전시킨 의미가 있어도요. 이 말을 하며 마무리하고자 합니다. 우리는 '산을 위해'가 아닌, '산을 통해' 만난 자연스러운 오지탐사대입니다. 오지탐사대임을 만천하에 자랑하세요. 감사합니다. See you on the Trail.

04. 26. PCT +11
Nance Canyon~CS0157(27.68km/253.26km/1,729m)

우회할까 말까

엄청 힘들었던 날이다. 몸이 천근만근이었다. 전날의 피로도 그렇고 아침을 부실하게 먹어서 그런 듯했다. 왼쪽 종아리에 통증이 오기 시작했다. 이제 점점 몸이 반응하는 것 같았다. 점심엔 파라다이스 카페에서 ROUTE66 버거와 생맥주를 마셨다. 모든 하이커들이 이곳으로 향하는 듯했다. 파라다이스 카페는 PCT와 만나는 도로에서 조금 떨어져 있는 곳이었는데, 몇몇 하이커들은 히치하이킹을 해서 가기도 했고, 몇몇은 그냥 걸어가기도 했다. 희남이와 나는 히치하이킹을 할까 하다 몇 번 시도 후 그냥 걸어가기로 했다. 한동안 날씨가 안좋았는데 다시 해가 나왔다. 파라다이스 카페는 하이커뿐만 아니라오토바이나 자동차 여행자들에게도 유명한 곳인 듯했다. 물론 하이커들이 가장 많았지만 오토바이 동호회로 보이는 사람들도 많이 보였고, 가족여행을 하는 사람들도 보였다. 그들 모두 우리를 신기하게바라보았다. 너무 더럽고 냄새가 나서 그랬을지도 모른다. 멕시코 국경부터 캐나다 국경까지 걸어서 간다고 하니 다들 말도 안 된다는 표정을 지었다.

파라다이스 카페에서 새로운 정보를 얻게 되었다. 하이커들과 이야기를 하고 있는데 계속 우회라는 단어를 사용하고 있었다. 그래서자세히 물어보았다. 시애틀에서 온 이글아이가 지도를 펴서 자세히설명해 주었다.

"이곳이 지금 막혔어. 여기까지는 갈 수 있는데, 거기서 다시 이렇게 돌아가야 해. 그럴 바에는 그냥 도로를 따라 걷는 게 더 나을 수도있어. 아니면 여기서 히치하이킹을 하던가."

다른 하이커들은 모두 알고 있었던 것 같은데, PCT 정보에 약한 우리는 이제야 알게 된 것이다. PCT 일부 구간(Cedar Springs~Idyllwild)이 지난해 산불로 인해 통제되었다고 했다. 다른하이커들은 파라다이스 카페에서 하이웨이를 따라 우회하여 가거나차를 타고 아이딜와일드로 이동한다고 했다. 우리는 최대한 PCT를통과하고 우회 트레일을 이용하기로 했다. 그래서 다시 산으로 향했다. 나는 컨디션도 안 좋고 구간통제라는 핑곗거리도 생겨 히치하이킹을 해서 편히 가고 싶다는 생각을 했지만 희남이의 의지가 워낙 강해 그렇게 하기로 했다.

04. 27. PCT +12
CS0157~Idyllwild(35.2km/288.46km/1,712m)

나, 지금 심각하거든!

아침에 일어나니 텐트 안이 온통 모래더미로 가득했다. 지난 밤 우회길을 돌아 다시 PCT에 합류하여 처음 만난 사이트에 텐트를 쳤는데, 주변에 모래가 많고 간밤에 바람이 세게 불었던 게 화근이었다. PCT에서는 짐 무게에 무척이나 민감하기 때문에 보통 삼계절용 텐트, 혹은 여름용 텐트를 쓰는 경우가 많다. 하이커들의 성향에 따라 텐트 대신 타프(커다란 천조각을 폴대나 나무 기둥 등에 묶어 바람을 막는 형식의 장비) 같은 것으로 대용하기도 하지만 개인적으로 추천하는 편은 아니다. 조금 더 무게를 줄일 수 있겠지만 타프는 독립된 공간이 주는 안정감을 갖기 힘들기 때문이다. 아무튼 이러한 이유에서 나는 이너텐트가 매쉬로 이루어진 삼계절용 텐트를 썼는데, 바람이 많이 부는 날이면 밤새 모래와 싸워야 했다. 날씨가 그리 춥진 않았지만 모래바람 때문에 숨을 쉬기 힘들어 침낭을 머리끝까지 덮고 잤다. 일어나 텐트 안 모래더미를 다 제거한 후 희남이의 텐트 상태를 물었다. 다행히도 나무 사이에 쳐서 그런지 모래바람이 들어오지 않았다고 했다.

오늘은 비교적 큰 마을인 아이딜와일드에 도착하는 날이었다. 이 길을 걸은 지 어느덧 열흘이 넘어 마을에 도착하면 하루 쉬기로 했다. 길을 걷는데 작은 문제가 생긴 듯했다. 폰으로 GPS 어플과 지도를 사용하기 위해 태양열 충전기를 배낭에 메고 다녔는데, 태양 빛이 강하지 않아서 그런지 충전이 잘 되지 않았다. PCT에 트레일 표시가 잘 되어있긴 하지만 간혹 길을 잃는 경우가 있어 항상 확인해야 했기 때문에 조금 불안했다. 그래서 나는 최대한 희남이를 놓치지 않으려고 애를 썼다.

아이딜와일드로 향하는 마지막 고개를 넘을 즈음이었다. 이 고개만 넘으면 마을에 도착할 것 같다는 생각에 조금 방심했던 것 같다. 배낭에는 남겨둔 콜라 한 캔이 남아있었는데 정상에서 마시고 힘내서 내려가면 좋겠다는 생각을 했다. 희남이와 함께 마실까 했지만 한 캔밖에 남아있지 않고 희남이는 저 멀리 앞서 가고 있어 일부러 챙기지 않았다. 정상에 도착하여 배낭을 내려놓고 콜라 한 캔을 마셨다. 그리고 저 멀리 펼쳐진 풍경들을 바라보며 약간의 휴식을 가졌다. 아이딜와일드에 도착하면 맛있는 음식들을 잔뜩 먹을 수 있다는 생각에 군침이 돌았다. 하지만 욕심은 화를 불러일으킨다.

내려가는 길에 갈림길이 나타났다. 지도를 확인하려 했지만 배터리가 다 닳아 폰이 켜지지 않았다. 다른 하이커가 지나가길 기다렸으나 한참을 기다려도 인기척 하나 없었다. 희남이의 발자국을 찾으려 두리번거렸다. 모두가 희남이 발자국 같았다. 선택을 해야 했다. 어차피 반반의 확률이었다. 나는 왼쪽 길을 택해 길을 따라 내려갔다. 다행히 도로를 만날 수 있었다. 하지만 계속 따라 내려가도 마을이 나타날 기미는 보이지 않았다. 결국 달리는 차를 세워 물었다.

"아이딜와일드 마을로 가려면 어떻게 해야 하나요?"

"마을이요? 잘못 내려왔네요. 반대로 가야 해요. 아니면 저 밑으로 내려가서 다시 올라가요."

태워달라고 부탁할까도 해봤지만 분위기가 아닌 것 같아 조금 더 내려가 보기로 했다. 끝까지 내려가자 아이딜와일드 표지판이 보였다. 하지만 아직도 많이 걸어야 했다. 그때 차 한 대가 멈춰 서더니 하이커냐 물으며 마을까지 태워다 준다고 했다. 나는 얼른 차에 올라탔다.

"감사합니다. 길을 잘못 들어서 여기까지 왔네요."

"이 시즌이 되면 하이커들이 많이 오죠. 마을 사람들도 좋아한답니다. 시골마을에 활기도 주고요."

"너무 냄새나서 죄송해요. 차도 더럽히고."

"괜찮아요! 상관없어요."

차를 태워준 분은 마을에서 아이들을 가르치고 있다는 아주머니였다. 아주머니는 마을 어디로 데려다줄지 물으셨다. 일단 희남이를 찾아야 했기 때문에 희남이를 만날 수 있을 것 같은 우체국 앞에 데려다 달라고 부탁드렸다. 하지만 우체국 앞에 희남이는 보이지 않았다. 주변을 걸어가고 있는 와우 아저씨에게 희남이를 보았냐고 물어보니 못 봤다고 했다. 아주머니는 하이커들이 많은 캠핑장에 한번 가보자고 하셨다. 그리고 다시 캠핑장으로 향했다. 그곳에도 희남이는 없었다. 아주머니에게 태워주셔서 감사하다고 인사를 한 뒤 차에서 내려 혼자 좀 더 찾아보기로 했다. 캠핑장 주변을 둘러보았지만 희남이를 본 사람은 아무도 없었다. 조금씩 걱정되기 시작했다. 해는 어느덧 저물고 주위는 컴컴해졌다. 희남이가 트레일 어디선가 나를 기다리다 너무 어두워져 마을에 들어오지 못하고 있을 것만 같은 생각이 들었다. 캠핑장에 삼삼오오 모여 맥주를 마시고 있는 하이커들에게 다가가 물어보았다.

"안녕, 나 스폰테니어스야, 한국에서 온. 내 친구 알지? 히맨, 혹시 히맨 본 사람 있니? 마을 오기 전에 헤어졌는데 아직도 못 찾았어."

"오! 스폰테니어스~ 이리로 와. 맥주 한 잔 해. 히맨? 뭘 걱정해. 잘 있을 거야."

"한국? 강남스타일? 나 강남 스타일 알아!"

"하이커들은 다 알아서 잘 해. 걱정 마. 그냥 즐겨."

하이커들은 취기가 올랐는지 내 질문을 장난으로 받아쳤다. 나는 조금 큰 목소리로 이렇게 말했다.

"나, 지금 심각하거든!"

그러자 분위기를 알아차렸는지 한 하이커가 나에게 다가와 무슨 일이냐고 물었다. 나는 자초지종을 설명했고, 그는 별일 없을 거라며 걱정 말라고 했다. 나는 조금 더 찾아볼 테니 내 짐을 맡아달라고 부탁했다. 나는 한쪽에 짐을 내려놓고 희남이를 찾아 마을 구석구석을 돌아다녔다. 트레일과 마을이 만나는 입구까지 가 보았지만 희남이의 흔적을 찾을 수가 없었다. 날도 너무 어두워지고 어쩔 수가 없어 일단 캠핑장으로 돌아와 머문 뒤 날이 밝으면 다시 찾아보려 했다. 축 처진 채로 캠핑장에 돌아오니 한 하이커가 외쳤다.

"스폰테니어스! 저기 히맨 와있어."

그가 가리키는 곳으로 달려가 보니 희남이가 밝게 웃으며 나를 기다리고 있었다.

"야! 어떻게 된 거야? 한참 찾았잖아!"

"길이 서로 어긋났었나 봐요, 형."

희남이도 길을 헤매다 마을에 도착하였는데, 다른 사람 도움으로 나를 찾고 있었다고 했다. 그러다 마지막으로 캠핑장에 왔는데 거기서 내 짐들을 발견하고 내 이야기를 들은 것이었다. 나는 희남이를 꼭 껴안았다. 이담에 만약 길을 잃거나 헤어지게 된다면 다음 보급지로 정해놓은 곳에서 만나자는 약속을 했다. 물론 그 전에 찾으려고 애를 쓰겠지만 그러다가 더 어긋날 확률도 있고 비효율적이라 생각했기 때문이다.

04. 28. PCT +13
Idyllwild(PCT 288.46km/1,712m)

산골 한인 아줌마의 저녁식사에 초대되어

처음으로 갖는 휴식일이었다. 하이커들 말로는 제로데이(Zeroday)라고 한다. 피로누적과 발에 잡힌 물집 등을 이유로 하루 정도의 휴식이 필요했다. 오전에 텐트에서 빈둥거리다 도서관에 들러 책을 보고 있는데, 옆에 계신 여자분이 한국 사람이냐고 물으며 잠깐 이야기를 하자고 하셨다. 밖으로 나가니 반갑게 인사를 건네며 자신을 소개했다. 에스터라는 분이셨는데 1989년에 한국에서 이민을 왔고, 이곳에서 한의원을 하다가 현재는 쉬고 계신다고 했다. 이 마을은 백인들이 주로 사는 곳이라 한국인을 보기 힘든데 정확한 한국어 발음을 구사하는 우리를 보고 너무 반가워 인사를 건넸다고 하셨다. 이런저런 얘기들을 나누고 저녁식사까지 초대받았다.

"혹시 한식 먹고 싶지 않아요? 내가 지금 준비해놓은 게 없어서 많이는 못해도 제육볶음하고 찌개 끓여줄게요."

"정말요? 당연히 먹고 싶죠. 매일 라면이랑 또띠아만 먹어서 한식이 제일 먹고 싶어요."

"지금은 내가 일이 있으니까 이따 저녁에 여기서 다시 만나요. 픽업하러 올게요."

우리는 멋진 집에 초대를 받아 맛있는 제육볶음과 찌개, 그리고 김치를 먹었다. 거의 2주 만에 먹는 한식이었다. 그것도 고기반찬에 따뜻한 찌개까지! 배가 터지도록 먹었다. 아주머니는 결혼이나 인생관 등 도움이 되는 이야기도 많이 해주셨다. 어른들의 이야기를 지루하다고 생각하는 사람도 많겠지만, 나의 경우엔 인생 선배님들의 이야기들을 참 좋아한다. 비록 그 순간에는 이해도 가지 않고 당장 와 닿지 않는 부분도 있는 건 사실이지만. 잊고 살다가 문득 그들의 이야기가 이해되는 순간, 도움을 받곤 하기 때문이다.

"정말 멋진 청년들이네요. 자랑스러워요. 내가 뭐 좀 챙겨줄게요. 너무 무거울까? 그래도 좀 챙겨가요. 고추장이랑 밑반찬들. 분명히 그리울 거야."

자신을 산골 아줌마라고 부르는 그분은 떠나는 우리에게 이것저것들을 챙겨주며 따뜻한 미소를 보여주셨다.

04. 29. PCT +14

Idyllwild~Snow Creek(23.53km/311.99km/1,948m)

인간의 최종 욕구

최장시간 운행. 최고도 갱신 2,800m. 첫날을 제외하고 짐 무게도 가장 많이 나갔다. 어제 만난 에스터 아주머니가 이것저것 많이 싸줘서 짐 무게가 오버된 것이다. 게다가 오르막도 상당해서 속도도 안 났던 하루였다. 중간에 아이딜와일드의 랜드마크인 자살바위(Suicide Rock)에 올랐는데, 눈앞에 우리가 걸어왔던 길들과 앞으로 걸어가야 할 길들이 한 폭의 풍경화처럼 펼쳐져 있었다. 바위에 앉아 한참 동안 넋을 잃고 바라보았다. 이름 때문인지 조금 무서운 느낌이 들었지만 그곳에 오르니 가슴이 뻥 뚫리는 것 같았다. 바위에 오르니 한 가지 화두가 떠올랐다. 인간의 최종 욕구가 무엇일까?

이 길을 걸으며 해보고 싶던 것 중 하나가 바로 화두에 대한 나름대로의 생각을 정리해보는 것이다. 약 30년을 살면서 고민했던 것들과 앞으로 다가올 고민들, 그리고 그것에 대한 나와 다른 사람과의 생각의 차이에 대해서도 알아보고 싶었다. 이 길을 떠나면서 사람들에게 화두후원이라는 것을 받았다. 내가 그들이 바라는 명쾌한 답을 내릴 수는 없겠지만 함께 고민하고 생각해보면 좋을 것 같았기 때문이다. 자살바위에 올라 인간의 최종 욕구에 대해 생각해 보았다. 인간의 최종 목적 혹은 욕구가 무엇일까? 행복? 건강? 부귀영화? 명예? 많은 대답이 나올 수 있을 것이다.

작년에 뤽 베송 감독의 「루시」라는 영화를 보게 되었다. 우리나라 배우 최민식이 악역으로 출연했다고 해서 화제가 된 영화인데, 그걸 떠나서 철학적인 이야기가 나온다. 바로 인간의 최종 욕구에 대한 이야기이다. 이 영화에서 인간의 최종 욕구는 바로 불로장생, 즉 영원한 생명을 얻는 것이라고 말한다. 하지만 과학적으로 현재까진 불가능하여 차선책으로 하는 것이 바로 자신과 비슷한 복제품, 즉 종족 번식을 통해 계속해서 자기의 존재를 후대에 남기는 것이라고 한다. 그대로의 복제가 아닌 좀 더 발전할 수 있도록 DNA에 정보를 담아 후대에 남기는 것. 그것이 바로 인간이 영원한 생명을 얻는 방법이라고 한다. 이 부분을 보고 한동안 멍했다. 인간뿐만 아니라 살아있는 생물에게는 종족번식이 본능이자 욕구이다. 하지만 이것이 불로장생을 대체할 수 있는 방법일 수 있다는 게 새로웠다. 지금 살고 있는 우리는 각자 하나의 개체이지만 우리 선대의 DNA를 물려받아 태어난 존재이다. 즉 나와 그는 연결되어 있는 것이다. 역사적으로 보아도 이집트의 파라오나 중국 진나라의 진시황제 등 최고의 자리에 올랐던 사람들도 모두 영원한 생명을 얻길 바랐다. 미라가 되거나 불로초를 찾아 헤매거나. 하지만 영원한 생명은 얻지 못했다. 대신 종족 번식을 통해 지금까지 그들의 DNA에 담겨 후대에 이어져 내려오고 있는 것이다. 그런데 좀 더 생각해보니 아직 불로장생이란 목표를 이루지 못해 최종 욕구인 것은 아닐까? 라는 생각이 들었다. 언젠가 이 욕구가 충족된다면 인간은 또 다른 욕구를 찾으려 할지도 모른다.

오늘은 30km 이상 운행한 것 같은데 우회길로 오다보니 지도상 확인이 잘 안되었다. 아무튼 PCT상으론 드디어 300km를 넘겼다. 여긴 마일(mile)을 더 많이 써서 마일 개념이 더 익숙하다. 하지만 내일이면 200마일(약 320km)을 넘길 것 같다. 앞으로 이렇게 24번만 더 하면 PCT를 완주하게 된다.

사막, 이기적인 유전자

사막이 시작되었다. 아직 맛보기에 불과했지만 죽을 것 같이 숨이 막혔다. 중간에 물을 만나지 못했다면 아마 쓰러졌을지도 모른다. 아침에 출발하자마자 물이 떨어졌지만 멈추면 더 고통스러웠기에 계속해서 걸을 수밖에 없었다. 드디어 200마일을 돌파했는데, 그런 것도 신경 쓸 겨를이 없이 그냥 앞으로 걸었다. 점점 신기루가 보이는 것 같았다. 저 앞에 놓여 있는 돌이 물통으로 보이고, 저 앞의 커다란 형체가 물탱크로 보였다. 한참을 걸어가자 사막의 오아시스처럼 물이 나오는 파이프가 한편에 설치되어 있었다. 엄청난 갈증에 시달렸기 때문에 도착하자마자 물을 벌컥벌컥 마셨다. 그리고 온몸을 물로 적셨다. 주변에 그늘이 없어 작은 돌 밑에 앉아 태양을 피했다. 희남이를 챙길 겨를도 없었다.

창섭이와 알래스카 자전거 여행을 했을 때가 생각이 났다. 알래스카~유콘 국경을 넘을 때 계획을 잘못 세워 물이 떨어진 적이 있었다. 나보다 자전거 여행의 경험이 많았던 창섭이는 늘 나를 챙겨주었다. 걱정이 되었는지 계속해서 내 상태를 체크했다. 처음에는 그 마음이 너무 고마웠다. 하지만 점점 물이 떨어져가고 지쳐가자 그마저도 귀찮아지기 시작했다. 게다가 창섭이는 물의 양을 체크하고 있을 뿐이었는데, 뺏어갈 수도 있다는 생각에 남은 물을 슬그머니 숨기고 있는 나를 발견했다. 그때 생각했다. 사람은 이기적이라는 것을. 여유가 있을 때는 자연히 남도 배려하게 되는데, 물이 떨어지고 힘들어진 순간에는 남을 신경 쓸 겨를이 없다는 것을. 여유가 없을 때는 이 기적이 될 수밖에 없다는 것을.

인간은 이기적인 유전자를 가지고 있어 본능적으로 이기적이라는 이야기가 있다. 인간은 모두 이기적이라고 생각한다. 누구나 합리적 인 사고를 한다고 가정할 때, 기회비용을 따져 자신에게 조금 더 유 리한 방향으로 선택을 한다. 많은 친구들이 난 지금 생활에 만족을 못하는데 왜 벗어나지 못할까? 라는 질문을 한다. 그 역시 여러 기회 비용을 따져 지금 생활이 다른 선택보다 자신에게 유리하기 때문에 벗어나지 않고 있는 것이다. 그 이유가 자신 스스로에게 이득이 될 수도 있고 주변의 어떤 연관 관계, 책임 등일 수도 있다. 하지만 이 모든 것을 종합하여 자신에게 이득이 된다고 생각하기 때문에 그 선 택을 하고 있는 것이다. 이렇게 질문하는 사람도 있을 것이다.

"누군가를 위해 희생하는 사람은?"

그들도 이기적인 것이다. 누군가를 위해 희생하는 일이 곧 자신을 기쁘게 하는 일이기 때문에 행하는 것이다. 누구를 돕는 행위도, 누 구에게 베푸는 행위도, 그 행동으로 인해 자신이 행복해지고 만족하 기 때문에 행하는 것이다. 그리고 이 모든 것들은 스스로 여유가 있 을 때 행할 수 있는 거라고 생각한다. 물론 나의 생각이 전적으로 옳 다고 볼 수는 없다. 내일 혹은 몇 년 후에는 다른 결론을 내릴 수도 있지만 지금 이 글을 쓰는 순간의 내 생각은 이러하다.

힘들었던 사막을 지나 도착한 지기앤베어하우스는 그야말로 천국 이었다. PCT 하이커를 도와주는 트레일엔젤이 오픈한 공간인데, 음 료, 음식, 샤워, 휴식 모두 무료로 제공하고 있었다. 그곳에서 편히 쉬며 나중에 나도 이런 공간을 만들고 싶다는 생각을 했다.

달빛 하이킹

처음으로 시도한 새벽 운행. 어제 지기앤베어하우스에 도착하여 하이커들에게 정보를 모았다. 앞으로 사막구간이 계속되기 때문에 여기에 대한 대비가 필요하다고 했다. 많은 하이커들이 햇빛을 피해 오후 늦게 길을 나선다고 했다. 오후 4~5시쯤 떠나 달빛을 바라보며 걸으면 햇빛도 피하고 야경도 즐길 수 있다고 추천해 주었다. 희남이와 나는 잠시 고민했다. 오후에 출발하기엔 하루를 기다려야 하니 시간을 너무 허비할 것 같아 새벽에 일어나 출발해 보기로 했다. 새벽 3시에 알람을 맞춰두었다. 알람소리에 깨어 조금 뒤척이다 일어났다. 약간 졸리기도 했지만 나쁘지 않았다. 태양빛이 없으니 갈증도 덜하고 효율도 좋은 것 같았다. 새벽 운행 후 낮에 잠시 쉬었다가 저녁 운행을 하는 방법을 해보기로 했다.

중간에 화이트워터에서 잠시 쉬었다. 나무그늘에 텐트를 쳐놓고 한쪽에 위치한 개울에서 수영을 하며 즐겼다. 천국이 따로 없었다. 다른 하이커들도 그렇게 더위를 피하는 듯했다. 화이트워터라는 지명은 석회질 때문에 물 색깔이 하얘서 붙여진 것 같았다. 오늘 저녁 운행은 말 그대로 달빛 하이킹이었다. 달빛이 밝아 헤드랜턴이 필요 없을 정도였다. 달빛에 내 그림자가 선명하게 생길 정도였으니 얼마나 밝았을지 상상해보라. 하지만 아무리 달빛이 밝고 헤드랜턴을 사용한다 해도 낮에 하는 운행보다는 어둡고 시야가 좁아 어려운 점이 많았다. 초반에 길을 잘못 들었다가 가파른 경사면에서 미끄러져 무릎이 다

까졌다. PCT에서 얻은 첫 상처였다. 게다가 밤에 하는 운행은 시원하고 좋은 점도 많지만 너무 졸렸다. 달빛 하이킹 중 모자를 또 잃어버렸다. 아무래도 이 모자와는 그만 안녕을 해야 할 것 같았다.

05. 02. PCT +17
Mission Creek~RD0246(27.22km/396.59km/2,465m)

시차적응

아침부터 저녁까지 물가 옆에서 쉬었다. 이틀 전부터 밤낮을 바꿔 걷고 있자니 시차적응이 필요했다. 하지만 그것도 여간 힘든 게 아니었다. 아무리 피곤해도 밝은 대낮에 잠을 청하기란 쉽지 않았다. 새벽에 도착하여 해가 없을 때 텐트를 쳤지만 조금 쉴 만하면 해가 떠올라 텐트 안을 후덥지근하게 달궈놓았다. 햇볕이 너무 뜨거워 계속 그늘을 찾아 헤맸으나, 주변에 큰 나무들이 없어 그늘을 찾기가 힘들었다. 간혹 가다 큰 나무를 찾아 그 밑에서 쉬려고 살펴보면 이상한 풀들이 우거져 있어 쉽게 다가가지 못했다. 궁여지책으로 물에 발을 담갔다가 옷을 적셨다가 해가며 열기를 식혔다. 결국에는 도저히 참을 수 없어 침낭을 텐트 위에 올려 인위적으로 그늘을 만들어 보기도 했지만 큰 효과는 없었다. 그렇게 시차적응에 실패한 채 또다시 시작된 달빛 하이킹. 힘들긴 했지만 새벽 3시 30분 즈음 목표한 곳에 도착했다. 하지만 능선이 아니라 계곡 사이를 계속 걸어서 야경을 보지 못해 아쉬웠다. 앞으론 다른 때보다 훨씬 밝은 보름날에 맞춰서 달빛 하이킹을 해야겠다.

05. 03. PCT +18

RD0246~Big Bear Lake(31.69km/428.28km/2,060m)

내 인생 최초의 PCT

PCT 국내 최초 도전. 국내 최초 완주자. 솔직히 신경이 쓰이지 않은 건 아니었다. 하지만 내 목표는 그것이 아니었기에 최대한 신경을 쓰지 않으려 했다. 그래도 사람인지라 최초라는 타이틀에 욕심이 가지 않을 수는 없었다. '이왕 하는 거 최초라면 더 좋지 않을까?' 하는 생각도 들고 주변에서도 욕심 내보라고 이야기를 꺼내서 '뭐, 이왕이면 해보지.' 했었다. PCT에 와서도 의도한 건 아니었지만 하이커들에게 우리를 소개할 때, 우린 대한민국에서 왔고 대한민국 최초 도전자라고 설명했다. 스틱에 매달아 놓은 깃발 한쪽에도 영어로 그렇게 써놓았다.

'나는 한국에서 온 양희종입니다. PCT 풀코스 한국 최초의 도전자입니다. 물 환영합니다. 콜라와 맥주면 더 좋구요. 응원해주시면 물론 기쁠 거예요.'

오늘 트레일엔젤 레전드(Legend)의 팬케이크와 커피를 대접받던 중 만난 아저씨가 깃발을 보더니 이렇게 말했다.

"이게 뭐가 중요해? 너 말고도 한국사람 많아. 어떻게 알아? 네가 최초인지? PCT는 그런 곳이 아니야. 그냥 신경 쓰지 말고 이렇게 얘기해. 최고의 신인이라고."

농담처럼 웃으면서 나눈 이야기지만 나에게 많은 생각을 하게 해줬다. 계속 고민해왔던 문제였는데 속내를 들킨 것만 같았다. 많은 사람들이 최초라는 타이틀을 갖고 싶어 한다. 세계 최초, 국내 최초,

최연소, 최고령, 최단시간 등. 물론 대단한 타이틀이다. 그만큼 선구자이며 도전자임에 분명하다. 최초가 있었기에 지금의 우리가 있는 것이다. 하지만 조금 더 생각해보면 그리 중요한 의미가 아닐 수도 있다. 더 중요한 것은 지금 내가 하고 있는 이것들이 모두 내 인생 최초. 양희종이라는 사람 인생의 최초라는 사실이다. 나는 내 역사를 써가고 있는 것이었다. PCT 도전 혹은 완주. 국내 최초이든 아니든 나에겐 크게 중요치 않다. 내게 중요한 것은 내 인생 최초의 도전이며 경험이고 이뤄낼 목표란 것이다. 그래서 내 인생 최초의 PCT가 뿌듯하고 자랑스럽다.

24시간 동안 단 세 시간 자고 58km를 운행하여 드디어 빅베어에 도착했다. LA에서 만났던 북미주산악회 데이비드 김 선배님이 빅베어에 마중을 나와 주었다. 발디산(Mt. Baldy)에 올라갔을 때 아내분이 고소증세가 와서 배낭을 대신 들어드렸었는데, 그게 너무 고마웠고 우리의 여정을 응원해 주신다며 직접 오신 것이었다. 먹을 것도 많이 챙겨다주고 따뜻한 호텔방까지 예약해 주셨다. 나는 인복이 많은 사람이다. 레스토랑에서 스테이크도 먹고 약 20일 만에 첫 실내 취침을 하게 되었다. 선배님이 돌아간 후 폭신한 침대에 누워 뒹굴거리다가 와이파이에 접속하여 가족과 친구들과 영상통화를 했다. 다들 너무 보고 싶어졌다.

05. 04. PCT +19

Big Bear Lake(PCT 428.28km/2,060m)

갈비가 기다린다

하루 더 빅베어에서 묵기로 했다. 피로도 풀고 우체국에서 보급품도 받아야 하기 때문이다. 감사하게도 어제 묵었던 호텔에서 1박을 무료로 더 하게 되었다. 호텔 오너가 한국분이신데 우리 이야기를 선배님께 전해 듣고 응원한다며 마음대로 더 쉬다 가라고 하셨다고 한다. 며칠 더 쉬고 싶은 마음이 굴뚝같았지만 일정 때문에 하루만 더 쉬기로 했다. 빅베어는 유명한 관광지라고 한다. 특히 겨울 시즌 스키나 보드를 즐기기 위한 사람들이 많이 찾는 곳이라고 했다. 우리는 자전거를 빌려 마을을 구경하기로 했다. 가까운 샵에 가서 자전거를 빌려 마을 이곳저곳을 돌아다녔다. 먼저 장비점에 가서 햇빛을 완전 차단해 줄 밀짚모자와 몇몇 장비를 샀다. 그리고 우체국에 가서 보급품을 찾았다. 우체국은 우리가 묵었던 빅베어레이크가 아닌 옆에 있는 빅베어시티에 있었다. 그리 먼 곳은 아니었지만 자전거를 빌리길 잘 했다고 생각했다. 토요일까지 리틀지미 캠프그라운드에 도착하기로 계획을 세웠다. LA에서 만나 많은 도움을 주신 북미주한인산악회 회원들이 응원차 그곳으로 정기산행 일정을 맞추시겠다고 했다. 5일간 하루에 38km를 운행해야 하는 힘든 일정이지만 성공하면 갈비가 기다리고 있다는 생각에 가능할 것 같았다. 희남이와 나는 이미 꿈속에서 갈비를 뜯고 있었다.

05. 05. PCT +20

Big Bear Lake~CS0290(38.45km/466.73km/1,856m)

일단 걸어라, 일단 도전하라

일단 걸어라. 일단 도전해 봐라. 지금 이유를 찾으려고 하지 말고, 아무것도 아닌 것에서 의미를 찾으려고 애쓰지 말고, 그건 목적지에 도착한 다음에 생각해도 늦지 않는다. 그때가 되면 찾지 않으려 해도 자연스럽게 무언가를 찾게 될 것이다. 그것이 네가 찾던 것이 아닐 수도 있겠지만 실망할 필요도 없다. 그 순간 너는 조금 더 성장할 것이다.

– 박영석 대장

이 말은 박영석 대장님이 직접 한 이야기는 아니다. 내가 친구를 통해 들었던 내용을 각색해 본 것이다. 박영석 대장님과의 인연은 아주 오래전으로 거슬러 올라간다. 사실 산악이란 것에 별 관심이 없었다. TV에서 나오는 뉴스나 신문 기사에서 마주한 것이 다였다. 그러다가 마주치게 된 '2008 오지탐사대' 포스터에 나를 노려보는 곰과 늑대가 이렇게 말하고 있었다.

"전사의 피가 흐르는 젊음 어디 없습니까?"

"숨소리마저 용맹한 젊음 어디 없습니까?"

나는 2008년 오지탐사대에 지원을 했고, 당당히 알래스카팀 대원으로 뽑히게 되었다. 그 오지탐사대 지원할 때 자기소개서에 박영석 대장님에 대한 이야기가 잠깐 언급되었다. 하지만 자소서를 쓸 때까지만 해도 박영석 대장님은 나에게 먼 나라의 사람이었다. 세계 최초로 산악그랜드슬램을 달성한 산악인, 동국대 도서관 앞에 기념비가 있는 선배님 정도였다.

2008 오탐을 준비할 즈음, '박영석 대장님과 함께하는 희망원정대'라는 공고를 보았다. 매년 박영석 대장님이 주관하여 진행하는 대학생 국토대장정 행사였다. 나는 희망원정대에도 지원을 했고 당당히 최종 원정대 명단에 포함되었다. 하지만 한 가지 문제가 생겼다. 희망원정대 출정식 날이 오탐 3차 테스트 참가자 명단이 발표되는 날이었던 것이다. 희망원정대를 총괄하는 김진성 본부장님께서 이런 말씀을 하셨다.

"만약 최종 합격을 하고도 어떤 연유에 의해서든 함께 하지 못할 것 같은 대원은 미리 말해라. 분명 다른 스케줄과 재고 있는 대원들이 있을 텐데, 그것은 이 원정에 참여하고 싶어도 참여 못하는 대원들에게 희망을, 기회를 뺏는 것이다. 여러분은 희망원정대에 지원했던 모든 이들의 꿈과 희망을 대표하는 것이다. 그 기회를 함부로 하지 마라."

나는 이 말을 듣자마자 앞으로 나가 본부장님께 이 원정에 참여 못할 것 같다고 말씀드렸다. 물론 주변 친구들이나 함께 합격한 동료들은 나를 말렸다. 왜 바보처럼 포기하느냐고, 오지탐사대 최종 합격 발표도 아니고, 3차 테스트 참가 발표가 남은 건데 어떻게 확신하고 이 기회를 포기하느냐고, 일단 기다리고 있다 발표 나고 포기해도 늦지 않을 거라고 말했다. 하지만 나는 그 친구들에게 이렇게 말했다.

"나는 오지탐사대에 붙을 자신이 있고 확신이 있다. 그리고 나에게는 여러 선택 중 하나일 수도 있지만 어떤 친구들에게는 오직 하나뿐일 수도 있는 소중한 기회를 나의 이기심 때문에 잃게 만들고 싶지 않다."

그렇게 나는 희망원정대를 나왔고, 결국 오지탐사대에 최종 합격을 했다. 지금 돌이켜보면 젊은 날의 치기였을지도 모른다. 하지만 다시 그날로 돌아가라고 해도 나는 같은 선택을 할 것이다. 물론 오 탐에 불합격했을 수도 있지만 후년에, 안되면 그 후년에 계속해서 도 전했을 것이다.

2009년 에베레스트 남서벽 코리안 루트를 개척하러 가기 전, 잘 다녀오시라고 2008 희망원정대원들과 함께 한 자리에서 대장님을 만나 뵌 적이 있는데, 신기하게도 대장님은 나를 기억하고 계셨다. 대장님은 모든 대원들을 기억하고 계신다고 한다. 특히 발걸음만 보 고 누구인지 기억하신다고 한다. 이 대원이 지금 상태가 어떤지, 잘 걷고 있는지, 꿈이 있는지, 희망이 있는지.

최장운행거리 38.45km. 오랫동안 걸었다. 대장님이 아직 살아계 셨다면 이 길을 걷기 전 찾아가 조언을 들었을지도 모르겠다.

"제가 이 긴 길을 걸어보려 합니다. 이 길의 끝에 서면 무언가를 찾을 수 있을까요?"

무슨 이야기를 해주셨을지 알 길은 없지만 대장님 말씀처럼 지금 이유를 찾으려 하지 말고 일단 걸어보기로 했다.

빅베어에서부터 시작된 길은 거의 평지이고 숲길이 계속되어 크게 힘들진 않았다. 하지만 양쪽 새끼발가락 물집이 계속 힘들게 했다. 아디다스 테렉스 부스트 오른쪽 밑창이 조금 찢어지고 앞쪽의 매쉬 부분이 뜯어지기 시작했다. 곧 바꿔야 할 것 같다. 보통 PCT를 걸을 때 5켤레 정도의 신발을 갈아 신는다고 한다. 그것에 맞추어 생각하 고 있었지만 사람마다 개인차가 있기 때문에 정확한 계획을 세울 수 는 없었다.

해가 질 즈음 저 멀리 보이는 노을이 너무 아름다워 사진을 많이 찍었다. 텐트를 치고 챙겨온 잭다니엘과 콜라를 섞어 잭콕을 한 잔 마셨다. 오늘로 사흘째 배에 가스가 심하게 차고 있다. 뭐가 문제인 지 10분마다 방귀를 뀌고 있다. 나만 그런 게 아니라 희남이도 마찬 가지다. 오랜만에 김치를 좋아하는 독일 친구 다니엘을 만났다. 아침 에 다니엘은 어디쯤 있을까? 생각했는데 신기하게도 야영지 도착 즈 음 만난 것이다. 반가워하며 함께 걷다가 같은 사이트에 텐트를 쳤 다. 같은 노을을 바라보며 PCT에 대한 이야기를 나누었다. PCT는 그 러한 곳이다.

05. 06. PCT +21
CS0290~Mojave Dam(37.80km/504.43km/910m)

노천온천을 즐기다

긴길나그네. 하이커라는 말을 순수 우리말로 표현하고 싶었다. 아 무리 생각해도 우리말로 없는 단어. 그러다 내가 좋아하는 구절인 '구름에 달 가듯 가는 나그네'에서 영감을 받아 '나그네'라고 표현하 기로 했다. 그렇다면 '장거리 하이커를 뜻하는 롱쓰루하이커(Long Thru Hiker)는?'이라는 질문을 다시 던졌고, 그래서 완성된 말이 바 로 '긴길나그네'이다. 더 좋은 표현이 있을 수도 있겠지만 난 이 말이 좋다. 구름에 달 가듯 긴 길 떠나는 긴길나그네. 그게 바로 나다. 그 렇게 길을 걷는 나그네가 긴 길을 걸어 드디어 PCT 500km를 돌파했 다. 중간에 딥크릭 온천(Deep Creek Hot Springs)을 만나 노천온천욕 을 즐기고 수영도 했다. Hot Springs라는 명칭을 보고 긴가민가했는데 진짜 온천이었다. 하이커들 말고 동네 청년들도 친구들, 혹은 연인들, 가족들과 함께 온천을 즐기고 있었다. 나중에 정보를 찾아보니 주말에는 사람이 붐빌 정도로 인기가 있는 곳이라고 한다.

신기했던 건 한쪽에서는 남녀노소 가릴 것 없이 올누드로 온천을 즐기고 있다는 사실이었다. 남녀노소 거리낌 없이 돌아다니고 바위 위에 앉아있었으며 실오라기 하나 걸치지 않은 상태로 노천온천욕을 즐기고 있었다. 낯선 풍경이었으나 낯설게 느껴지지 않았다. 자연스러워 보였다. 누드비치 같은 것에 대한 약간의 환상이 있긴 했지만 막상 이곳에 있으니 이상한 생각을 하는 것이 오히려 부자연스러워 보였다. 약 한 시간 동안 온천물에 몸을 푼 후 다시 길을 떠났다. 사실 주변에 텐트를 치고 조금 더 쉬고 싶었다. 하지만 낮 시간에만 사용할 수 있다고 쓰여 있었고 캠핑도 금지되어 있었다. 다른 하이커들은 온천을 즐기고 주변에서 쉬겠다고 했지만 규칙은 지켜야 한다고 생각하며 아쉬움을 달래기로 했다. 온천에서 나와 짐을 싸고 다시 출발하는데, 어렸을 때 아빠와 목욕하고 집으로 돌아가는 듯한 기분이 들었다. 요구르트나 바나나우유를 먹어야 할 것 같았다. 드디어 모하비를 만났다. 말로만 듣던 모하비사막. 내일이 두려워지기 시작했다.

05. 07. PCT +22
Mojave Dam~McDonald's(45.76km/550.19km/927m)

맥도날드를 향해 45km를 걷다

PCT에 맥도날드가 있다고 하면 믿겠는가? PCT 길 위에서 맥도날드로 향하는 표지판을 만날 수 있다면 믿을 수 있겠는가? 나도 처음에는 긴가민가했다. 지도를 살펴보다 보니 PCT 길 위에 맥도날드라는 명칭이 쓰여 있는 것이었다. 처음에는 패스트푸드 가게가 아니라 다른 지명을 말하는 줄 알았다. 아침에 일어나니 희남이가 45km 뒤에 맥도날드가 있다고 오늘 한번 질러보는 게 어떠냐고 물었다. 난 지쳐 있기도 했고 햄버거와 콜라가 너무 먹고 싶어 즉시 좋다고 했다. 희남이는 그냥 한번 던져본 말이었는데, 내가 흔쾌히 대답을 해서 조금 놀랐다고 했다.

우리는 햄버거와 콜라를 먹겠다는 일념 하나로 걷기 시작했다. 길은 가도 가도 끝이 없어 보였다. 보통 30km에 길어봐야 10시간 전후면 도착하니 그럴 만도 했다. 드디어 저 멀리에 서 있는 맥도날드 간판을 보고 우리는 "언빌리버블!" "오마이갓!" 하며 연신 소리쳤다. PCT 표지판에 합성이 아니라 또렷하게 'McDonald's'라고 쓰여 있었다. 표지판이 가리키는 방향으로 걸어 마침내 맥도날드 앞에 멈췄다. 45km. 약 12시간 운행. 최장시간, 최장거리 모두 갱신! 도착하는 순간 다시는 장거리 운행을 안 할 거라고 다짐했다. 처음엔 햄버거 두 개씩을 시켰지만 결국 하나씩 더 시켜 각자 햄버거 세 개와 콜라에 감자튀김, 그리고 밀크셰이크까지 모두 해치웠다. 평소 같으면 생각지도 못할 어마어마한 양이었지만 오늘만은 달랐다. 결국 그 많은 햄버거를 다 먹고 오랜만에 화장실에서 볼일도 보았다.

창밖에 비가 내리기 시작하더니 곧 눈발로 바뀌기 시작했다. 날씨가 점점 추워지는 것 같았다. 따뜻한 맥도날드에서 밤을 지새우고 싶었지만 어쩔 수 없이 오늘 역시 텐트를 쳐야 했다. 우리는 진눈깨비 날리는 길을 지나 기찻길 다리 밑에 텐트를 쳤다. 밤새 기차 소리를 자장가 삼아 잠을 청해야 했다. 제발 다음 휴식일까지 두 발이 조금만 더 버텨주었으면.

05. 08. PCT +23

McDonald's~Baldy Trail(31.95km/582.14km/2,480m)

발목까지 쌓인 눈 속을 걷다

밤새 눈비가 내렸다. 다리 밑에서 잤는데 계속되는 찻소리와 기차소리에 잠을 설쳤다. 게다가 다리 밑으로 녹은 눈들이 흘러 들어와 텐트 밑바닥을 흥건히 적셨다. 그래도 뭐 어쩌겠냐는 듯 훌훌 털고 출발했다. 오늘따라 컨디션이 좋아서 걷는 속도가 조금 빨라졌다. PCT를 시작하고 지금까지 계속해서 희남이 뒤를 따라 걸었는데, 처음으로 희남이를 추월했다. 점점 예전 체력이 돌아오는 듯했다. 한국에서 지난 4년 동안 일하며 스트레스로 약 30kg 정도 체중이 늘었는데, PCT를 걸으며 조금씩 빠지기 시작하더니 한 달도 안 되어 10kg 정도가 빠졌다.

해발 약 2,000m를 넘어섰을 때 눈발이 조금씩 날리더니 점점 거세졌다. 게다가 지난 밤 내린 눈으로 산 위쪽은 눈이 발목까지 쌓여 있었다. 알고 보니 LA에 있을 때 올랐던 발디산 주변이었다. 쌓인 눈에 발은 다 젖고 체온은 점점 더 떨어져갔다. 많은 하이커들이 무게 때문에 방수신발은 필요 없다고 말을 하지만 눈에 젖는 경우나 가는 모래가 신발 안으로 들어오는 것을 막기 위해서라도 방수신발이 더 나을 것 같다는 생각을 했다. 정상 즈음 도착해 텐트를 치고 라면을 끓여 먹은 뒤 뒤처진 희남이를 기다렸다. 날씨가 점점 더 추워지고 체온이 계속해서 내려가 처음으로 챙겨온 모든 옷들을 꺼내어 껴입었다. 그래봤자 얇은 타이즈 하나와 여름 긴 바지가 다였다. 처음에는 여벌의 옷을 더 챙기기도 했는데 걷다보니 여벌의 옷들은 필요 없었다. 방수재킷, 경량보온재킷, 기능성 긴팔셔츠, 기능성 반팔 티셔츠, 반바지, 양말 한 켤레로 대부분의 시간을 버텼고, 그 외 수면용 면 반팔 티셔츠와 반바지, 울양말 한 켤레, 그리고 보온용 얇은 타이즈와 여름용 긴 바지가 전부였다.

생각해보니 옷을 갈아입은 적이 거의 없었다. 마을에 들러 빨래를 할 때 빼고는 계속 단벌로 지냈다. 양말도 찢어질 때까지 계속 신고 찢어지면 버리고 새것을 사서 신었다. 물론 부지런하다면 씻을 수 있는 기회가 많겠지만 마을을 만나지 않는다면 대부분 산속에 있는 계곡이나 개울물에서 씻어야 한다. 간단한 세수나 양치 정도는 가능하지만 샤워를 하기엔 여간 귀찮은 일이 아니다. 그래서 하이커들이 일주일 동안 샤워를 안 하는 것은 예삿일이다.

내가 도착한 뒤 약 한 시간 후에 희남이가 도착했다. 원래 가기로 했던 사이트는 3km 정도 더 가야 한다고 했다. 하지만 너무 춥고 귀찮아서 그냥 여기에서 머물자고 했다. 너무 추워 잠을 제대로 잘 수가 없었다. 지금까지의 추위와는 비교가 되지 않을 정도였다. 장비에 대해 다시 한 번 고민해봐야겠다.

05. 09. PCT +24

Baldy Trail~Little Jimmy CG(35.63km/617.77km/2,280m)

마침내 갈비를 먹다!

드디어 디데이이다. 이날을 위해 빅베어부터 이번 주 내내 무리해서 달려왔다. 리틀지미 캠프그라운드에 토요일까지 도착하면 꿈에 그리던 갈비가 기다리고 있다고 했다. 계속된 강행군에 조금 피곤했지만 갈비를 생각하며 아침부터 출발해 열심히 걸었다. 중간에 만난 베이든포웰산(Mt. Baden Powell)에서 바라본 눈 덮인 발디산은 환상적이었다. 비록 베이든포웰산을 앞에 두고 2시간 동안 800m 고도를 올려 약 8km를 올라가야 했지만, 해발 2,800m에서 바라보는 눈앞의 풍경은 나를 황홀하게 만들었다. 사진도 많이 찍고 순간의 느낌을 기억하고 싶어 영상도 남겼다. 때마침 귀에 꽂아둔 이어폰에서는 분위기와 너무나도 잘 어울리는 피아노 연주곡이 흘러나오고 있었다.

저녁 무렵 리틀지미 캠프그라운드에 도착하니 데이비드 김 선배님께서 친구들과 함께 고기를 준비하고 계셨다. 한국인 하이커인 써모미터 아저씨도 오랜만에 만날 수 있었다. 그 외 몇몇 하이커들과 함께 갈비, 삼겹살, 김치찌개, 그리고 맥주, 막걸리, 위스키, 소주까지 골고루 즐겼다. 목소리가 성우 같은 보이스(Boyce)와 장난기 넘쳐 보이는 홀롤(Wholerole), 그리고 팅커벨처럼 귀여운 팅크(Tink) 등 새로운 친구들을 사귀었다. 갈비뿐만 아니라 소주와 족발, 삼겹살, 그리고 김치찌개까지 함께 먹었는데 모두들 그 맛에 흠뻑 빠져 들었다.

늘 배고픈 하이커에게 맛없는 음식은 없겠지만, 그래도 한식을 좋아해주는 모습을 보면 기분이 좋다. 만나는 하이커들마다 한국문화에 대해 소개하고 한식에 대해 설명하려 노력한다. 몇몇 하이커들은 이미 한국문화에 익숙하거나 한식을 좋아하는 경우도 있었지만 대부분은 아직 부족한 점이 많았다. 작지만 PCT에서 내가 할 수 있는 일이 있을 것 같다는 생각을 했다. 내일은 또 북미주한인산악회 몇몇 분들이 점심을 챙겨주러 올라오신다고 하니 정말 행복한 일이다.

따뜻한 가족

데이비드 김 선배님은 오전에 가족과 선약이 있어서 친구분들과 함께 먼저 내려가시고 점심때 북미주한인산악회 몇몇 분들이 응원차 올라오셨다. 고수명 재미대한산악연맹 전 회장님을 비롯하여 조영철 장로님, 강성훈 선배님, 그리고 하선숙 주재원님까지. 이 먼 곳까지 와주신 것에 너무 감사했다. 맛있는 김밥과 과일을 먹고 휴식을 취하던 중 조영철 장로님께서 혹시 더 쉬고 싶으면 LA에 있는 집에서 휴식을 취하고 다시 이곳에 데려다 주겠다고 하셨다. 게다가 마침 그날이 어머니날이어서 조 장로님의 작은따님 집에 다 같이 모여 저녁식사를 하기로 했는데, 그 자리에 우리를 초대해 주신다고 했다. 희남이와 나는 귀찮게 해드리는 것 같아 죄송하지만 그렇게 하겠다고 했다. 조영철 장로님은 본인이 좋아서 하는 일이니 걱정 말라 하셨다. 내려가는 길에 이곳 지형을 잘 알고 계시는 고수명 전 회장님께서 하나하나 설명을 해 주셨다.

"너희가 이 길을 따라 다시 걸어가게 될 거다. 이곳부터는 물이 잘 없으니 준비를 잘해. 그리고 이곳에 가면 좋은 캠핑장이 있으니 거기서 하루 쉬고 다시 출발하면 될 거다."

하나하나 신경써주시는 마음에서 따뜻함이 느껴졌다. LA에 도착하여 맛있는 타코와 조 장로님 작은사위 랜디가 준비해준 수제맥주, 핀란드에서 사온 바이킹 술 등을 함께 즐길 수 있었다. 랜디는 화학박사인데, 후에 자신만의 맥주 브랜드를 만드는 게 꿈이라고 했다. 조 장로님의 가족들은 우리의 PCT 이야기를 듣고 싶어 했다. 왜 시작했는지, 잠은 어디서 자는지, 먹는 것은 어떻게 하는지, 빨래는, 샤워는, 가족은 어떻게 생각하는지 등에 대해서 물었다. 그리고 언제어디서나 응원해주겠다고 약속했다. 비록 집에서 멀리 떠나와 있지만 가족의 따뜻함을 느낄 수 있었던 하루였다.

05. 11. PCT +26
In LA(PCT 621.24km)

달콤함 후에 오는 두려움

LA에 다시 올 줄은 꿈에도 몰랐는데, 한 달 만에 다시 LA에 와 있었다. 따뜻한 방과 물, 욕조, 그리고 밥. 꿈만 같았다. 생각보다 오른쪽 발목 상태가 안 좋아 조 장로님께 양해를 구하고 하루 더 머물기로 했다. 그리고 우리를 응원해주는 해리 선배님과 저녁 약속을 잡아주셨다. LA에서 의류사업을 하고 계신 분인데, 우리 얘기를 듣고 밥 한 끼 사주고 싶다고 하셨다.

저녁에 한인타운 쪽 강호동의 '백정'이라는 고깃집에서 만나 소고기 꽃살, 항정살, 삼겹살에 소주, 맥주, 거기에 김치말이 국수까지 배 터지게 먹었다. 그리고 시간 가는 줄 모르게 대화를 했다. 해리 선배님은 요즘 힘든 일이 많았는데, 우리를 보면서 대리만족을 하고 힘을 얻는다고 하셨다. 나중에 기회가 되면 구간종주라도 해보고 싶다고 하셨다. 우리가 휘트니산을 지날 때쯤 조 장로님과 함께 오토바이를 타고 응원 오겠다고 약속도 하셨다. 마음만으로도 감사했다. 오랜만에 맛본 문명의 혜택은 달콤하기도 했지만 한편으로 두렵기도 했다. 그만큼 다시 PCT로 돌아가기가 두려워진다는 뜻이기도 하므로. 고수명 전 회장님께서 우리를 많이 챙겨주시는 조 장로님께 이런 말을 하신 적이 있었다.

"너무 도와주지 마세요. 그러면 다시 돌아가기 힘들어져요."

그 말의 의미를 조금 알 것 같았다.

05. 12. PCT +27
Hwy2C~Cooper Canyon Trail Camp(14.79km/636.03km/1,901m)

트레일엔젤과 트레일매직

오랫동안 가난한 여행자 생활을 했던 나는 많은 사람들로부터 도움을 받았다. 아낌없는 응원을 비롯하여 한 끼 식사, 잠자리 제공, 여러 액티비티까지 상상도 못할 도움을 많이 받았다. 그래서 나중에 나도 여유가 된다면 나와 같은 여행자들을 돕고 싶다는 생각을 했다. 그중 하나가 바로 작은 여행자 쉼터, 혹은 공간 같은 것이었다. 여행자들이 접근하기 좋은 곳을 구해 여행자를 위한 공간으로 꾸며 그들이 쉬었다 가기도 하고 정보도 얻을 수 있는 그런 곳. 그런 공간을 만드는 게 하나의 꿈이었다. PCT를 걸으며 그런 공간들을 만날 기회가 있었는데, 너무 멋지다는 생각이 들었다.

PCT에는 트레일엔젤(Trail Angel)이라는 것이 있다. 말 그대로 트레일의 천사인데, 이들은 하이커들을 위해 트레일 곳곳에 물을 가져다 둔다거나 먹을 것을 가져다 둔다. 또한 트레일에서 그리 멀지 않은 곳에 집이 있는 트레일엔젤들은 자신의 집을 기꺼이 하이커들에게 개방하여 쉬었다 가게 하거나 간단한 음식과 음료, 그리고 따뜻한 샤워까지 제공하기도 한다. 이것을 트레일매직(Trail Magic)이라고 한다. 대부분의 트레일엔젤들은 PCT를 경험한 사람들이다. 그들은 하이커들의 마음을 너무나 잘 알기에, 그들 또한 다른 천사들의 도움을 받았기에 자진하여 엔젤 활동을 한다고 한다. 아직 걸어야 할 많은 길이 남았기에 언제, 어디서 트레일엔젤들을 만나고, 어떠한 트레일매직을 경험하게 될지 모르지만 그들이 있어 PCT가 더 아름답고 소중하게 느껴졌다.

꿈같았던 휴식을 뒤로하고 다시 PCT로 복귀하는 날이었다. 트레일엔젤이며 트레일매직과 다름없었던 조 장로님이 우리를 위해 학교도 빠지고 PCT로 데려다주기로 했다. 너무 미안해하지 말라며 다 자신이 좋아서 하는 일이라 하셨다. 아침은 다운타운에서 국밥 한 그릇을 먹고 지난번에 시간이 안 맞아 지나친 라이트우드(Wrightwood) 우체국에서 보급품을 찾은 뒤 동네 펍에서 간단하게 햄버거를 먹고 PCT로 복귀했다. 우리 때문에 수고가 이만저만이 아니셔서 너무 죄송하기도 하고 감사하기도 했다. 나중에 한국에 가면 멋진 등산복 한 벌 선물해 드려야겠다고 생각했다.

오랜만에 PCT로 복귀하여 걸으니 물집은 다 아물어 괜찮았지만 오른 발목과 무릎에 아직 통증이 남아 있었다. 한국에서부터 계속 안 좋아 병원에도 다녔었는데 조금 걱정이 되었다. 중간에 천연기념물인 노란 개구리 때문에 PCT 일부 구간이 닫혀 두 번째 우회를 했다. 다른 하이커들은 히치하이킹을 하거나 하이웨이를 따라 조금은 편하게 가는 듯했지만 우리는 최대한 PCT에 맞춰 가기로 했다. 이제 조금 있으면 진짜 사막으로 들어선다. 조금 기대도 된다.

05. 13. PCT +28
Cooper Canyon Trail Camp~CS0415(32.09km/668.12km/1,895m)

최고의 맥주는?

PCT를 걷다 보면 맥주 한 잔이 그렇게 그리울 수가 없다. 맥주를 그리 좋아하는 편은 아니지만 운동 후에 먹는 맥주 한 잔의 상쾌함을 알기에 맥주 생각이 많이 난다. 게다가 미국은 맥주의 천국이니 온갖 종류의 맥주를 만날 수 있다. 워너스프링즈에서 텐트를 치고 쉬고 있을 때 맥주 생각이 정말 간절했었다. 하지만 주변에 마켓도 없고 쉬고 있던 곳이 학교 주변이라 음주금지 구역이라고 쓰여 있었다. 많은 하이커들이 모였지만 맥주를 비롯한 술은 없었다. 시간이 흘러 어둑어둑해질 즈음 트럭 한 대가 오더니 뒤에서 맥주를 꺼내는 것이 아닌가? 트레일엔젤이었다. 맥주를 한 캔에 1달러씩 판매를 했다. 나는 텐트에서 달려가 맥주 두 캔을 구입하여 희남이에게 하나 주었다. 그 때부터 하이커들과 맥주 파티가 시작되었다. 그래봤자 각자 한두 캔뿐이었지만 그걸로 충분했다. 분위기가 무르익어갈 즈음 FM이라고 불리는 하이커에게 미국 최고의 맥주가 뭐냐고 물었다. 세계적으로 버드와이저, 하이네켄, 칭타오 등이 유명하지만 미국에서 최고의 맥주는 뭐냐고. FM의 대답은 간단명료했다.

"Free Beer."

우린 모두 고개를 끄덕이며 동의했다. 역시 최고의 맥주는 누군가가 사주는 공짜 맥주라고.

맥주 생각을 하며 걸어서인지 예상보다 일찍 목적지에 도착했다. 오는 중에 한국인들을 많이 만났는데, LA 근교라서 그런 듯했다. PCT 도전 중이냐며 악수와 응원을 해주고 먹을 것도 주셨다. 셔츠 소매에 달린 태극기가 자랑스럽다고 해주었다.

오늘은 해발 약 2,000m에 있는 사이트에 텐트를 쳤다. 웬일로 인터넷이 되어 오랜만에 인터넷을 했다. 미국에서 티모바일 유심(T-Mobile Usim)을 구입하여 폰을 사용하고 있었는데, 큰 도시를 제외하고 대부분의 도시에서는 잘 터지지 않았다. 그래도 혹시 모를 상황을 대비하여 가지고 다녔는데, 이렇게 가끔 터져주는 곳을 만나면 행복했다. 다른 하이커들에게 물어보니 버라이즌(Verison)이나 AT&T를 써야 잘 터진다고 했다. 하지만 아무래도 그 통신사들은 약정 같은 것을 해야 하며 가격도 티모바일에 비해 조금 비쌌다.

하루를 마무리하고 텐트에 앉아 저물어가는 태양을 바라보고 있자니 맥주 생각이 간절했다. 최고의 맥주인 공짜 맥주는 아니라도 내 눈앞에 아무 맥주나 한 병 놓여있으면 좋겠다고 생각했다. 마을을 떠나온 지 얼마나 되었다고 벌써부터 맥주 생각인지. 잠시 뒤 해가 지기 시작하더니 엄청난 바람이 불었다. 곧 폭풍이 온다고 들었는데 그 영향인 듯하다. 오늘 밤은 텐트가 무너지지 않도록 잘 붙잡고 자야 할 것 같다.

05. 14. PCT +29

CS0415~North Fork Ranger Station(33.88km/701.80km/1,276m)

폭풍 속으로

밤새 엄청난 바람과 싸워야 했다. 다행히 내 텐트는 간간이 보수를 해서 큰 문제가 없었지만 희남이 텐트는 전면 폴대가 부러지고 커버가 찢어져 있었다. 이번에도 텐트 안으로 모래가 다 들어와서 자는데 너무 힘들었다. 앞으로 고도도 더 높아지고 추워질 텐데 큰일이었다. 제로그램에 연락했더니 새 텐트로 보내준다고 했다. 영화 「와일드」에서도 다루었던 이야기인데, 미국의 대부분 아웃도어 브랜드들은 PCT를 걷다가 문제가 생긴 제품들을 조건 없이 교환해주곤 한다. 물론 모든 브랜드들이 그런 건 아니지만 대부분의 하이커들이 장비에 문제가 생기면 본사나 고객센터 등에 연락을 하여 새 제품으로 교환을 받았다. 이러한 점에서 만약 PCT를 걷게 될 때 추가적으로 필요한 장비가 있다면 미국 내에서 구입하는 것이 더 효율적일 수도 있다고 생각했다. 물론 기존에 쓰던 장비가 있다면 그 장비를 쓰는 것이 가장 좋을 것이다. 제로그램 같은 경우에는 국내 브랜드임에도 불구하고 PCT와 장거리 트레일에 대한 개념을 잘 이해하고 있기에 이러한 서비스를 제공해 주는 것 같았다.

텐트를 정리하고 길을 걷는데 한 하이커가 오늘밤 폭풍이 지나갈 테니 조심하라고 했다. 지난밤도 무서웠는데 오늘밤 진짜 폭풍이 온다니 더 걱정이 되었다. 조금 더 걸어가자 구름이 몰려오더니 더 이상 햇빛을 볼 수 없었다. 그리고 엄청난 바람과 함께 눈인지 비인지 우박인지 모를 것들이 세차게 쏟아졌다. 처음엔 이런 기후도 있어야

PCT답지 했는데, 점점 더 심해지고 앞으로 나아가기 힘들어지자 난감했다. 좀 전에 몇몇 하이커들이 가던 길을 돌아서서 내려오며 오늘은 아무래도 안 될 것 같다고, 도로로 나가 모텔 같은 데를 찾아 쉰다고 했는데, 그 말을 대수롭지 않게 생각했던 것이 후회스러웠다.

26km 정도를 운행했을 때 상황이 급박해졌다. 온몸은 다 젖었고 오늘 쉴 곳을 찾지 못하면 위험할 수도 있겠다는 생각이 들었다. 생존이 달린 문제였다. 마지막 언덕을 오르다 비바람이 너무 몰아쳐서 옆 도로로 우회하기로 하고 한참을 내려와 보니 캠핑그라운드와 작은 건물 하나가 보였다. 입구에 '추우면 큰 건물로 들어오세요.'라는 글귀를 보고 건물로 들어갔다. 그곳은 레인저 스테이션(Ranger Station)이었는데, 하이커들을 위해 쉴 수 있는 공간이 마련되어 있었다. 따뜻한 차와 따뜻한 샤워, 그리고 빨래까지. 마치 천국을 만난 듯했다. 하지만 이곳은 잠깐 쉬어갈 수만 있고 저녁에는 닫는다고 했다. 만약 날씨가 계속 안 좋다면 안에서 머물러도 된다고 하여 날씨가 안 좋길 속으로 빌었다. 밖은 계속해서 비바람이 몰아치고 있었고, 우리는 맥주 한 캔씩 얻어 마시며 이곳에 머무르게 되었다.

05. 15. PCT +30
North Fork Ranger Station~RD0457B(34.28km/735.65km/886m)

내가 과자를 먹었어요
폭풍 덕분에 다행히도 레인저 스테이션에서 머물 수 있어서 어제의 피로가 조금 풀렸다. 아침에 일어나 간단히 요기를 한 뒤 아구아둘체(Agua Dulce)로 향했다. 중간에 KOA캠핑장에 잠깐 들러 보급품을 수령했는데 재밌는 일이 있었다. 도나(Dona)라고 하는 트레일엔젤의 집 주소로 보급품을 보냈었는데, 도나가 잠시 외출을 한 사이 그녀의 개가 상자 안의 냄새를 맡고 상자를 물어뜯어 초콜릿 바와 에너지 젤을 먹었던 것이다. 처음에 상자를 받고 약간 이상하다는 생각을 했다. 우리가 보냈던 것과 다른 상태였기 때문이었다. 상자를 뜯어보니 안에는 미안하다는 도나의 편지와 함께 목에 '내가 과자를 먹었어요.'라고 쓰인 푯말을 걸고 있는 개 사진이 들어 있었다. 그리고 20달러가 동봉되어 있었다. 개가 우리의 행동식을 얼마나 먹었는지는 모르지만 대충 20달러 정도 되는 것 같아 챙겨두었다고 했다. 그리고 혹시 더 문제되는 것이 있으면 꼭 연락을 달라고 했다. 우리는 보급품을 받아준 것만으로도 고마운데 이렇게까지 신경써준 데 대해 감동했다.

KOA에서 잠시 쉬다 드디어 아구아둘체에 도착했다. 피자를 먹고 오늘 밤 마실 맥주와 칩을 산 뒤 주변에 머무를 만한 곳을 찾았는데 쉽지 않았다. 그러다 어떤 여자분이 캠핑할 수 있는 곳에 데려다 주겠다며 차를 태워줬는데, 그곳이 공교롭게도 도나의 집이었다. 하지만 도나는 집에 없었고, 우리의 음식을 먹은 개와 그의 친구들만이 우리를 반겨주었다. 도나는 하이커들에게 쉴 공간과 여러 가지 도움을 제공하여 그녀의 집은 '하이커들의 천국(Hiker's Heaven)'이라고 불렸었는데 올해부터는 더 이상 제공하지 않는다고 했다. 나중에 알게 된 사실인데, PCT가 점점 유명해진 까닭에 너무 많은 하이커들이 몰려들어 더 이상 수용하기 힘들어졌다고 한다. 하지만 우편물은 계속 받아주는 듯했다. 우린 어떻게 할까 고민하다 그냥 2km를 더 운행하여 트레일 주변에 텐트를 치기로 했다. 지난밤 레인저 스테이션에서 함께 머물렀던 하이워터와 뉴텔라 커플도 그럴 계획이라 하여 같이 사이트를 찾아 걸어갔다.

약 4km를 더 걸어가 좋은 장소를 찾았고, 우리는 카우보이캠핑(비박)을 했다. PCT 한 달째 되는 밤. 첫 카우보이캠핑이었다. 캔자스에서 온 하이워터와 뉴텔라와 함께 밤하늘의 별을 바라보며 맥주와 남은 피자, 그리고 체리를 먹었다. 우리들만의 맥주 파티였다. 그들은 2013년에 애팔래치안 트레일(Appalachian Trail)을 완주했다고 한다. PCT가 훨씬 멋있고 AT는 더 힘들지만 각각 다른 매력이 있다고 했다. 나도 언젠가 AT와 CDT(Continental Divide Trail)에 도전해보고 싶다는 꿈을 품었다.

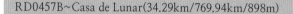

05. 16. PCT +31
RD0457B~Casa de Lunar(34.29km/769.94km/898m)

아프고, 꼬이고, 못 알아듣고

한 달이 지나고 하루가 지난 오늘, 온종일 발등의 통증과 싸워야 했다. 이제 몸도 마음도 적응했다 생각하고 별이 빛나는 밤, 카우보이캠핑을 하며 맥주 파티를 한 게 바로 어젯밤이었는데, PCT를 너무 얕잡아 보았다. 생각해보면 하루도 같은 날이 없었다. 보는 것, 느끼는 것, 생각하는 것, 먹는 것, 만나는 사람 등 일반적인 것들도, 물집이 잡히는 곳도, 통증을 느끼는 부위마저 하루도 같은 날이 없었다.

한 달 정도 겪어 더 이상의 통증은 없을 거라 생각했는데 큰 오산이었다. 지금까지 날 괴롭히던 물집과 오른쪽 발목 통증은 사라졌지만 왼쪽 발등이 문제였다. 어젯밤에 약간의 통증이 있었는데 대수롭지 않게 넘긴 게 화근이었다. 앞으로 남은 100일 이상도 같은 날이 없을 것이다. 좋은 일들이 일어날 수 있는 만큼 생각지 못한 좋지 않은 일이 일어날 수도, 혹은 생각지도 못한 곳에 새로운 통증이 나타날 수도 있다.

조금 느긋하게 출발을 했다. 21마일(약 34km)을 가면 트레일엔젤이 제공하는 하우스가 있다고 들었지만 희남이의 허벅지 통증과 내 발등의 통증 때문에 그곳까지 갈 수 있을지 알 수 없었다. 계속해서 발등의 통증이 날 괴롭혔고, 오르막과 내리막이 반복되는 코스도 만만치 않았다. 희남이도 통증으로 힘들어하며 천천히 운행을 했다. 결국 목적지에 도착을 했고, 트레일엔젤 앤더슨 아저씨의 픽업 서비스를 받아 트레일엔젤 하우스에서 쉴 수 있게 되었다. 하우스 이름은 카사드루나, '달의 집'이란 뜻이라고 한다.

"이름이 왜 달의 집이에요?"

"PCT를 시작한 지 며칠 되었니?"

"음, 한 달이요. 오늘이 딱 한 달째예요."

"그렇지? 보통 여기까지 한 달이 걸려 그렇게 지었단다."

"아, 정말 멋져요!"

맛있는 타코와 맥주를 마시며 휴식을 취했다. 내일은 15km 정도 우회를 해야 한다고 한다. 이 지역 역시 산불로 인해 재생기간을 갖고 있다고 했다. 생각해 보니 오늘은 뭔가 자꾸 꼬이는 날이었다. 오다가 카메라 한쪽 끈도 떨어졌다. 정확히 말하면 카메라 끈을 고정시켜주는 핀이 부러졌다. 걸어오는 내내 나도 모르게 몇 번이나 입에서 욕이 튀어나왔다. 발등이 아파 짜증도 나고 계속 신경이 쓰여서였을 것이다.

테라스에 앉아 맥주를 마시고 있을 때였다. 폰 메모장을 이용해 하루의 일들을 적고 있었다. 그때 하이워터가 나에게 물었다.

"와이파이 비번이 뭐야?"

나는 비번을 알려주었다. 하이워터는 비번을 치더니 곧 이렇게 말했다.

"야! 왜 이렇게 인터넷이 느려! 네가 다 쓰고 있어서 그런 거 아냐?"

"나 인터넷 안 쓰고 있거든! 지금 일기 쓰고 있어!"

"난 그냥 농담한 건데, 왜 그렇게 심각해?"

순간 얼굴이 화끈거렸다. 가볍게 던진 농담을 알아듣지 못해 정색하고 대답한 내가 부끄러웠다. 기회가 있을 때마다 나는 최대한 다른 하이커 친구들과 친하게 지내려고 노력한다. 함께 어울리며 내가 몰랐던 이야기도 들을 수 있고, 서로를 좀 더 이해할 수 있기 때문이다. 하지만 오늘은 너무 힘들어 다른 하이커들과 말을 섞는 것조차 짜증이 났다. 그러다 보니 하이워터가 던진 농담에 동양인은 사람들과 잘 안 어울리고 비디오게임이나 인터넷에 집중한다는 자격지심이 들어 그랬던 것 같았다. PCT에 와서 기분이 가장 좋지 않은 날이었다.

05. 17. PCT +32

Casa de Lunar~Sawmill CG(31.87km/801.81km/1,581m)

산들길을 걷는 긴길나그네

아침 일찍 일어났다. 발등의 통증은 조금 있었지만 견딜 만했다. 카사드루나의 아침은 팬케이크와 커피로 시작되었다. 앤더슨 아주머니가 떠나기 전 현수막 앞에서 사진 한 장 찍고 가라고 해서 앞에 섰다. 카메라를 바라보며 포즈를 취하고 있는데 카메라 옆에 서있던 아주머니가 갑자기 바지를 살짝 내려 엉덩이를 보여주었다. 순간 희남이와 나는 웃음이 빵 터졌고 그 순간이 사진에 담기게 되었다. 참 유쾌한 분이었다. 이렇게 찍는 것이 카사드루나의 전통이라고 했다. 그제야 왜 아주머니가 같이 찍자는 나의 말을 거절하고 카메라 옆에 서 있었는지 이해가 갔다. 마지막으로 앤더슨 아저씨, 아주머니와 인사를 나누었다. 하룻밤을 편히 쉴 수 있게 해준 데 대해 감사인사를 하자 아주머니는 하이커 시즌이 너무 행복하다며 자기가 좋아서 하는 거라고, 그러니 너무 미안해하지 말라고 했다. 아주머니는 트레일까지 태워다 준 후 몸조심하라며 꼭 끌어안아 주셨다. 한국에서 가져온 건조김치 하나를 선물로 드렸더니 점심에 드시겠다고 했다.

오늘은 2013년 발전소 화재로 인해 막힌 PCT를 우회해서 가야 했다. 약 15km 도로를 따라 간 뒤 2km 정도 트레일을 따라가면 PCT를 만날 수 있다고 해서 우리는 길을 떠났다. 그런데 다른 하이커들은 히치하이킹을 해서 도로를 뛰어 넘거나 하이커타운이라는 곳으로 점프를 하는 것 같았다. 희남이의 허벅지 상태 때문에 그럴까 했는데, 희남이는 PCT를 스스로의 힘으로 가고 싶어 했다. 나는 희남이가 조금 걱정되었다. 내 발등의 통증은 그리 심각한 것은 아니었다. 평소에 오래 걸으면 오는 일상적인 통증이라 걷는 데 큰 무리는 없었다. 희남이는 제 속도를 못 내고 있었다. 통증이 생각보다 큰 듯했다. 원

래 한쪽이 아프면 다른 한쪽에 힘을 많이 줘서 곧 다른 쪽도 아파오
는데, 지금이 그러한 상태인 듯했다. 내가 쉬어가자고 넌지시 말했지
만 괜찮다며 계속 갈 수 있다고 했다. 아마 자존심도 있고 통증 때문
에 이것저것 생각할 여유도 없었을 것이다. 그래서 내가 힘들다는 핑
계로 쉬어가자고 했다. 내일쯤이면 하이커타운이라는 곳에 도착할
것 같다. 마을은 아니고 하이커들이 쉴 수 있는 호스텔 같은 거라고
하는데, 내일은 그곳에서 휴식을 취해야 할 것 같다.

　PCT를 걷다가 '롱쓰루하이커'를 '긴길나그네'라고 표현한 적이 있
었다. 오늘은 지금 내가 걷고 있는 이 길, 트레일을 우리말로 표현하
면 어떻게 될까? 하고 고민해 보았다. '길'이라는 표현도 있고 '등산
로', '산길', 또는 요즘 많이 쓰는 '올레' 혹은 '둘레길' 등이 떠올랐는
데, 아무리 생각해도 트레일이라는 단어를 표현하기엔 부족해 보였
다. 막 생각해보다 산길, 들길을 합쳐서 '산들길'이라는 단어가 떠올
랐다. 어감도 좋고 트레일의 느낌을 가장 잘 담고 있는 것 같았다. 산
이나 들판에 나있는 길을 따라 걷는, 산들산들 산들바람을 느끼며 걷
는, 게다가 기분 좋게 산들산들 흔들며 걷는 그런 길, 산들길. 긴길
나그네 때도 말했지만 더 좋은 표현이 있을지도 모른다. 아니면 이미
트레일의 우리말 표현이 있을지도 모르겠다. 그래도 난 '산들길'이란
표현이 좋다. 나는 이제부터 구름에 달 가듯 아름다운 산들길을 산들
바람을 맞으며 산들산들 걷고 있는 긴길나그네이다.

05. 18. PCT +33

Sawmill CG~Hiker Town(31.16km/832.97km/930m)

하이킹과 트레킹

예전부터 궁금했던 것이 있다. 하이킹과 트레킹의 차이가 무엇일까? 어감상으론 하이킹은 좀 가벼운 산보 같은 느낌이고 트레킹은 좀 더 전문적인 느낌이랄까? 하지만 PCT에 오니 여기서는 트레킹이란 말보다 하이킹이란 말을 더 많이 쓰고 있었다. 아니 트레킹이란 말 자체를 들을 수 없었다. 우리 역시 PCT 하이커라고 불렸다. 너무 궁금해서 독일에서 온 다니엘과 캔자스시티의 KC, 시애틀의 퀼티, 뉴햄프셔의 폭스트롯에게 하이킹과 트레킹의 차이를 뭐라 생각하느냐고 물어봤다. 역시 그들도 나와 생각이 비슷했다. 하이킹은 약간 가벼운 느낌이고 트레킹은 길고 험난한 느낌이라고.

"그럼 지금 우리가 하는 건 하이킹이야, 트레킹이야?"

"몰라. 그냥 비슷해."

그들이 웃으며 말했다. KC가 말했다.

"트레킹이란 단어는 미국에서는 잘 안 쓰이는 것 같아, 우리는 보통 하이킹이라고 하는데. 트레킹은 유럽 쪽에서 많이 쓰지 않아?"

"정말 트레킹이라는 말을 잘 안 써? 유럽에서는 많이 쓰는데."

다니엘에 대답했다. 생각해보니 유럽 쪽에서 트레킹이란 말을 많이 들어본 것 같았다.

"미국은 익스페디션(expedition) 같은 개념보다는 장거리 하이킹에 중점을 더 많이 둬서 그런 것 같아. 그래서 장비들도 울트라 라이트에 초점을 맞추는 것 같고. 미국인들은 히말라야에 그리 집착을 하지 않거든."

폭스트롯이 말했다. 우리나라도 머지않아 그런 날이 올 것 같다는 생각이 들었다. 물론 지금도 조금씩 그러고 있지만.

오늘은 구간 PCT 하이커들도 만났고, 움직이는 트레일엔젤도 만났다. 트레일을 걷다가 반대편에서 하이커가 걸어오고 있어 인사를 건넸는데, 자신은 오리건 구간과 케네디메도우부터 남쪽으로 걸어가고 있는 구간하이커라고 소개했다. 이름은 고트테크, 그는 칩과 인스턴트커피, 초코바 중 하나를 고르라고 했다. 자신은 걸어 다니는 트레일엔젤이라며. 나는 당연히 칩을 골랐다. 그가 뒤돌아서자 가방에 매달려 있는 큰 그물망에 그것들이 가득 차 있었다. 치기공 관련 일을 해서 사업차 서울과 광주에 가본 적이 있다던 고트테크. 영국만큼 비싼 한국의 물가에 놀랐지만 너무 좋았다고 했다.

드디어 하이커타운에 도착을 했다. 평원(혹은 사막) 한가운데 고속도로가 나 있고, 그 옆에 영화에서나 볼 수 있을 것 같은 하이커타운이 있었다. 10달러에 작은 공간을 하나 빌려 하루를 푹 쉬기로 했다. 다른 하이커들과 즐거운 추억을 나누며 휴식을 취했다.

05. 19. PCT +34
Hiker Town(PCT 832.97km/930m)

하이커타운의 터줏대감들

오늘 하루는 푹 쉬기로 했으나 새벽 6시가 되자 저절로 눈이 떠졌다. 나는 일어나 하이커타운 주변을 돌아다녔다. 퀼트족 같이 치마를 입고 다니는 퀼티와 폭스트롯, 다니엘, KC는 오전에 길을 나섰다. 희남이와 나는 낮잠도 자고 인터넷도 하며 빈둥거렸다. 오고가는 하이커들을 맞이하며 하이커타운에 대해 설명도 해줬다.

"이곳에 하이커박스가 있고 이곳에서 침낭을 깔고 잘 수 있어. 저곳의 공간을 빌릴 수 있는데, 저기는 하룻밤에 10달러야. 배고프면 이곳에 전화해서 음식을 주문하면 되고, 아저씨가 주기적으로 가게까지 데려다주셔. 그때 맞춰서 음식을 픽업하던가 가게에서 먹을 것을 사오면 돼."

하루 더 쉬었을 뿐인데, 우린 어느새 하이커타운의 터줏대감이 되어 있었다. 그런데 오후가 되면서 갑자기 희남이가 말했다.

"형, 나 조금 어지러워요."

"왜? 맥주를 많이 먹었니?"

"아니요. 그냥 졸리고 느낌이 이상해요. 조금 자다 올게요."

혹시 잘못 먹은 게 있냐고 물어보니 하이커박스에 있던 베이글을 하나 먹었다고 하는데, 확인해 보니 보통의 베이글 같았다. 생각해 보니 아침에 다른 하이커가 준 수제 브라우니가 왠지 의심이 갔다. 나랑 희남이랑 먹은 게 거의 비슷한데, 나는 베이글과 브라우니를 먹지 않으니 그중에서 브라우니가 가장 유력했다. 뭔가 잘못된 음식이었던 것 같다. 희남이는 낮 시간 내내 몽롱해 있다가 오후가 되어 조금 깨어나는 듯했다. 먹는 것은 항상 조심해야겠다는 생각을 했다.

05. 20. PCT +35

Hiker Town~Tylerhorse Canyon(38.56km/871.54km/1,476m)

모하비사막을 만나다

드디어 모하비사막을 만났다! 솔직히 엄청 걱정했었는데, 거의 경사가 없어서 크게 힘들진 않았다. 지금까지 한 달 넘게 적응을 한 덕분이기도 했을 것이다. 햇빛이 강하고 그늘이 없었지만 물도 충분히 가지고 왔고 페이스 조절도 잘해서 평속도 5km 정도 나온 것 같다. 약 39km를 8시간 만에 왔다. 마지막에 오르막길에서 힘들긴 했지만 지금까지의 오르막에 비하면 가벼운 수준이었다. 지도를 보니 내일은 약 1,000m를 올랐다가 내려가야 하는 길이었다. 조금 걱정은 되었지만 늘 그랬던 것처럼 한 발 한 발 걷다보면 어느새 목적지에 도착해 있을 거라고 생각했다.

텍사스에서 온 아쿠아너트(Aquanaut)가 귤 하나를 나누어 줬는데 정말 꿀맛이었다. 내가 감사의 표시로 건조김치를 줬더니 좋아했다. 나를 만날 때마다 한국말로 "안녕?" 하고 인사하는 리틀 베어(Little Bear)에게도 건조김치를 주었다. 그는 김치를 잘 알고 있었다. 알고 보니 삼성에서 개최한 박람회에서 일한 적이 있다고 했다. 고맙다고 위스키 200ml를 줘서 희남이와 나눠 마셨다. 콜라가 있었으면 더 좋았을 텐데, 오늘은 콜라가 다 떨어져서 조금 아쉬웠다. 그래도 운행 후 술 한 잔은 정말 기분 좋은 일이다.

05. 21. PCT +36
Tylerhorse Canyon~Tehachapi(27.3km/898.84km/1,263m)

This is Life!

처음엔 모하비 마을에 들르려고 했었다. 하지만 어젯밤 희남이와 얘기하며 트레일에서 18km나 떨어져 있는 마을을 굳이 갈 필요가 없다고 판단해 그냥 통과하기로 마음먹었다. 그러다 만약 조금 일찍 도착한다면 약 15km 떨어진 테하차피 마을에 잠깐 들러서 버거를 먹고 다시 트레일로 복귀하기로 했다. 약 27km를 걸어 마을로 가는 도로를 만났을 때만 해도 전혀 알지 못했다. 앞으로 어떤 일들이 펼쳐질지.

우리는 어떻게 히치하이킹을 할지를 고민하며 도로 쪽으로 내려오고 있었다. 그때 우리 앞에 검은 차 한 대가 멈추더니 몇몇 하이커들이 내리는 게 아닌가? 뭔가 느낌이 와서 하이커들에게 어디서 왔는지, 어디서 머물렀는지 물어보았다. 그들은 지난밤 테하차피 마을에서 머물렀고, 차를 렌트하여 돌아다녔다고 했다. 그때가 마침 트레일로 복귀하는 순간이었으며, 렌트 차량 때문에 렌트카 회사 직원이 데려다 준 것이었다. 나는 운전석으로 가 우리를 마을로 태워줄 수 있겠는지 물었다. 그녀는 회사에 확인해봐야 한다며 전화통화를 하더니 차에 타라고 했다. 그렇게 아무 기다림 없이 테하차피에 입성할 수 있었다. 그때까지만 해도 이 마을에서 머무를 생각은 전혀 없었다.

너무 배가 고파 일단 식당을 찾으려고 거리를 두리번거리고 있을 때 저 멀리서 한 남자가 다가오더니 하이커냐고 물었다.

"네. 혹시 괜찮은 레스토랑과 하룻밤 야영을 할 수 있는 캠핑장을 추천해 주실 수 있나요?"

"네이티브 인디언 음식점이 먹을 만하지. 괜찮다면 우리 집에서 하루 묵으며 쉬었다 가는 게 어때?"

그의 이름은 브렌트, 아버지는 영국인이고 어머니는 미국인, 그리고 부인은 필리핀 사람이었다. 그의 아들이 얼마 전 한국을 방문했는데 너무 좋다고 했다며 휴대폰 속의 사진들을 보여주었다. 거기엔 그리운 내 나라의 풍경들이 가득 담겨 있었다. 우리는 음식점으로 함께 가서 인디언 타코와 맥주를 마신 후 마트에서 장을 봐가지고 브렌트의 집에 도착했다. 그의 부인 로지와 고양이 바크가 우리를 반갑게 맞이해주었다.

브렌트는 교사였고, 지금은 은퇴하여 새로운 인생을 즐기고 있었다. 또한 자신이 하이킹을 다니면서 얻은 정보로 그만의 텐트를 개발하고 있었다. 원리는 한국에 있는 원터치 텐트와 비슷한데, 하이커에 맞게 공간 활용을 하고 엄청 가벼운 소재를 쓰고 있었다. (다른 경량 텐트나 배낭에서 보았던 큐벤이라는 소재를 쓰고 있었고, 재봉선은 심실링 처리가 이미 되어 있었다.) 몇 번의 시행착오를 거쳐 벌써 여섯 번째 모델이라고 했다. 나중에 완성하게 되면 '워커라이더(Walker Rider)'라고 이름 붙이고 싶다고 했다. 나는 최종 완성되면 시그니처 에디션으로 사인해서 하나 보내달라고 했다. 내가 첫 고객이 되겠다고.

맞난 피자에 맥주를 마시며 우리는 시간 가는 줄 모르고 이야기를 나누었다. 각국의 문화, 음식, 정치, 언어, 여행, 종교 등. 특히 그들은 북한에 대해 궁금한 게 많았다. 김일성, 김정일, 김정은 3대 세습에 관하여. 아, DMZ에 대한 이야기도 했다. 그곳은 60년 넘게 인간의 발길이 닿지 않았던 곳으로, 만약 통일이 되고 그 구간이 열린다면 세계에서 가장 아름다운 야생보호지역이 될지도 모른다고 나는 말해주었다. 그리고 백성을 위한 임금의 마음이 담긴 한글의 발명과 코리아(Korea)라는 지명의 유래(고려시대)에 대해서도 설명해주었고, 몽고반점에 대해서, 별에 대해서도 이야기했다.

This is Life! 언제 무슨 일이 어떻게 일어날지 아무도 모른다.

당신의 진짜 이름은 무엇입니까?

자전거 여행 중 캘거리에서 머레이 아저씨를 처음 봤을 때 그가 나에게 이렇게 물었다.

"네 이름이 뭐니?"

여행 중 자주 들었던 질문이라 나는 평소대로 대답했다.

"저는 조니라고 해요. 한국에서 온."

조니는 내 영어 이름이다. 희종에서 마지막 글자 '종'과 비슷한 '조니(Johnny)'를 영어이름으로 쓰고 있었다. (조니 뎁의 영향도 없잖아 있다.) 그러자 그가 되물었다.

"아니, 그런 이름 말고 너의 진짜 이름. 설마 한국에서도 조니라고 불리는 건 아니지?"

"아, 제 한국 이름이요? 희종이에요. 양희종."

"봐봐~ 왜 진짜 이름이 있으면서 조니라는 이름을 써?"

"외국 사람들이 희종 하면 잘 못 알아듣더라고요. 발음도 어려워하고. 그래서 쉽게 영어 이름을 만들었어요."

"그 사람들이 어려워해도 가르쳐주면 되지. 그렇다고 진짜 이름을 바꿀 필요는 없잖아."

순간 나는 아무 말도 할 수 없었다. 그리고 조금 창피한 기분이 들었다. 이름이란 나의 정체성을 표현해주는 세상에서 단 하나뿐인 것인데, 나는 너무 쉽게 생각하고 있었다. 머레이 아저씨 말처럼 그 사람이 어려워하면 잘 발음할 수 있도록 가르쳐주면 되는 거였는데, 어쩌면 내가 귀찮아 그 사람이 어려워한다는 핑계로 배려라고 포장하고 있었는지도 모른다.

어제 만난 브렌트 아저씨와 로지 아주머니도 한참 이야기를 하다가 이렇게 물었다.

"코~리아, 이게 맞아? 코리~아, 이게 맞아?"

처음엔 무슨 얘기를 하는 건가 싶었다. '코리아'란 단어 자체가 영어인데 그 발음을 나에게 묻다니. 내가 고개를 갸우뚱하자 그들이 다시 물었다.

"한국말로 코~리아라고 발음하는 게 맞는 거야? 아님 코리~아라고 해야 맞는 거야?"

악센트를 묻고 있는 듯했다. 그제야 난 이해를 했다.

"코리아는 영어로 우리나라를 표현하는 말이에요. 우리는 코리아라고 안 해요. 대한민국이라고 하죠. 아니면 줄여서 한국이라고 하던가."

"그럼 코리아는 뭐야? 왜 너네 나라 이름을 그대로 안 쓰고 코리아라고 써?"

나는 한참을 생각했다. 정말 맞는 말이었다. 우리나라는 대한민국이라는 명칭이 존재하는데 왜 국제적으로 쓸 땐 코리아라고 쓸까? 물론 고려시대 상인들이 고려를 발음하기 어려워 코리아라고 불렀던 것이 지금까지 국제사회에서 통용되고 있다는 것은 알지만(이 점에 대해 브렌트와 로지에게 설명해줬더니 매우 흥미로워했다.) 왜 지금까지 그 명칭을 그대로 쓰는 것인지 조금은 궁금해졌다. 우리나라 말이 외국인이 발음하기에 조금 어려운 것은 사실이지만, 그렇다고 우리 것을 버려가며 과도한 친절, 과도한 배려를 베풀고 있는 것은 아

닐까? 지역명 영문 표기도 그렇고 음식 영문 표기, 문화재 영문 표기
도 그 이름 그대로를 쓰기보다는 외국인 입장에서 만들어지는 느낌
이 강하다. (이것마저 간혹 말도 안 되는 표현들을 써서 문제가 되기
도 한다.) 효율성도 중요하지만 우리말의 정체성에 대해 한 번 더 생
각해보는 기회가 되었다.

　늦잠을 잤다. 그래봤자 7시 전에 일어났지만. 오랜만에 느끼는 침
대의 폭신함이 너무 안락했다. 브렌트 아저씨는 아침 일찍부터 일어
나 식사를 마치고 쉬고 계셨다. 창밖을 내다보니 짙은 안개와 약간의
부슬비가 내리고 있었다. 이곳은 비가 거의 내리지 않아 비가 오면
사막의 단비처럼 좋은 것이라고 했다. 하지만 하이커들에겐 반갑지
만은 않을 거라며 오늘 어떻게 할 거냐고 물었다. 희남이와 이야기를
해본 결과 비가 와도 일단 출발하기로 했다. 맛있는 프렌치토스트와
베이컨으로 아침식사를 마친 후 떠날 준비를 했다. 로지 아주머니께

서 브라우니와 크랜베리, 그리고 피넛을 싸주셨다. 알고 보니 브렌트 아저씨와 로지 아주머니가 살고 있는 이 집은 브렌트 아저씨가 손수 지은 거라고 했다. 다들 못할 거라고 했지만 하나하나 공부해가며 직접 지은 집이었다. 처음엔 전기 플러그 하나 설치하기 힘들었지만 계속 부딪혀가며 9개월 만에 완성했다고 했다. 멋진 삶을 꾸려가는 분이었다.

"애들아, 한 가지만 약속해주렴."

"뭔데요?"

"이 여행을 무사히 잘 마무리하고 집에 돌아가게 되면 나에게 메일 한 통만 보내주려무나. 집에 잘 도착했다고. 그거면 된단다. 약속해 줄 수 있지?"

"네, 꼭 약속할게요."

언제 다시 만날 수 있을지 모르지만 집에 돌아가면 무사히 도착했다고 연락하기로 로지 아주머니와 약속했다.

"그게 엄마의 마음이란다."

아주머니가 말했다.

브렌트 아저씨가 우리를 다시 PCT로 데려다주고 따뜻하게 안아주며 작별인사를 했다.

오늘은 날씨가 계속 안 좋았다. 이 지역이 풍력발전으로 유명한 곳이라 바람이 세게 불었다. 숨쉬기도 힘들 정도였고, 순간순간 날아갈 것 같았다. 바람을 이겨내며 약 30km를 걸어와 해발 1,800m 대나무 사이에 텐트를 쳤다. 그런데 아무리 기다려도 희남이가 오지 않았다. 약 한 시간 반 전 마지막으로 같이 쉬고 먼저 출발하라고 해서 앞서 걷다가 도착해 와 있는데, 아무리 기다려도 모습이 보이지 않았다.

한 시간 반을 기다려도 안 와 무슨 일이 생긴 건 아닌가 하고 3km를 되돌아 가봤는데도 보이지 않았다. 혹시나 하고 1km를 더 앞으로 가봤는데 역시 없었다. 내가 바람을 피해 텐트를 트레일에서 조금 안쪽으로 친 탓에 못보고 지나쳐 간 것일 수도 있었다. 지금은 너무 어두워져 어찌할 수 없으니 내일 일찍 출발해서 찾아봐야겠다.

05. 23. PCT +38
RD0577~Hamp Williams Pass(31.86km/959.91km/1,683m)

희남이는 어디에?

밤새 희남이가 걱정되었다. 나를 못보고 지나친 것이라 생각해 평소보다 조금 서둘러 출발했다. 약 6km를 걸어 골든오크스프링(Golden Oaks Spring)을 만났는데, 그곳에 방명록이 있어 혹시나 하고 희남이 이름을 찾아보았다. 하지만 내가 오늘 이곳에 도착한 첫 번째 하이커였다. 나는 30분 정도 기다리다가 쪽지를 하나 남겼다. 만약 내 뒤에 있다면 오늘 햄프윌리엄스패스를 지나 RD600에서 만나자고. 그리고 다시 걸었다. 조금은 불안하게도 트레일에서 한 명도 만나지 못했다. 어제 날씨가 좋지 않아 다들 마을에서 쉬고 있나 생각했다. 오후에 한 커플을 만났는데 희남이에 대해 물으니 못 봤다고 했다. 그들은 골든오크스프링 근처에서 지난밤을 지낸 거 같으니 희남이가 내 앞에 있을 가능성은 더욱 적어졌다. 한참을 걸어 햄프윌리엄스패스에 도착하자 월스트리트(Wall Street)와 스노화이트(Snow White)가 쉬고 있었다. 그들에게도 희남이의 행방을 물었는데, 역시 보지 못했다고 한다. 내 뒤에 있을 확률이 더욱 높아졌다. 다리가 아파 천천히 오고 있거나 무슨 일이 생겼을 수도 있겠다 싶어 일단 이곳에 텐트를 치고 기다려보기로 했다.

월스트리트의 다리 상태가 안 좋아 보였다. 물어보니 비상약이 진통제밖에 없다고 해서 나는 배낭에 있던 동전파스와 호랑이연고를 꺼내주었다. 신기하게도 그는 호랑이연고를 알아보고는 "타이거밤(Tiger Balm)!" 하고 외쳤다. 나는 둘이 나눠 마시라고 콜라 한 캔을 주었다. 그들은 4마일을 더 가다가 물이 있는 곳에서 쉴 거라고 했다. 희남이도 곧 올 거라고 걱정하지 말라고 하며 떠났다.

일기를 쓰고 있을 때 정말 희남이가 나타났다. 아오! 진짜! 걱정은 있는 대로 다 시키고. 눈물이 핑 돌았다. 다리가 아파서 천천히 왔다고 했다. 내가 저를 버리고 간 줄 알고 엄청 욕하면서. 다행이다. 정말 다행이다. Thank God! It's Saturday!!!

05. 24. PCT +39
Hamp Williams Pass~WR616(31.35km/991.26km/1,510m)

내 인생 최초의 고백

희남이 체력이 조금씩 돌아오고 있다. 발도 많이 나아진 것 같다. 그래도 방심하면 안 된다. 계속 스트레칭하고 관리를 해줘야 끝까지 무사히 갈 수 있을 것이다. 내 몸 상태는 괜찮은 편이었다. 살이 많이 빠져 몸도 가벼워졌고, 체력 하나는 자신 있어 큰 무리는 없는 것 같다. 자잘한 물집이나 근육통을 빼면 아픈 곳은 거의 없다. 10kg만 더 감량하면 전성기 때의 컨디션으로 돌아갈 것 같았다. 브렌트 아저씨 집에서 이틀 전에 쟀을 때 84kg 정도였으니 총 13kg을 감량한 거 같다. 70kg대 초반으로 만들면 딱 좋을 것 같다. 이제 쉴 때 근력운동도 조금씩 해줘야겠다. 칼로리 소모가 많아도 유산소 운동이 많아 살이 빠지며 근육도 같이 빠지는 느낌이다. 먹는 것도 잘 먹고 이제 슬슬 관리에 들어가야 할 듯싶다. 날씬하고 귀여운 시절이 나에게도 있었는데 하다가 내 인생 최초의 고백이 떠올랐다. 그 최초가 남들보다 조금 빠른 5살 정도였을 것으로 기억한다.

나는 빠른년생이라 남들보다 조금 일찍 유치원에 들어갔고 학교에 입학했다. 남들보다 조금 빠르게 철이 들었다. 내 기억엔 4~5살 때부터 혼자 버스를 타고 유치원에 다녔으며, 자연스럽게 버스 안내양 누나와 친하게 지냈다. 누나는 뒷문에 앉아서 안내를 했었는데, 내가 타면 바로 옆에 앉혀놓고 사탕 같은 것을 주곤 했다.

어느 날 유치원에서 다 같이 앉아 비디오를 보고 있었다. 어린 나이에 나는 같은 반의 어떤 여자아이를 좋아하고 있었고, 잘 보이려 엄청 애썼던 것 같다. 하지만 그 아이는 다른 남자아이를 좋아하는 것 같았다. 그 아이와 나는 같은 '양' 씨 성을 가지고 있었는데 그 때문에 동성동본에 대해 고민도 했었다. 그만큼 나는 조숙한 아이였다. 그 아이가 비디오에 한참 빠져있을 때, 나는 조용히 옆자리로 다가가 귓속말로 이렇게 말했다.

"¥$⌒W〉£|+]$~£&:W:~"

그 여자아이는 순진한 표정으로 나를 보며 말했다.

"무슨 뜻이야?"

"응. 결혼하자는 뜻이야."

나는 그 말을 남기고 부끄러워 그 자리를 도망쳤다. 그 이후로 내가 그 아이를 피했는지 그 아이가 나를 피했는지 잘 기억은 나지 않지만 내 인생의 첫 고백은 그렇게 끝이 났다.

시간이 흘러 약 20여년 정도가 흘러 한창 싸이월드란 것이 유행할 때, 불현듯 그 아이가 갑자기 생각나 기억을 더듬어 이름을 찾아보았다. 몇몇 동명이인들을 하나하나 확인하며 결국 그 아이를 찾아냈고, 온라인상으로 안부를 묻다가 한번 만나게 되었다. 분당 쪽에서 만났는데, 나는 그때 군대에서 상병 휴가 기간이었다. 그 아이, 아니 그녀는 레스토랑의 매니저로 근무하고 있었고, 일이 끝나는 새벽 2~3시 정도에 우리는 만났다. 유치원 동창을 20여년 만에 만나는 거였는데, 생각보다 어색하지 않았다. 청하와 함께 분위기는 무르익어갔다. 그녀는 내가 고백했던 것을 기억하고 있었고, 알고 보니 그녀도 나에게 좋은 감정을 가지고 있었다고 한다. 하지만 내가 다른 친구를 좋아하는 줄 알았다고 했다. 이런저런 이야기들로 우리는 밤을 샜고 아침이 되어서야 헤어졌다. 술에 취한 듯, 추억에 취한 듯 짧은 키스와 함께. 그리고 그녀를 두 번 다시 보지 못했다. 제대 전까지 가끔 연락을 주고받다가 어느 날부터 자연스레 멀어졌는데, 나중에 보니 결혼해서 행복하게 잘 살고 있는 것 같았다. 길은 나에게 이런 추억까지 떠오르게 한다.

벌써 991km를 넘어섰다. 내일 오전 중에 1,000km를 돌파할 것이다. 덩실덩실 춤을 추게 될 것 같다.

1,000km를 돌파하다!

드디어 1,000km를 돌파했다. PCT의 1/4을 걸은 셈이다. 처음에 시작할 땐 까마득한 거리였는데, 어느덧 여기까지 왔다. 생각해보면 첫날은 최악이었다. 몸도 적응 못하고 배낭도 짐도 내 마음도 모두 초보였다. 지금은 조금씩 적응해 나가고 있다. 1,000km 돌파 기념 영상을 찍었다. 응원해주시는 모든 분들에 대한 감사의 마음과 함께. 사랑하는 가족들도 너무 보고 싶다. 하지만 기쁨도 잠시. PCT는 그렇게 호락호락하지 않았다. 모하비사막의 끝자락은 정말 최악이었다. 작렬하는 태양, 푹푹 빠지는 모래더미, 거기에 오르락내리락하는 경사! 1,500m에서 시작해서 1,900m까지 올라갔다 내려갔다를 반복하더니 마지막 2,100m 산을 넘는 순간엔 머리가 핑핑 돌 정도였다. 체력도 많이 고갈되고 갈증도 심한 상태에서 땡볕의 2,100m는 너무 가혹했다. 있는 힘을 다해 올라가 정상을 넘어서니 신기하게도 숲길이 이어졌다. 분명 같은 산이었는데 한쪽은 사막, 다른 한쪽은 우거진 숲길이었다.

오늘의 목적지인 옐로재킷스프링을 조금 남겨두고 가벼운 하이킹을 하는 가족을 만났다. 그들은 우리에게 물을 나누어 주었다. 정말 소중한 물이었다. 땡큐!를 연발하고 목적지에 도착하여 조금 쉬다가 텐트를 치려고 하는데, 그 가족이 돌아와 혹시 음식이나 물이 더 필요하냐면서 물과 식빵, 참치 샐러드, 해바라기씨 등을 나누어 주었다. 내일 오닉스(Onyx)에서 재보급이 예정되어 있어 식량이 거의 바

닥난 상태였는데, 너무 잘된 일이었다. 거듭거듭 고맙다고 말하고 희남이와 나눠 먹었다. 남은 빵, 남은 참치 샐러드를 먹고 조금이라도 남기지 않으려고 빵으로 바닥까지 긁어먹고 핥아먹고 있는 나를 보고 있자니 왜 여기까지 와서 이 고생을 하고 있나 하는 생각에 스스로가 측은해졌다. 아무래도 좋다. 나는 지금 긴길나그네니까.

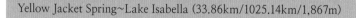

05. 26. PCT +41

Yellow Jacket Spring~Lake Isabella (33.86km/1025.14km/1,867m)

희종기지 3호

2015년 현재 희종기지 3호까지 세워졌다. 희종기지 1호는 2010년 밴쿠버에서 시작하여 캐나다 로키, 그리고 꽁꽁 얼었던 옐로우나이프의 그레이트슬레이크 위에 오로라 탐사를 위해서 세워졌었고, 캐나다 횡단을 하여 토론토에서 잠시 쉬다 다시 알래스카 앵커리지부터 데날리국립공원, 페어뱅크스, 유콘산맥을 지나 화이트호스에까지 세워졌었다. 그리고 희종기지 2호는 2011년부터 아름다운 대한민국 곳곳에 세워지고 있고, 지금은 잠시 내 손을 떠나 친한 동생인 창빈이가 계속해서 세우고 있다. 그리고 지금 여기에서 PCT를 따라 하루하루 세워지고 있는 희종기지 3호. 그렇다. 희종기지는 나의 텐트를 부르는 이름이다.

코오롱스포츠 마케팅 부서에서 근무하는 유석이형이 북미 배낭여행을 떠날 때 챙겨준 희종기지 1호, 북쪽의 빛 오로라까지 탐사한 텐트였는데, 화이트호스 도서관 앞에서 자전거를 비롯해 모든 캠핑장비와 함께 도둑맞았다. 지금도 어딘가에서 누군가 세우고 있을지 모른다. 밀레 용품 MD 송선근 차장님이 캠핑 잘 다니라며 챙겨주셨던 희종기지 2호는 4년 동안 정말 열심히 세우고 다녔다. 서울여행에서도 치고, 바닷가에서도, 산에서도 오랫동안 함께했던 텐트이다. 생각보다 넓고 한번 들어가면 시간 가는 줄 모르게 놀아 별칭이 '시간과 공간의 방'이었다. 내가 정말 좋아했던 희종기지 2호를 PCT에서도 함께하려 했는데 희종기지 3호로 인해 잠시 한국에 맡겨두고 왔다.

대망의 희종기지 3호는 PCT 무사완주를 응원한다며 제로그램에서 챙겨준 텐트이다. PCT를 위해 만들어져 텐트 이름도 PCT이다. 하루하루 세워질 때마다 그날의 기록을 텐트 입구에 새기고 만나는 하이커들의 사인을 받고 있는 희종기지 3호. 이 여행이 마무리될 즈음엔 세상에 둘도 없는 텐트가 될 것 같다. 훗날 희종기지가 몇 호까지 늘어날진 모르겠지만 오늘도 나는 세상의 어딘가에 희종기지를 세우기 위해 열심히 걷고 있다.

아침에 일어나니 몸도 가볍고 재보급 전날이라 배낭도 가벼웠다.

지도를 보니 길도 좋아서 왠지 욕심이 났다. 그래서 시도해 본 결과 신기록을 세웠다. 24km를 4시간 30분 만에 돌파한 것이다. 평속 5.2km. 정말 빠른 속도였다. 워커패스 캠프그라운드와 178번 하이웨이와 만나는 곳까지 내려와 히치하이킹을 하여 오닉스에 들렀다. 다른 하이커들은 대부분 레이크이사벨라로 향하는 듯했다. 알고 보니 레이크이사벨라가 오닉스보다 훨씬 큰 마을이었다. 하지만 우리는 오닉스에 들러야 했다. 미리 정보를 얻지 못해 오닉스에 재보급품을 보내놓았기 때문이다.

한국에서 보내준 제로그램의 몇몇 장비들과 먹을 것들, 그리고 우리가 보내놓은 식품들, 거기에 미국 아웃도어 장비점인 REI에서 주문한 새 셔츠와 새 신발! 게다가 데이비드 김 선배님이 선물로 보내주신 엄청난 식품들! 재보급 풍년이었다. 한 가지 오점은 희남이가 REI에 주문했던 게 뭔가 잘못되어서 오지 않았다는 것이다. 주소를 잘못 표기했는데 그쪽에서 확인차 연락을 했지만 산속에 있어 연결이 안 되었던 것 같다. 어쨌든 엄청난 보급품들을 정리하고 다른 곳으로 일부 보낸 뒤 다시 히치하이킹을 하여 이틀 정도 머무를 레이크이사벨라로 향했다. 하지만 한 시간이 넘도록 히치하이킹에 성공하지 못했고, 우리는 그늘 하나 없는 아스팔트 위에서 지쳐만 갔다.

마침내 허름한 트럭 한 대가 멈춰 서더니 5마일 뒤까지 태워다 줄 수 있다며 거기가 여기보다 히치에 수월할 거라고 타라 했다. 너무 지쳐서 트럭에 올라탔다. 우릴 태워준 분의 이름은 데이브. 사막에서 크리스털이나 광물 등을 채취하는 광부라고 했다. 길 한쪽으로 호수가 펼쳐져야 하지만 모두 말랐다며 설명을 해줬다. 그는 시계를 확인하더니 시간이 조금 있다며 마을까지 데려다 주겠다고 했다. 우리는

땡큐를 연발하며 마을의 맥도날드 앞에서 내렸다.

맥도날드에서 꿈에도 그리던 버거와 콜라를 먹었다. 그곳에서 퀼티와 야드세일을 만나 오랜만에 이야기를 하고 있는데, 갑자기 웬 한국 여자가 말을 걸어왔다. 자신을 섹션하이커(구간하이커)라 소개하며 LA쪽 아구아둘체부터 시작해 100마일 정도를 걸어왔다고 했다. 한국 이름은 김미선, 트레일네임은 스파클이었다. PCT에서 만난 최초의 한국 여자라 조금 놀랐다.

우리는 미국 서부영화에서나 나올 법한 이사벨라모텔에 방을 잡았다. 1,000km 돌파기념으로 우리에게 준 선물이랄까? 희남이 다리도 좀 쉬게 하고 재충전의 의미로 여기서 이틀 정도 쉬기로 했다. 하지만 방이 다 차고 제일 큰방만 남아서 95달러에 빌렸다. 내일 작은방으로 바꾸기로 했다. 이 모텔에는 스파클을 비롯하여 다른 하이커들도 많이 있었다. 퀼티와 야드세일도 이곳에 머물고 있었다. 수영장도 있고 저녁엔 주인아주머니가 직접 구운 피자와 파이 등이 나왔다. 퀼티가 마트에서 기네스 맥주를 사와 선물이라며 주었다. 지난번 하이커타운에서 김치와 콜라를 나눠줬더니 그에 대한 보답인 것 같았다. 저녁을 배부르게 먹고 마트까지 산책을 한 뒤 마트에서 5달러에 냉동 참치 한 조각을 샀다. 그리곤 방으로 돌아와 참치에 소주 한 잔을 마셨다. 회처럼 먹어도 되는지 확신은 없었지만 오랜만에 소주 한 잔을 곁들이니 천국이 따로 없었다.

05. 27. PCT +42

Lake Isabella(PCT 1025.14km/1,867m)

평범한 제로데이

실컷 늦잠을 자도 되는데 5시 30분에 눈이 떠졌다. 침대에서 뒤척이다 밖으로 나갔다. 야외테이블에 앉아있었더니 하나 둘씩 일어나기 시작했다. 퀼티와 야드세일은 지난밤 카우보이캠핑을 한 것 같았다. 오전 중 떠난다고 했다. 퀼티는 엔지니어링을 공부하는 학생이며, 가슴까지 오는 수염을 기르고 있었는데, 기르는 데만 2년이 걸렸다고 한다. 겨울에 스카프가 필요 없어 너무 좋다고 수염으로 목을 두르는 시늉을 했다. 야드세일은 담배 파이프와 닌텐도 DS를 들고 다니는 괴짜였다. 게다가 아침부터 일어나 펩시 한 모금 한 뒤 담배에 불을 붙이는 헤비스모커였다.

오전에 친구들을 보내고 짐을 정리한 뒤 풀에서 수영을 했다. 아직은 조금 추워 곧 나왔다. 번화가 쪽으로 가서 점심을 먹고 몇 가지 짐을 한국으로 부치기 위해 우체국으로 갔다. 한 달 넘게 사용해온 셔츠와 신발, 그리고 스틱을 한국으로 보냈다. 별 필요는 없지만 왠지 버리고 싶지 않았기 때문이다. 다시 모텔로 돌아와 수영을 좀 하고 방에서 뒤척이다 인터넷을 하러 맥도날드에 갔다. 이자벨라모텔은 다 좋은데 와이파이가 되지 않아 인터넷을 하려면 맥도날드로 가야만 했다. 그냥 있기 뭐해 햄버거 하나를 시켜 자리 잡고 앉았다. 여기저기 인터넷을 둘러보다가 다시 모텔로 돌아와 주인아주머니가 차려주는 맛있는 고기와 샐러드를 먹었다. 배가 불러 방에 잠시 누웠다가 소화도 시킬 겸 멀리 있는 마트에 가서 내일부터 다시 시작될 하이킹 준비를 했다. 장을 보고 나오니 밖은 이미 캄캄해져 있었다. 내일이면 다시 떠나야 된다는 생각이 들자 조금씩 두려워지기 시작했다. 어젯밤으로 돌아가고 싶다는 생각을 했다.

05. 28. PCT +43

Lake Isabella~Spanish Needle Creek(28.16km/1077.46km/1,694m)

히치하이킹을 하여 다시 PCT로

휴식 뒤에 PCT로 복귀하는 것은 정말 힘든 일이다. 고작 이틀 쉬었을 뿐인데 어젯밤이 지나가는 게 너무 싫었다. 모텔에서 아침 여덟 시에 나섰다. 버스가 트레일헤드까지 가지 않아 히치하이킹을 하기로 하고, 도로에 서서 엄지손가락을 치켜세웠다. 다행히 금세 차 한 대가 멈춰 섰다. 하지만 10마일 앞까지만 갈 수 있다고 했다. 우리는 괜찮다며 일단 탔고, 10마일 후에 다시 히치하이킹을 시도했다. 이번엔 5마일 앞까지만 갈 수 있다고 했다. 망설이다가 빨리 가고 싶은 마음에 짐을 차에 실었다. 그 다음이 문제였다. 도로 주변엔 아무것도 없었고, 태양은 점점 뜨거워지고 차들은 쌩쌩 달렸다.

한참을 기다린 후에야 차 한 대가 섰다. 인상 좋은 아주머니였다. 이 마을 근처에 살아 그곳까지 가는 길은 아니었지만 하이커들이니 데려다주겠다고 했다. 그것도 거의 20마일이나 되는 거리를. 너무 고맙다고 하며 짐을 실었다. 아주머니의 이름은 데비였고, 컴퓨터프로그래밍을 하다가 아이들을 다 키우고 전원생활을 하고 싶어 이곳에서 살게 되었다고 했다. 사막은 너무 뜨겁지만 자신이 사는 동네는 주위가 산으로 둘러싸여 있고 이웃들도 너무 좋아 행복하다고 했다. PCT를 걸어보진 않았지만 하이커들을 보면 대단하다고 생각하여 가끔 태워준다고 했다. 다른 사람들은 절대 안 태워주고 배낭을 멘 하이커들만 태워준다고 했다. 예전에 어떤 하이커가 자기 집 문을 두드리며 혹시 집 앞마당에서 텐트를 쳐도 되냐고 물은 적이 있었는데, 당연히 허락했고 저녁을 대접하고 샤워까지 하게 해주셨다고 했다. 우리를 내려주며 무사히 완주하라고 응원해주셨다.

다시 PCT다. 시작부터 쉽지 않았다. 1,500m에서 시작하여 2,200m까지 올랐다가 다시 1,600m로 다시 1,800m, 또 다시 1,600m 오르락내리락. 정말 욕 나오는 하루였다. 새 신발에 새 셔츠에 새 스틱에 적응 중인데다 이틀간의 휴식으로 마음의 준비가 안 된 상태에서 엄청난 난코스로 녹초가 되었다. 오늘은 일찍 자고 빨리 컨디션을 끌어올려야겠다고 생각했다. 내일은 더욱 힘든 코스가 예상된다.

05. 29. PCT +44

Spanish Needle Creek~Chimney Basin Road(31.65km/1108.98km/2,203m)

실버 아저씨와 트리플크라운

실버 아저씨를 처음 본 것은 하이커타운을 떠나 한창 모하비사막을 걷고 있을 때였다. 저 멀리서 배낭 하나 메고 아웃도어 양산을 걸치고 걸어가던 모습이 인상적이었다. 멋진 모자를 쓰고 긴팔 셔츠에 숏 팬츠, 그리고 엄청 긴 다리로 여유롭게 사막을 걷고 있었다. 며칠 뒤 모하비 마을과 테하치피 마을로 향하는 고속도로를 앞두고 앉아 있는 실버 아저씨와 이야기를 나눌 기회가 있었다. 그 전에도 몇 번 마주치긴 했지만 스쳐 지나가며 인사만 나눴을 뿐 오랜 시간 이야기 한 적은 없었다. 그는 멋지게 기른 흰색 수염을 가리키며 자신을 실버라고 소개했다. 지난 번 잠깐 만났을 때 다른 사람과 CDT를 완주했다는 이야기를 들은 것 같아 CDT에 대해 물어보니 두 번 완주를 했다고 했다. 이번엔 AT에 대해서 물었더니 아무 말 없이 손가락 네 개를 펼쳤다.

"그럼 PCT는요?" 하고 묻자 손가락 두 개를 살며시 들었다.

"와우! 트리플크라운이네!"

그러자 다시 조용히 손가락 두 개를 올렸다. 트리플크라운 2회 완주자를 내 눈앞에서 만난 것이다. 트리플크라운이란 미국에 있는 세 개의 장거리트레일(Long Distance Trail)을 말하는데, 바로 지금 내가 걷고 있는 PCT(Pacific Crest Trail)와 미국 중부 로키산맥을 따라 걷는 CDT(Continental Divide Trail), 그리고 동부의 유명한 AT(Appalachian Trail)이다. 각 트레일은 PCT 2,650마일(약

4,300km), CDT 3,100마일(약 5,000km), AT 2,175마일(약 3,500km)로 이 세 가지 트레일을 모두 완주한 사람을 트리플크라운이라고 칭하며, ALDHA-WEST(American Long Distance Hiking Association-WEST) 트리플크라운 명예의 전당에 오르게 된다. 내가 본 최신 자료에 의하면 현재 196명의 트리플크라운 달성자가 있다고 하는데, 그 중에 한 명을, 그것도 두 번이나 달성한 사람과 이야기를 나누고 있는 것이었다.

"아저씨, 어디가 제일 좋았어요?"

"각각 다른 매력을 지니고 있는데, PCT와 CDT는 비슷한 느낌이고, AT는 완전 달라. 난 세 곳 다 마음에 들어."

숲이 많고 비도 많이 오고, 아무래도 동부라서 다른 환경을 볼 수 있는 것 같았다. 그 후로도 실버 아저씨와 종종 마주치며 PCT를 걷고 있는데, 그때마다 먼저 말을 걸어주었다.

"Hey~ Spontaneous! How's it going?"

어깨도 툭툭 치며 힘내라고 응원을 해주었다. 말투도 점잖고 차분하며 여유로움을 가진 멋진 분이었다. 아직 희종기지 3호에 사인을 받지 못했지만 기회가 된다면 꼭 받고 싶다. 그리고 나도 언젠가는 트리플크라운을 달성해보고 싶다.

어제보다 몸이 무거운 하루였다. 생각해보니 몸보다 마음이 더 무거운 것 같았다. 그냥 걷기 싫은 날, 경사가 심할 것이라고 생각해 마음이 더 무거운 그런 날이었다. 짐이 무거운 것도 사실이다. 캔콜라 4개에 식량 무게도 꽤 되고, 750ml 소주 페트병까지 짊어지고 있다. 게다가 물도 3~4ℓ를 채웠으니 무거울 수밖에. 처음부터 오르막이 시작되어 1,600m대에서 2,000m대로 올랐다가 다시 잠깐 내려갔다가 다시 2,400m대 찍고 살짝 내려왔다.

위에서 저 멀리 눈으로 뒤덮인 산을 보았다. 실버 아저씨에게 물어보니 저기가 우리가 그렇게 꿈꿔온 하이시에라라고 했다. 이제 하이시에라의 관문인 케네디메도우까지 약 23km 남았다. 내일 점심은 거기서 먹을 수 있을 것 같았다. 한국에서 창우가 보내준 식량과 형민이가 보내준 포카리 분말을 받을 준비를 해야겠다. 그곳에서 받은 것을 다시 다른 포인트로 나눠 보내야 하는데, 우체국이 없어 불가능할 거라는 이야기를 들었다. 방법을 찾아봐야 할 것 같았다. 걷다가 우리보다 하루 전에 출발한 스파클과 퀼티를 다시 만났다. 그들은 천천히 걷는 것 같았다. 스파클은 케네디메도우까지 같이 가기로 했다. 희남이랑 잘 어울리는 것 같아 기회 봐서 분위기를 만들어 줘야겠다고 생각했다.

05. 30. PCT +45

Chimney Basin Road~Kennedy Meadow(23km/1108.98km/2,203m)

내가 꿈꾸던 진정한 PCT의 모습

오늘은 약 23km만 운행하면 되기 때문에 마음 편히 길을 나섰다. 걸으며 콜라는 다 마셨고 소주도 거의 다 마셨다. 음식 무게도 줄어 기분이 좋았다. 처음 한 시간은 시속 6km를 기록했고, 나중엔 조금 떨어지긴 했지만 빠른 시간에 하이시에라의 관문이라고 할 수 있는 케네디메도우에 도착할 수 있었다. 그곳에 다다르자 이미 도착해있던 많은 하이커들이 박수와 함성을 보내주었다.

"헤이! 스폰테니어스! 케네디메도우에 온 것을 환영해!"

"우리가 해냈어! 사막을 지났다고!"

기분이 정말 좋았다. 폭스트롯을 비롯해서 월스트리트, 스노화이트, 야드세일, 퀼티, 이글아이, 이고, 스코틀랜드 등 친한 하이커들이 하이파이브도 해주고 어깨도 두들겨주었다. 사막을 거의 끝내고 하이시에라를 앞두고 있는 하이커들만의 의식 같았다.

한국에서 창우가 보내준 건조미와 김자반, 비빔장 박스와 형민이가 보내준 포카리 분말과 몇몇 장비들, 그리고 손편지까지 받았다. PCT에서 처음 받아보는 편지였다. 생각지 못한 편지는 감동이었다. 읽고 나서 고이 접어 여권 사이에 끼워놓았다.

어제 폭스밀크릭(Fox Mill Creek)에서 만나 이야기를 나눈 로드워커(Road Walker) 아저씨와 급속도로 친해졌다. 알고 보니 워싱턴 주의 한 대학교에서 사회학을 가르치는 교수님이었다. 일종의 안식년 같은 것으로 PCT를 걸으며 다양한 하이커들과 그들 간의 커뮤니케

2015. 06.

이션, 관계, 문화 등을 리서치하고 있다고 했다. 그래서 트레일을 마친 후에 연구결과를 논문으로 쓸 거라고 했다.

로드워커 아저씨가 다른 하이커들을 소개시켜 주었다. 그들과 어울려 엄청난 양의 맥주를 마셨다. 그래봤자 한국에 비해선 아무것도 아니지만. 우리는 맥주를 마시며 각 나라의 문화에 대해 이야기를 나누었다. 내가 한국의 술 문화에 대해 설명하자 다들 흥미로워했다. 소주를 애타게 찾은 폭스트롯을 위해 어제 남은 소주를 선물로 주었다. 두 잔 분량이 남아있었다.

"한국 스타일은 절대 꺾어 마시지 않고 한번에 마시는 거야 (Bottoms up! One shot, No Break!)."

그는 처음엔 망설이더니 다른 하이커들이 분위기를 만들어주자 한방에 원샷을 했다.

"맛이 어때?"

"도수에 비해 부드럽고 쓰지 않아서 괜찮은 걸. 그런데 금세 취할 것 같아 걱정되네. 친구들한테 한국 소주를 먹었다고 자랑할 거야."

"나중에 소주를 받게 되면 또 한 잔 하자."

아름다운 자연과 좋은 사람들, 서로의 문화를 궁금해 하고 존중해주는 모습들. 이것이 내가 꿈꾸어온 진정한 PCT의 모습이었다.

05. 31. PCT +46

Kennedy Meadow~South Fork Kern River(24.20km/1153.05km/2,387m)

브렌트 아저씨와 그의 손자들을 만나다

아름다운 아침이었다. 평소처럼 새벽에 일어나 동네 한 바퀴를 돌고 케네디메도우 제너럴스토어 테라스로 갔다. 새벽바람이 쌀쌀했지만 고요했다. 따스한 햇살이 점점 몸을 따뜻하게 해줬다. 음악을 들으며 테라스에 앉아 책을 읽었다. 하나 둘씩 일어나서 테라스로 오더니 각자 책을 읽거나 서로 이야기를 나누기 시작했다. 그렇게 PCT의 하루가 시작되었다. 오늘은 낮까지 푹 쉬고 오후 늦게 출발하여 오랜만에 달빛 하이킹을 하기로 했다. 보름 무렵이라 달빛 하이킹을 하기에 딱 좋은 날이었다.

점심 즈음이었다. 다른 하이커들과 이야기를 나누고 있을 때, 멀리서 꼬마아이 두 명이 배낭을 메고 걸어오고 있었다. 우리 모두는 환호하며 박수를 쳤다. PCT 하이커는 아니었지만 꼬마아이들이 배낭을 메고 하이킹을 즐긴다는 자체가 박수 받을 만한 일이었다. 그때였다. 낯익은 얼굴이 보이는 것이었다. 바로 테하치피에서 우리를 재워주었던 브렌트 아저씨였다. 나는 반가운 마음에 달려가 인사를 했다. 아저씨도 반가워하며 꼭 껴안아 주었다.

"스폰테니어스! 혹시나 했는데, 여기서 만나다니 반갑구나."

아저씨는 사위와 손자들과 함께 1박 2일 캠핑 겸 하이킹을 왔다가 돌아가는 길에 점심을 먹으러 들렀다고 한다. 그 두 꼬마는 브렌트 아저씨의 손자들이었다. 집에 머무를 때 손자들과 하이킹 갈 거라고 선물로 배낭 사둔 것을 봤었는데, 마침내 그 배낭을 메고 첫 하이킹을 한 것이다. 브렌트는 사위와 손자들을 소개시켜 주었다. 나는 아이들이 너무 귀여워서 한국에서 보내온 스카프 두 개를 선물로 주었다. 하이킹을 잘 하라는 당부와 함께. 브렌트 아저씨는 손자들에게 각각 하나씩 목에 걸어 주었다. 마침 스카프가 파란색이어서 슈퍼맨처럼 보였다. 우리는 이야기를 나누고 사진도 같이 찍었다. 그렇게 깜짝 만남이 끝난 후 슬슬 떠날 채비를 했다.

이제부터는 곰을 만날 확률이 높은 하이시에라 구간이 시작되어 필수적으로 곰통을 지니고 다녀야 한다. 곰통은 곰들이 사람들의 음식물에 접근하지 못하도록 만들어진 통인데, 하이시에라에부터 요세미티 구간이 곰들의 서식지이기에 법적으로 꼭 구비하도록 지정되어 있다. 크기나 모양이 다양하지만 보통 하이커들이 쓰는 곰통은 20~30리터 정도의 반투명 플라스틱 원통형으로 되어 있으며 곰들이 쉽게 열지 못하도록 뚜껑을 누르고 돌려야 열리게 되어있다. 이 구간에서는 모든 음식물을 이 곰통 안에 넣어 보관해야 하며, 캠핑시 반드시 텐트에서 멀리 떨어진 곳에 곰통을 두어야 한다. 희남이와 나는 케네디메도우 제너럴스토어에서 곰통을 구입했는데 생각보다 무거웠다. 짐을 좀 더 줄여야 했다. 안 입는 옷가지들과 안 쓰는 로션, 안 먹는 음식들을 최대한 줄였다. 그리고 이 구간에는 콜라도 자제하기로 했다. 보통 6캔씩 충전하고 다녔는데, 1~2개만 채우기로 했다. 준비를 끝내고 출발했다. 환한 달빛에 그림자와 함께 걸었다.

06. 01. PCT +47

South Fork Kern River~Seasonal Spring(32.02km/1185.07km/3,159m)

내 생애 최초의 사막

오늘도 달빛 하이킹을 하기로 하여 오전부터 낮까지 여유롭게 보냈다. 오전에는 음악 들으며 책을 읽고 점심도 간단히 먹고 다리 밑에서 발도 좀 담갔다. 고도가 높아서 그런지 햇볕은 따뜻한데 바람이 불고 있어 약간 쌀쌀했다. 오후 늦게 출발했다. 오르막과 내리막이 계속되는 코스였다. 가는 도중 하이시에라 쪽으로 붉게 물든 노을도 보고 엄청나게 큰 보름달도 보았다.

해발 3,195m, PCT에서 최고점을 갱신했다. 곧 만날 포레스타패스가 약 4,000m로 PCT에서 가장 높은 지점이라고 하는데(휘트니산이 더 높긴 하지만 PCT에 속해있지 않다), 하이시에라에 들어와 있다는 것이 점점 실감이 났다. 자정이 다 되어서야 목적지에 도착할 수 있었다. 중간에 우리보다 먼저 떠난 스파클을 다시 만나서 캠프사이트까지 데려다준 후 속도를 내서 걸었더니 다행히 제시간 내에 도착할 수 있었다. 오르막이 많았는데도 평속 4.6km 정도로 좋은 속도를 유지했다. 역시 덥지 않으니 좋은 컨디션을 유지할 수 있는 것 같다. 달빛 하이킹은 좋긴 한데 풍경을 잘 볼 수 없다는 것과(멋진 야경을 볼 수는 있지만) 야간운행이 조금 무섭고 위험하다는 단점이 있다. 바스락 소리 하나에도 섬짓 놀라고 돌부리나 나뭇가지가 야생동물로 보이기도 한다. 또 잘 안보여 넘어지기도 쉽다. 주간운행과 야간운행은 각각 장단점이 있지만, 보름에 맞춰 한 달에 두 번 정도 낭만적인 달빛 하이킹을 하는 것도 나쁘진 않다고 생각했다.

드디어 사막이 끝났다. TV나 책에서, 최근에는 사막횡단에 대한 다큐멘터리를 통해서 보았던 사막일 뿐이었다. 생각해보니 몇몇 친구들이 사막마라톤에 나가 완주할 때에도 얼마나 뜨겁고 힘들까 생각은 했지만 어느 정도일지는 솔직히 상상되진 않았다. PCT에서 모하비사막을 지난다고 했을 때에도 큰 감흥은 없었다. 그냥 사막을 걷는구나. 똑같이 걸으면 되겠지. 너무 뜨거우면 새벽과 밤에 걸으면 되겠지 하며 큰 준비도 하지 않았다. 모하비의 한 귀퉁이를 걸었을 뿐인데, 사막은 사막이었다. 다른 사막은 또 다른 모습을 가지고 있겠지만 모하비사막은 정말 변화무쌍한 모습을 보여주었다. 작렬하는 태양, 타들어가는 피부, 참기 힘들 정도의 갈증과 탈수현상. 가끔 가다가는 정말 신기루 같은 것이 보이기도 했다. 해발 약 2,000m에 분포하고 있는 곳이어서 사막에 산이 존재하고 오르락 내리락을 반복해야 했다. 게다가 캘리포니아 해변 쪽에서 불어오는 엄청난 바람에 숨을 못 쉴 정도였다.

이제 사막이 끝났다. 앞으로 완전히 사막지형이 없다고는 말 못하지만 공식적으로 모하비사막은 지났다. 사막마라톤이나 사막횡단 다큐 등을 보면서 아무리 뜨거워도 안전장치가 어느 정도 되어 있고 지역마다 쉴 수 있는 공간이 마련되어 있으며, 사전 답사나 현지 지원 등을 받는 것을 보고 큰 어려움 없이 할 수 있을 것이라 생각했다. 그런데 막상 사막에 와보니 아무리 그러한 장치가 있다 한들 걷고 있는, 혹은 뛰고 있는 당사자가 느끼는 고통은 말로 표현하기 힘들었을 것이란 것을 알게 되었다. PCT 하이커들에게도 약 20㎏의 배낭을 짊어지고 작렬하는 태양과 푹푹 빠지는 모랫길, 매순간 갈증과 싸우며 걷는 일은 정말 힘들었다. 그래서 사막 구간이 거의 끝나는 케네디메도우에 도착하면 왜 그렇게 박수를 쳐주고 환호성을 쳐주는지 알 것 같았다. 내 생애 최초의 사막은 이렇게 지나갔다. 훗날 기회가 된다면 내 생애 최초의 사막마라톤이나 사막횡단에도 도전해보고 싶다.

굿바이, 스파클

새벽에 너무 추워서 잠에서 깼다. 그러고 보니 새벽에 숨 쉬기가
불편해서 몇 번 깼다. 아무래도 고도가 높아져서 산소가 부족해지는
것 같다. 고산병에 걸리지 않도록 잘 관리해야 할 것 같다. 너무 일찍
깨서 심심하여 혼자 론파인(Lone Pine)이라는 마을에 히치하이킹 하
여 다녀올까 생각했지만 희남이의 만류에 그냥 있기로 했다. 오전에
물 있는 곳까지 잠깐 걸은 후 아침 겸 점심을 먹고 잠깐 쉬었다 가기
로 했다. 조금 있자 스파클이 헐떡이며 걸어왔다. 그리고 집으로 돌
아가기로 결심했다고 했다. 방금 전 희남이와 스파클 이야기를 하다
함께 맞추어 가주자고 했었는데, 그 얘기를 전할 새도 없이 집으로
가기로 결정했다고 했다. 갑작스럽게 만난 친구였다.

레이크이사벨라 맥도날드에 도착했을 때 오랜만에 만난 퀼티와 야
드세일과 이런저런 얘기를 하느라 신경 쓸 겨를이 없었다. 어느 순간
희남이가 살짝 눈치를 주며 옆 테이블에 앉아있는 여자아이가 한국
사람 같다고 했다. 곁눈질로 보니 그런 것 같았다. 그때 작은 소리로
그녀가 말했다.

"저기요. 혹시 보이스 아세요?"

한국말이었다.

"보이스요? 음, 한국분이세요?"

보이스가 뭘 말하는지 잘 몰랐던 나는 되물었다.

"네. 보이스가 한국사람 만나서 고기도 구워먹고 소주도 먹었다고

하던데."

그제야 생각났다.

"아! 하이커 보이스요? 조지아에서 온?"

"네. 맞아요. 보이스가 얘기 많이 했어요."

알고 보니 그녀는 PCT 구간을 걷고 있는 섹션하이커였다. 얘기를 들어보니 LA와 가까운 아구아둘체에서부터 걸어왔다고 한다. 시카고에서 대학교를 다니며 미술을 전공했고, 졸업 후 잠깐 짬을 내 LA에 있는 이모네서 쉬고 있다고 했다. 그러던 중 미래에 대한 고민과 자기만의 시간을 갖고 싶어 PCT를 걷기로 했단다. 가족들에게는 그냥 요세미티 여행 간다고 하고. 하이킹도 처음이고 캠핑도 처음이라던 그녀. 아마존을 통해 장비를 하나 둘씩 사고 약 100마일을 걸으며 조금씩 적응해 왔다고 한다. 보이스와 다른 하이커들을 만나 많은 도움을 받고 더 필요한 장비들을 추가하는 등 PCT 하이커다운 모습을 갖추고 있었다. 경험이 전무한 어린 여자가 도전을 하여 지금까지 잘하고 있다는 것이 정말 대단하다고 생각했다는데 그동안 너무 힘들었나 보다. 항상 밝게 웃고 있었지만 경험이 부족했던 그녀에게는 무리였을 수도 있겠다 싶었다. 집으로 돌아간다는 그녀에게 마지막으로 한 번 더 물었다. 만약 정말 더 걷고 싶은데 도움이 필요하다면 희남이와 내가 도와주겠다고. 존뮤어까지 같이 걷자고. 속도도 맞춰주고 옆에서 도와줄 테니 만약 정말 걷고 싶다면 함께 걷자고. 사실 PCT에서 남의 페이스에 맞춘다는 것은 엄청 힘든 일이다. 하지만 희남이와 상의해서 우리가 조금 힘들더라도 그녀를 도와주고 싶었다. 집으로 돌아갈 수 있는 탈출로가 있는 곳을 한 시간 남겨두고 마지막으로 생각해 보라고 했다. 결정은 너의 몫이라고. 하지만 결국 그녀는 떠나겠다고 했다. 따뜻한 욕조와 포근한 침대가 있는 곳으로. 떠나기 전 그녀가 말했다.

"내가 가니까 편하죠? 귀찮게도 안하고."

"아니. 아쉽지. 같이 가면 좋을 텐데. 분명 나중에 후회하게 될 거야. 오늘 돌아간 것에 대해서."

그녀는 나중에 소포로 먹을 것을 보내주겠다고 했다. 뉴욕에 가서 일을 찾고 대학원 진학 준비를 하고 싶다는 그녀. 마지막으로 함께 사진을 찍은 후 그녀는 떠났고, 희남이와 나는 계속 걸었다. 걷는 내내 그녀와의 추억들이 하나 둘씩 떠올랐다. 짧은 시간의 만남이었는데 추억이 생긴다는 게 신기했다. 좀 더 잘해줄 걸, 조금 더 챙겨줄 걸 하는 생각들이 밀려왔다. 스스로 결정하도록 너무 내버려둔 건 아닐까? 함께 하자고 더 강하게 말했어야 하나? 그녀에게 마지막으로 해주고 싶은 말이 있다.

"나중에 후회할 수도 있겠지만 지금 한 결정에 대해 후회하지 않도록 더 열심히 해."

내일은 휘트니산 바로 아래에 텐트를 치고 휘트니 일출 산행을 준비할 것 같다. 한 가지 걱정되는 것은 다음 보급지인 뮤어랜치(Muir Ranch)까지 170km가 남았는데, 휘트니 정상까지 생각하면 적어도 일주일의 식량이 필요했다. 하지만 우린 휘트니 예비일을 생각 못해서 식량이 닷새치밖에 남아 있지 않았다. 희남이와 여러 가지로 고민한 결과 앞으론 아껴 먹으며 가자고 했다. 부족하면 왜 더 배가 고픈 걸까?

06. 03. PCT +49

Chicken Spring~Crabtree CG(24.55km/1232.9km/3,239m)

휘트니 트레일을 만나다

지난밤도 역시 추웠다. 추위에 몇 번이나 잠들었다 깼다를 반복했다. 날진 병을 두고 온 것이 조금 후회되었다. 이럴 때 물을 끓여서 침낭에 넣어놓으면 밤새 따뜻할 텐데. 지금 가지고 있는 페트병들은 뜨거운 물을 넣으면 쪼그라들거나 녹아버릴 것 같다. 하이시에라는 환상적이다. 사막에서 막 빠져나와 더 그런 생각이 드는지도 모르지만 정말 아름다운 곳이다. 높고 파란 하늘과 회색 바위들, 푸른 나무로 가득 찬 산들, 그리고 맑은 호수와 계곡 물, 햇빛도 따뜻한 정도로 딱 좋고 그늘에 가면 시원하다. 한 가지 흠은 밤에 춥다는 것. 밤낮의 기온차가 상당하다. 오늘은 3,400m에서 3,000m까지 내려갔다 다시 3,500m를 올랐다가 다시 내려왔다. 이젠 3,000m대에서 오르락내리락 하고 있다. 어제는 산에서 마모트를 보았는데 오늘은 평원에서 사슴들을 보았다. 열댓 마리가 무리지어 쉬고 있었다. 카메라 줌이 좋지 않아 사진으로 담진 못했지만 눈으로만 보기엔 너무 아쉽고 아까운 장면이었다.

드디어 휘트니 트레일을 만났다. 몇몇 친구들이 존뮤어를 마치고 휘트니산에 올랐던 것을 보며 부러워했었는데, 내가 지금 그 순간을 맞이한 것이다. 오늘은 휘트니산 정상에서 약 12km 떨어진 사이트에서 자고 새벽 3시 정도에 출발하여 정상에서 일출을 볼 계획이었다. 실버 아저씨가 말했다.

"눈이 있어서 야간산행은 조금 위험할 수도 있는데, 휘트니산을

꼭 올라야 하는 건 아니잖아. 너희는 PCT 하이커지 휘트니산을 오르러 온 게 아니니까."

"휘트니산에 오르는 일은 제 버킷리스트 중 하나거든요."

그러자 아저씨는 그 마음 이해한다며 내 어깨를 툭툭 쳐주었다. 일출시간이 새벽 5시 50분이라 했다. 최소한의 짐만 가지고 등반 예정이어서 12km, 세 시간 안에 도착하는 것을 목표로 하고 있다. 지금 이곳은 해발 약 3,200m, 휘트니가 4,416m, 1,000m 이상을 올라야 한다. 누군가 그랬다. 세상엔 4,000m를 경험해 본 자와 아닌 자로 나뉜다고. 이전에 에베레스트 라운드트레킹을 할 때 5,500m도 올랐었지만 지금과 느낌이 완전 달랐다. 일종의 알피니즘이라고 해야 할까? 정상에 올라 일출을 바라본다면 정말 뿌듯할 것 같다. 그곳에 오르면 결혼하는 혜정이 결혼 축하 영상도 찍고 친구들에게 보내줄 영상도 찍어야겠다고 생각했다.

06. 04. PCT +50

Crabtree CG~Mt.Whitney Summit Round Trip(24.32 km/4,416m)

나의 버킷리스트, 휘트니산에 오르다

미국 본토에서 가장 높은 휘트니산. 인간에게는 이런 욕구가 있는 것 같다. 최고의, 최초의, 최장의 등 어떠한 상징적인 것들이. 동물적인 본능이라고 해야 할까? 휘트니산도 나에겐 그런 의미였던 것 같다. 그냥 막연하게 이야기를 듣고 올라가보고 싶다는 생각을 했었다. 알래스카가 미국에 편입되기 전까지는 미국에서 가장 높은 곳이었고, 알래스카 데날리에게 최고의 자리를 뺏긴 후에는 미국 본토에서 가장 높은, 혹은 '미국에서 가장 높은 트레일'(실제로 휘트니 정상에 그렇게 표현되어 있었다)이라고 표현되는 곳이다. 휘트니산을 처음 알게 된 것은 존뮤어 트레일 때문이었다. 2011년 오지탐사대에서 존뮤어 트레일을 갔었고, 그때 정상에서 찍은 사진을 보았다. 다시 생각해보니 2008년 알래스카에 갔을 때 어렴풋이 휘트니에 대한 이야기를 들은 듯했다. 4,416m의 높은 산이지만 다른 산들에 비해 남쪽에 위치해 있어서 그런지 난이도 높은 산은 아니라고 했다. 실제로 올라보니 어느 정도의 경험과 체력만 받쳐준다면 충분히 오를 수 있는 산이었다. 물론 노멀 루트일 경우에 말이다. 북쪽면 쪽으로 오르는 마운티니어링 루트는 전문적인 기술과 장비가 필요하다고 한다. 게다가 동계시즌일 경우는 더더욱.

휘트니산을 오르는 방법은 3~4가지가 있다. 기본적으로 휘트니포탈이란 곳에서 시작해 중간에 노멀 루트로 오르거나 마운티니어링 루트로 오르는 방법과 내가 오른 것과 같이 남쪽에서 PCT 통해 휘트니 트레일 만나 노멀 루트로 오르는 방법, 그리고 북쪽에서 존뮤어 트레일을 따라 포레스터패스를 넘어 휘트니 트레일을 만나 오르는 방법 등(모두 가장 가까운 마을은 론파인이다)이다. 미국인들에게도 휘트니산은 상징적인 의미가 있는 듯했다. 다들 한번쯤 오르고 싶어 하고 산의 정기를 받고 싶어 했다.

새벽하늘에 구름이 많이 껴서 일출을 못 볼 것 같은 예감이 들었다. 올라가는 길은 그리 어렵지 않았다. 다행히 바람도 거의 없었고 춥지 않았다. 하지만 해발 4,000m 정도를 지나자 오기 시작했다. 고소증세였다. 머리가 멍하고 심장에 약간의 압박이 오기 시작했다. 출발 전 아스피린 한 알을 먹었는데, 역시 난 고소에 약한 체질인 것 같다. 중간 중간 조금씩 휴식을 취하며 천천히 올라갔다. 휘트니포탈에서 올라오는 휘트니포탈 트레일 정선을 지나고부터 눈이 많이 쌓여 있었다. 다행히 많이 미끄러운 정도가 아니어서 스틱만으로 지나갈 만했다. 그래도 바로 아래가 낭떠러지라서 조심해야 했다.

능선을 타고 약 3km 올라가니 점점 정상이 보이기 시작했다. 마지막 써미트는 트레일에 눈이 쌓여있어 오르기 조금 까다로웠다. 드디어 해발 4,416m 휘트니산의 정상에 섰다. 새벽 3시에 출발하여 약 4시간 정도 걸려 정상에 도착한 것이다. 비록 기대했던 일출은 보지 못했지만 기분이 정말 좋았다. 사방으로 펼쳐진 멋진 뷰, 모든 것이 내 발 아래 있었다. 오르는 내내 꽉 차있던 안개와 구름들도 조금씩 걷히기 시작했다. 준비했던 혜정이 결혼 축하 영상도 찍고 희남이와 오탐 응원 영상도 찍고 멋진 풍광도 즐기며 한 시간 정도 정상에서 머물렀다. 다른 하이커들도 나름대로 휘트니 정상을 즐기고 있었다. 그중 특이했던 것이 옷을 모두 벗고 알몸으로 동쪽을 바라보며 사진

을 찍는 것이었다. 남자나 여자나 할 것 없이 자연스럽게 사진을 찍고 있었다. 희남이와 나도 해볼까 하다 너무 추울 것 같아서 그만두었다.

내려오는 길에 쿠키몬스터 아줌마를 만나 많은 이야기를 했다. 네덜란드에서 태어나 벨기에에서 살고 있으며 모닝스타 아저씨와 PCT를 종주 중이라고 했다. LG와 어떤 프로젝트를 진행하고 있어 올해 초에 한국에 왔었다고 했다. 나중에 또 꼭 방문하고 싶다고 하여 그땐 나에게 연락하라고 했다. 만약 한국에 있으면 가이드 해주겠다고, 없으면 최대한 정보를 알려주거나 친구를 소개시켜주겠다고 했다. 너무 배고프다고 하자 계란쿠키 같은 것을 챙겨 주셨다. 가뜩이나 식량이 부족해서 배고픔에 헐떡이고 있었는데 정말 꿀맛이었다. 아주

적은 양이었지만 조금 남겼다가 이런 과자를 좋아하는 희남이에게도
주었다.

이제 정말 큰일이다. 식량 계산을 잘못하여 밥이 2개밖에 남지 않
았다. 어쩔 수 없이 잠깐 탈출하여 인디펜던스라는 마을에 다녀와야
할 것 같았다. PCT에서 약 35km 떨어져 있는데 12km를 걸어 내려가
어니언밸리라는 캠핑장에서 23km 정도 히치하이킹 등 방법을 찾아
차를 타고 가야 한다. 여기서 최소 이틀은 걸릴 것 같은데 걱정이다.
내일은 PCT에서 가장 높은 곳에 위치한 포레스터패스를 넘어야 한
다. 날씨가 점점 안 좋아지고 있어 그것도 걱정이 되었다. 폭풍이 오
고 있다는 소문이 있었다. 오늘도 계속 먹구름이 끼었다가 개었다가
를 반복했다. 눈도 조금 내렸다. 정말 변화무쌍한 PCT이다.

06. 05. PCT +51
Crabtree CG~Bubbs Creek (29.25km/1262.15km/3,194m)

포레스터패스, 그리고 캠프파이어
밤새 추위에 떨어야 했다. 추울까봐 물을 끓여 페트병에 담아 침낭
속에 넣었는데도 추위를 이길 순 없었다. 아침에 일어나 신발을 신는
데 오른발 바깥쪽 복숭아뼈의 통증이 계속되었다. 며칠 전부터 신발
에 닿아 조금씩 신경 쓰이던 부분이었는데, 어제 휘트니산을 오르며
더욱 심해진 듯했다. 붕대를 감고 깔창 밑에 두건을 넣어 최대한 닿
지 않게 하려 했는데도 잘 안 되었다. 결국 두건으로 신발 볼을 좀 넓
혀 응급처치를 했더니 효과가 있었다.

오늘은 PCT에서 제일 높다고 하는 포레스터패스를 넘는 날이었다. 그리고 드디어 말로만 듣던 존뮤어 트레일을 만났다. 아직 하루밖에 경험하지 못했지만 소문대로 아름다웠다. 계속해서 셔터를 누를 수밖에 없었다. 존뮤어 트레일에 빠져 길을 걷고 있을 때 마침내 포레스터패스가 위용을 드러냈다. 약 4,000m의 패스가 눈앞을 가로막고 있었다. 예전 에베레스트 라운드트레킹을 할 때 촐라패스와 고교패스를 넘던 생각이 났다. 그땐 정말 힘들었었는데. 그래서 그런지 몰라도 나에겐 조금 쉬운 패스였다. 다른 사람들은 많이 힘들어 하는 것 같았다. 오늘 운행은 컨디션도 좋고 속도도 좋았다. 3,300m 정도에서 조금 올라갔다가 다시 내려갔다가 4,000m의 패스를 넘고 다시 내려온 거였는데 가뿐하다는 느낌이 들었다. 패스에서 내려올 때는 눈이 엄청 쌓여있어 트레일을 찾을 수가 없었지만 큰 어려움은 없었다. 눈보라도 쳤지만 괜찮았다. 마음 같아선 20km를 더 운행하여 인디펜던스까지 갈 수 있을 것 같았다. 그래도 무리하면 안 되었기에

머물기로 한 사이트에서 쉬기로 했다.

지지(GG)와 피티 크루저(P.T Cruiser), 그리고 신밧드(Sinbad) 아저씨가 벌써부터 텐트를 치고 있었다. 자리를 잡고 가서 이야기를 나누며 곧 친해졌다. 다들 내일 마을 쪽으로 간다고 했다. 곧 팝탑(Pop-top)과 가라오케(Karaoke), 그리고 몇몇이 더 모였다. 우리는 캠프파이어를 하기로 하고 돌로 화로를 만들고 땔감을 구해왔다. 나는 태블릿을 꺼내들어 이 풍경을 그림으로 그렸다. 그리고는 모두에게 보여주니 다들 좋아해줬다. 신밧드 아저씨는 재능이 있으니 멈추지 말고 계속 그리라고 했다. 다들 PCT를 걷고는 있지만 이렇게 뭔가로 표현하는 사람은 드물다고 하면서. 그 말을 들으니 기분이 좋았다.

팝탑은 자신의 스케치북을 보여주며 자기도 그림을 그린다고 했다. 그녀의 스타일이 너무 좋았다. 손바닥만 한 스케치북에 수채화로 풍경이나 인물을 그리고 있었는데, 화풍이 독특해서 마음에 들었다. 그녀는 내가 그린 그림을 나중에 보내달라고 했다. 나중에 기회가 되면 나도 그려달라고 하고 싶었다. 이야기를 나누다가 식량이 부족하여 내일 마을로 가야 한다고 하니 다들 걱정하며 자신들의 식량을 조금씩 나눠주었다. 다시 감동이다. 필요하면 더 챙겨주겠다고 했지만 미안한 마음도 있고 내일 마을로 가면 괜찮을 것 같아 충분하다고 했다. 조금 더 시간이 지나자 모닝스타(Morning Star)와 쿠키몬스터(Cookie Monster), 그리고 클라우드라이더(Cloud Rider), 아쿠아너트(Aquanaut), 리틀베어(Little Bear)가 합류했다. 가라오케의 아이리시 피리연주와 함께 밤이 무르익어갔다.

06. 06. PCT +52

Bubbs Creek~Bishop(20.14km/1269.90km/1,265m)

식량부족사태로 PCT를 탈출하다

새벽에 일어나니 텐트 위로 뭔가 떨어지는 소리가 들렸다. 함박눈이 내리는 소리였다. 어제부터 날씨가 심상치 않았는데 결국 함박눈을 만나게 된 것이다. 텐트 밖으로 나오니 세상이 하얗게 변해 있었다. 오늘은 꼭 마을로 탈출을 해서 음식을 보급 받아야 했기에 우리는 조금 기다렸다가 눈이 그치지 않으면 그냥 출발하기로 했다. 다행히 눈발은 점점 약해졌고 다시 해가 나기 시작했다. 오늘은 식량부족사태로 인해 PCT에서 약 20km를 벗어나 커시지패스(Kersage Pass)를 넘어 인디펜던스나 비숍이라는 마을로 가야만 했다. 어제 지지와 신밧드 아저씨에게 전해들은 정보로 비숍이 더 크고, 그곳엔 샤츠베이커리라는 유명한 베이커리가 있다는 것을 알게 되었다. 그래서 비숍으로 향하기로 했다.

커시지패스는 만만치 않았다. 그곳으로 가는 길은 정말 아름다웠는데, 눈앞에 패스가 나타난 순간 고개를 절레절레 흔들었다. 바로 어제 포레스터패스를 넘었는데, 그것과 비슷한 패스가 떡하니 버티고 서 있는 것이었다. 게다가 다시 PCT로 돌아올 때 반대로 그 높은 곳을 또 넘어야 한다. 준비를 제대로 못해 식량부족사태를 초래한 게 잘못이었다. 3,600m의 패스를 넘으니 또 엄청난 풍경이 우리를 반겨주었다. 그런데 날씨가 말썽이었다. 먹구름이 끼고 바람이 불기 시작하더니 결국 눈이 내리기 시작했다.

패스를 넘는 도중 한국인 한 분을 만났다. LA 근교에 사는 분이었는데, 사진을 찍으러 왔다가 돌아가는 길이라 했다. 우리의 사정을 이야기했더니 어니언밸리부터 차로 비숍까지 데려다준다고 했다. 만약 이분을 못 만났으면 약 50km를 히치하이킹해서 가야 했는데, 정말 운 좋은 날이었다. 미국에 대해, 등산에 대해, 사진에 대해 많은 이야기들을 해주셨다. 좋은 카메라로 우리의 모습도 찍어주셔서 나중에 메일로 보내주신다고 했다. 비숍에 도착하여 치킨이 먹고 싶어 KFC로 향했다. 하지만 한국의 치느님과는 비교조차 할 수 없었다. 치킨으로 배만 채우고 주위 숙소를 알아보았다. 약 열흘 동안 산에서만 지냈고 예비일도 가지지 않아서 이틀 정도 모텔에서 푹 쉬기로 했다. 베가본드인. 이름도 멋진 모텔이었다. 가격은 관광지에 주말이라 조금 비쌌지만 지금까지 고생한 것도 있고 쉴 때 푹 쉬어야 된다 생각하여 머물기로 했다. 그렇게 비숍에서의 하루가 저물어갔다.

06. 07. PCT +53
Bishop (PCT 1269.90km)

타지에서 아프면 서러워

밤새 희남이가 아팠다. 무엇을 잘못 먹었는지 밤새 토했다. 처음엔 그냥 속이 안 좋아 화장실에 가는 줄 알았는데, 그게 아니었다. 아침에도 못 일어나고 계속 아파했다. 아무래도 어제 아이스크림 한 통을 순식간에 비운 것이 속을 놀라게 한 것 같았다. 식중독을 의심했지만 아이스크림 빼고는 나와 먹은 것이 같아 그건 아닌 듯했다. 예전에 알래스카에서 아이스크림을 잘못 먹고 배탈이 나 비행기를 못 탔던 재훈이가 떠올랐다.

알래스카 탐사를 마치고 떠나는 날 공항 가기 전 마지막 만찬으로 뷔페에 들러 점심을 먹었었다. 후식으로 아이스크림을 먹었는데, 창섭이와 둘이서 승부욕이 붙어 누가 더 아이스크림을 많이 먹나 시합처럼 되어 버렸다. 중간에 창섭이가 재훈이의 도전을 받아주지 않아 싱겁게 끝나는 듯했지만 일은 공항에서 터졌다. 앵커리지 공항에서 시애틀로 향하는 도중 재훈이가 배가 살살 아파온다고 했다. 처음에는 화장실이 급한가 해서 대수롭지 않게 생각했는데 계속해서 복통을 호소했고, 결국 비행기를 못 타게 되었다. 다행히 의사가 와서 체크를 하고 단순 복통이라고 하여 다음 비행기를 타고 시애틀로 올 수 있었지만 정말 놀랐던 사건이었다.

희남이가 하루 종일 힘들어해서 쉬는 게 쉬는 게 아니었다. 모텔에 수영장도 있고 맛있는 베이커리에 사진작가 갤러리도 있다고 해서 기대가 컸는데, 조금 김이 샌 기분이었다. 희남이를 쉬게 하고 오전에는 마트에 들러 식량을 구입했다. 우리나라 쌀 같은 것을 찾았는데 길쭉한 쌀밖에 없었다. 어쩔 수 없이 그 쌀과 팩에 든 참치, 미소된장, 스프 파우더, 핫도그, 빵, 그리고 소시지를 골랐다. 시리얼과 우유 파우더, 또띠아, 그리고 프로틴바와 트윅스 초콜릿까지. 이 정도면 일주일은 버틸 수 있을 것 같았다. 숙소로 돌아오니 희남이는 아직 누워 있었다. 타지에서 아프면 서러운 법인데, 게다가 먹을 것을 좋아하는 녀석이 아무것도 못 먹고 있으니 더 안 돼보였다. 계속 누워만 있으면 더 기운 빠질 것 같아 점심도 먹을 겸 산책을 가자고 했다.

밀린 빨래를 챙겨 나가서 햄버거 가게에서 점심을 먹고 유명하다는 샤츠베이커리에 가서 빵을 사먹었다. 그리 다를 것 없는 맛이었다. 미국은 베이커리 문화가 다른 먹을거리에 비해 덜 발달한 것 같다. 보통 마트에서 빵을 팔고 있는데, 그다지 신선한 것 같진 않았다. 샤츠베이커리는 미국에서 처음 본 전문 베이커리였는데, 유럽식이었다. 유명하다는 사진 갤러리를 구경하고 돌아오는 길에 옆 모텔에 들러 코인빨래를 돌렸다. 희남이는 여전히 몸이 안 좋아 보여 먼저 들어가 쉬라고 했다. 빨래를 돌려놓고 잠시 숙소에서 쉬다 저녁즈음 다시 찾으러 갔다. 건조기를 돌려야 해서 조금 기다려야 했다. 마음이 씁쓸했다. 여행 중 아프지 않도록 자기관리를 더 철저히 해야겠단 생각이 들었다. 카메라 충전기까지 고장이 나서 더 심란했다. 오기 전 새 걸로 사온 건데 장비들도 점점 말썽을 부리기 시작했다. 희남이 외장하드도 고장 났다. 스파클에게 부탁하여 다음 보급처에서 받기로 했지만 큰일이다. 배터리 하나로 아껴서 일주일 정도 찍어야 했다.

06. 08. PCT +54

Bishop~Middle Rae Lake(19.67km/1277.01km/3,222m)

돌아가는 길은 험난해

아침에 일어나 정리를 하고 PCT로 돌아갈 채비를 했다. 다행히도 희남이 컨디션이 돌아온 듯했다. 힘들면 하루 더 쉬어가자 했더니 괜찮다고 했다. 돌아가는 길은 생각보다 험난했다. 약 50km 이상을 차를 타고 2,800m 어니언밸리로 간 후 3,600m 패스를 넘어 약 20km를 걸어야 PCT를 만날 수 있는 길이었다. 우리의 계획은 비숍에서 인디펜던스까지 버스를 타고 가 인디펜던스에서 히치하이킹을 통해 어니언밸리까지 가는 것이었다. 우리는 오후 1시 15분 버스를 타고 인디펜던스에 도착했다. 어니언밸리로 향하는 길에서 차를 기다리는데 월요일이라 지나는 차가 거의 없었다. 한참을 기다려서야 어떤 트럭이 다가오더니 한 사람당 15달러를 주면 데려다 주겠다고 했다. 고민을 조금 했지만 비숍에서 인디펜던스까지도 6.5달러였는데, 15달러면 너무 비싼 듯해서 조금 더 기다려보기로 했다.

잠시 후 한 여자가 픽업트럭을 옆에 세웠다. 아이와 함께 타고 있었는데, 차가 너무 지저분하지만 태워주겠다고 했다. 그런데 차에 기름이 없으니 10달러만 달라고 했다. 아까 인당 15달러보다 훨씬 저렴해서 알겠다고 하고 차에 올라탔다. 뒷자리에 앉아있던 아이에게 인사를 했지만 낯을 가리는 듯했다. 차를 태워준 여자는 아이의 엄마 같았는데 그다지 좋은 인상은 아니었다. 차 안은 패스트푸드 포장지와 담배꽁초로 가득했고, 시끄러운 메탈음악이 계속 흘러나왔다. 가는 길에 PCT 하이커 스노우맨을 만나 함께 태웠다. 그런데 잘 가다가 갑자기 연료등에 불이 들어와 기름을 넣어야 한다며 차를 돌렸다. 뭔가 의심쩍었지만 얻어 타는 입장이니 알겠다고 했다. 주유소에 도착해서는 카드는 안 되고 현금이 없으니 10달러만 넣어달라고 했다. 처음에 한 얘기도 있고 해서 우리가 10달러어치의 기름을 넣어주었다. 다시 어니언밸리로 향했다. 약 30분 동안 긴장의 끈을 놓을 수 없었다. 다행히 목적지에 잘 도착했는데, 희남이가 연료등에 불이 켜지지 않았었다고 나에게 조용히 말했다. 하지만 그저 태워준 것이 고마울 뿐이었다.

이제 이틀 전 힘들게 넘어온 눈앞의 패스를 넘어 다시 PCT로 돌아가야 한다. 처음엔 조금 두려웠지만 PCT로 돌아가는 일은 생각보다 쉬웠다. 문제는 그 후였다. 우린 조금 욕심을 내서 조금 더 운행을 하기로 했다. 그게 화근이었다. 내 폰 배터리가 다 되어 지도를 확인 안한 게 잘못이었다. 알고 보니 오늘 가기로 한 목적지가 또 3,600m의 글렌패스를 넘어야 하는 곳이었다. 게다가 패스의 북쪽 면은 아직 눈이 쌓여있어 조금 위험했다. 설상가상으로 어두워져 트레일도 잘 보이지 않았다. 희남이는 두 번 정도 미끄러졌다. 결국 밤 10시가 다 되어서야 목적지에 다다를 수 있었다. 너무 배가 고파 텐트를 치고 핫도그 하나 만들어 먹고 바로 잠자리에 들었다.

내가 아끼던 스마트 워터 물통을 잃어버렸다. PCT를 걷다 보면 스마트워터 물통을 많이 보게 된다. 처음에는 미국 사람들이 스마트워터를 좋아해서 그런 줄 알았는데 그게 아니었다. 다른 물통에 비해 길고 튼튼해서 배낭에 꽂아가지고 다니기 쉽고 물을 정제할 때 짜기 편리해서였다. 그러한 이유로 나 역시 스마트워터 물통을 구해 가지고 다녔던 것이다. 그런데 인디펜던스에서 히치하이킹을 하기 전에 희남이가 물통 안에 들어있던 크랜베리주스를 마시고 내가 챙긴 줄 알고 놓고 왔다고 했다. PCT 스티커도 붙여놓고 제로그램 스티커도 붙여놨는데, 조금은 아쉬웠다. 누군가 주워다 줬으면….

06. 09. PCT +55

Middle Rae Lake~WACS0813(31.77km/1308.78km/3,251m)

오르막, 오르막, 오르막

늦잠을 잤다. 8시 정도에 출발하려 했는데 어제 무리를 해서 그런
지 쉽지 않았다. 그래서 조금 늦게 출발했다. 폰 충전잭에 문제가 생
겼다. 아무래도 계속 야외에서 사용하다보니 무리가 간 것 같았다.
폰이 안 되면 GPS도 안되고 지도도 다 폰에 저장해놓았는데 큰일
이다. 일단 오늘의 목적지를 정하고 운행을 시작했다. 31km를 가기
로 했다. 700m를 내려갔다가 다시 1,300m를 올라갔다 다시 500m를
내려오는 코스였다. 출발한 지 얼마 안 되어 희남이가 속이 안 좋다
며 먼저 가라고, 곧 따라오겠다고 했다. 처음 12km는 계속 내리막이
었다. 조금 걱정됐지만 일단 내리막을 즐겼다. 내리막의 끝을 알리
는 다리를 만나고 드디어 오르막이 시작되었다. 1,300m의 오르막을
10km나 걷는 일은 생각보다 쉽지 않았다. 정말 끝이 없었다. 오르막
길만 약 4시간 동안 걸었다. 중간에 눈이 아직 녹지 않은 곳도 있어
운행이 쉽지 않았다. 드디어 핀촛패스(Pinchot Pass) 정상에 올랐다.
출발한 지 7시간만이었다. 하지만 아직 더 가야 했다. 잠시 정상에서
쉰 후 내려가기 시작했다. 역시 내리막길은 쉽지 않았다. 눈으로 트
레일이 유실된 곳이 많았다. 체력이 많이 소진되어 벤치레이크 주변
에서 쉴까도 했지만 정해놓은 목적지까진 가야 될 것 같아 힘을 냈
다. 문제는 폰이 안 되어 지도가 없다는 것이었다.

거의 다 왔다 싶었을 때 덴마크에서 온 파이어크래커를 만나 여기
가 어디쯤이냐고 물어보니 친절하게 811 PCT miles라고 알려줬다. 그
녀는 나에게 여기서 쉬어 가라고 했지만 813까지 가기로 친구와 약속
했다고, 더 가야 한다고 했다. 우리는 선 채로 잠시 잡담을 나누었다.

"덴마크도 미터법을 쓰는데 여긴 마일과 피트를 써서 이상해. 하

지만 다 그렇게 쓰니 어쩔 수 없이 맞춰야지."

금발에 북유럽스러운 하얀 피부를 가진 그녀는 밝고 매력적이었다. 내가 말했다.

"내 친구가 한 시간 내로 올 테니 혹시 보게 되면 813에서 기다린다고 전해줄래?"

출발한 지 10시간이 되어서야 목적지에 도착했다. 거의 다다랐을 때 빗줄기가 퍼붓기 시작했다. 나는 큰 나무 밑에 텐트를 쳤다. 희남이도 곧 올 거란 생각에 내 옆에 텐트 자리도 하나 마련해 두었다. 점점 빗줄기가 굵어졌다. 아무리 기다려도 희남이는 오지 않았다. 오다가 힘들거나 빗줄기가 굵어져 중간에 쉬기로 한 것 같았다.

06. 10. PCT +56

WACS0813~Big Pete Meadow(31.23km/1,340.01km/2,819m)

희남이의 실종

결국 희남이를 못 만났다. 무작정 기다릴 수만은 없어서 일단 운행을 시작하기로 했다. 일부러 8시 넘어서 출발했는데, 지나가지 않은 듯했다. 평소대로 32km를 가기로 생각했다. 그곳에 가면 희남이를 만날 수 있을 것 같았다. 혹시 나를 지나쳐 먼저 갔더라도 거기쯤 있을 것 같았다. 어쨌거나 다음 보급지인 뮤어랜치에 들러야 하니 못 만난다 해도 한 이틀 뒤 뮤어랜치에서는 볼 수 있을 것이다. 그전까진 외부와 연락할 수 있는 수단도 없어서 딱히 다른 방도가 없었다.

오늘의 코스는 무난한 편이었다. 초반에 3,700m 마더패스(Mother

Pass)를 오른 후 계속 내리막이었다. 역시 패스를 내려올 때 눈이 많이 쌓여있어 조금 신경이 쓰였다. 방수신발을 신은 것은 탁월한 선택이었다. 다들 무게를 줄이기 위해 가벼운 일반 트레일 러닝화를 많이 신는데 비 오거나 눈 올 때 젖는 게 너무 싫어 두 번째 신발은 방수로 택했다. 몇백 그램의 무게보다 쾌적함이 더 좋았다. 패스 정상에서 만난 엘플라코 아저씨에게 종이 지도를 빌려 카메라로 찍었다. 엘플라코는 스페인어로 마른 남자라는 뜻인데 플라코 아저씨는 이름답게 매우 마른 몸매를 지니고 있었다. 하지만 AT를 3번이나 완주한 베테랑이었다. 플라코 아저씨의 도움으로 일단 지도는 확보했다. 문제는 또 다른 곳에서 시작되었다.

내려오는 길에 윗배가 조금씩 아파오는 것이었다. 화장실 배도 아니고 뭔가 콕콕 찌르는 듯했다. 존뮤어에 들어와서 물을 정제 없이 계속 마셔서 그런가 싶기도 하고, 걱정이 되었다. 조금 쉬었다 가기로 했다. 배낭을 벗고 아픈 부위를 살살 문질러 주었다. 약간의 경련이 있는 듯했다. 아스피린 하나를 먹고 계속 마사지를 해주니 조금 괜찮아졌다. 내려오다 헬기 한 대가 날아오는 것을 보았다. 무엇인가를 매달고 있었는데 산 중턱에 내려놓곤 바로 떠났다. 뭐였을까? 주변에 산장이나 아무것도 없는 것 같았는데, 나중에 지도로 확인해 봐야겠다고 생각했다. 목적지를 약 10km 앞두고 하늘이 꿀렁대기 시작하더니 세찬 비, 아니 우박이 쏟아졌다. 구슬아이스크림만 한 크기라 맞으면 아플 정도였다. 우박을 맞으며 오늘의 캠프사이트에 도착했다.

텐트를 치고 밥을 먹으려 하는데, 가라오케가 지나가며 인사를 했다. 1~2마일 더 가서 쉰다고 했다. 그런데 팝탑이 보이지 않았다. 하이시에라가 힘들다며 비숍에서 집으로 돌아갔다고 한다. 아쉬웠다. 그녀의 그림을 더 보고 싶었는데…. 희남이는 보이지 않았다. 나보다 조금 뒤처져서 운행을 멈춘 것 같았다. 나는 32km씩 운행 중인데 그는 30km씩 운행 중일 수도 있고, 아니면 내가 정확한 지도나 GPS가 없어 더 온 것일 수도 있다. 뮤어랜치까지 약 28마일(45km)이 남았다. 하루 동안 가기엔 조금 무리일 듯싶어, 내일 23마일 정도 가고, 모레 오전에 들어가는 방향으로 해야 할 것 같다. 뮤어랜치가 6월 20일에 연다고 하지만 모르고 보급품들을 보내놓아서 일단 확인해보고 닫혀있다면 20마일 더 가서 다음 보급지인 VVR로 가야 할 것 같다. 페리를 타고 버밀리온레이크를 건넌다고 하는데 기대가 된다. 하루 빨리 희남이와 재회할 수 있기를.

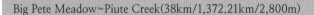

06. 11. PCT +57

Big Pete Meadow~Piute Creek(38km/1,372.21km/2,800m)

눈 속에 빠지고, 허리까지 차오른 강을 건너다

뮤어패스를 넘었다. 역시 쉽지만은 않았다. 지금까지의 패스 중 가장 힘들었던 것 같다. 길이 험난하거나 높아서 그런 것보다는 눈이 많이 쌓여있어서 트레일을 찾기 어려웠고 발이 푹푹 빠져 다 젖어버렸다. 특히 정상을 오를 때 길을 잘못 들어 눈이 엄청 쌓여있는 길로 갔다가 오른쪽 발이 허리까지 빠져서 눈 속에서 빼내는데 애를 먹었다. 너무 깊게 빠져 안에서 체온으로 눈이 살짝 녹았다 얼면서 발을 놔주지 않았다. 한 10분정도 스틱으로 눈을 파내고 뒤로 누워 발버둥

쳐서야 빠져나올 수 있었다. 잘못하면 큰 사고로 이어질 뻔했다. 반바지를 입고 있어서 더욱 체온이 떨어졌다. 우여곡절 끝에 뮤어패스 정상에 있는 뮤어헛에 도착했다. 돌을 이용하여 돔 형태로 쌓아올린 조그마한 헛(응급상황시 대피할 수 있도록 만들어 놓은 작은 산장)이 었는데 정말 멋졌다. 입구에는 히말라야에서나 볼 수 있을 것 같은 색색의 깃발들이 걸려 있었고, 안쪽에는 존뮤어에 대한 간단한 설명과 장식들이 있었다. 하이커 오버이지와 함께 간단하게 행동식을 먹고 서로 사진을 찍어준 후 뮤어헛을 떠났다. 내려오는 길도 눈이 쌓여있었지만 올라올 때보단 쉬웠다. 무엇보다도 눈앞에 펼쳐진 아름다운 경치가 그런 것 따위는 잊게 만들어 줬다.

내려오다가 지지와 피티크루저를 만났다. 너무 반가워서 하이파이브를 했다. 추천해준 비숍의 샤츠베이커리에 갔다고 하니 정말 잘했

다고 칭찬해 주었다. 또 가다가 레인기어를 만났다. 때마침 레인기어가 아이폰을 쓰고 있어 충전 케이블을 빌렸다. 자긴 지금 당장 필요 없다고 VVR에서 만나면 달라고 했다. 드디어 폰을 살릴 수 있게 되었다. GPS와 지도를 볼 수 없어 답답했는데 레인기어 덕분에 이제 볼 수 있게 되었다. 잠시 쉬며 레인기어와 이런저런 이야기를 나누었다. 그는 버지니아에서 바텐더로 일하고 있으며 잠시 쉬는 틈을 타 PCT를 도전하고 있다고 했다. 내가 잭콕을 좋아한다고 하자 그도 정말 좋아한다고 했다. 한국음식은 잘 먹어보지 않아서 모르지만 먹어보고 싶다고 했다. 내가 나중에 호스텔이나 마을의 캠핑장에서 불고기를 해주겠다고 했다.

중간에 엄청나게 불어나 허리까지 차오른 강을 만나 어쩔 수 없이 건너야 했다. 처음엔 신발을 갈아 신고 건널까 했지만 이미 뮤어패스에서 다 젖은 상태라 그냥 건너기로 했다. 건너다가 물살에 스틱을 놓쳐 잃어버릴 뻔했다. 역시 하이시에라다웠다. 워낙 오르막 내리막이 심해 속도도 안 나오고 눈과 너덜지대 등이 많아 걷기도 힘들었다. 내일 VVR에 도착할 수 있길 기대하며 조금 무리를 하여 운행했다. 10시간 넘게 걸려 약 38km를 걸었다.

목적지에 도착하니 반가운 얼굴이 있었다. 다니엘이었다. 그도 몹시 반가워하며 나를 껴안아주었다. 텐트를 치고 밥을 먹고 있을 때 레인기어도 도착을 했다. 나보다 조금 속도가 늦어 이제야 도착한 것이다. 나는 아이폰 케이블을 빌려준 것도 너무 고맙고 지금까지 걸어오느라 몹시 배가 고팠을 것 같아 마지막 남은 소시지를 반을 잘라 구워 핫도그를 만들어 주었다. 소스도 없고 젯보일로 구워 핫도그라 하기엔 조금 부족했지만 레인기어는 정말 감동이라며 맛있게 먹었다. 그는 보답으로 제 초코바를 반으로 잘라 나누어 주었다. 역시 나누는 즐거움은 행복을 배가 되게 한다. 우리는 내일이나 모레 VVR에 도착하여 함께 맥주를 마시기로 했다. 오늘도 희남이를 만나지 못했다. 나와 반대방향으로 하이킹하는 일행들에게 소식을 전해달라고 했으니 별일이 없다면 VVR에서 내일이나 모레 정도엔 만날 수 있을 것 같다.

06. 12. PCT +58
Piute Creek~VVR(42km/1,414.21km/2,343m)

10시간의 강행군으로 도착한 VVR

42km을 달리다시피 해서 VVR(Vermilion Valley Resort)에 도착했다. 아침 6시에 일어나 시리얼로 아침을 해결하고 서둘러 떠날 채비를 했다. 레인기어가 만약 도착 못하면 거기에 캠프그라운드가 있으니까 그곳에서 만나자고 했다. 오후 4시 45분 페리를 타려면 10시간 안에 도착해야 했다. 다들 무리하지 말라고 했지만 해내고 싶었다. 7시 전에 출발하여 패스를 넘기까지 4시간이 걸렸다. 조금 버거웠지만 속도를 늦추지 않으려고 노력했다. 때마침 속이 안 좋아 중간에 큰일을 보았지만 속도는 괜찮았다. 9시간 반 정도를 계산하고 트윅스 미니도 딱 9개 챙겨서 한 시간에 하나씩 행동식으로 먹었다.

패스 정상에서 엄청난 소식을 들었다. VVR로 향하는 페리가 오전에만 운행한다는 것이었다. 이제 두 가지 옵션이 생겼다. 천천히 가서 내일 아침 페리를 타고 들어가던지 10km를 더 걸어서 들어가는

것이었다. 이왕 온 거 걸어서 오늘 맞난 맥주와 콜라를 먹자는 생각
에 속도를 늦추지 않았다. 결국 10시간 정도 걸려 VVR에 도착했다.
평속은 4km 조금 넘게 나온 것 같았다. 거의 다 와서 천둥소리가 들
리더니 우박이 엄청나게 쏟아졌다. 그래도 곧 도착한다는 희망에 개
의치 않았다. VVR에 도착해보니 생각했던 그런 곳은 아니었다. 리조
트라고 해서 뭔가 화려한 곳일 줄 알았는데, 숲에 산장 같은 건물 한
채가 있고 옆으로 캐빈 텐트들이 있는 소박한 모습이었다. 하이커들
에겐 웰컴 드링크로 맥주나 캔음료를 무료로 주었다. 기글과 다른 일
행들을 만났고 실버 아저씨와 드림타임 아줌마도 만났다. 실버 아저
씨는 하이커박스에서 오트밀 바를 챙겨다주었다. 이곳에 있는 하이

커박스는 지금까지 만난 하이커박스 중 가장 높은 퀄리티를 자랑했다. 너무 비싸 구경만 했던 건조식량들을 쉽게 볼 수 있었고 참치, 육포, 에너지바도 많이 있었다. 알고 보니 존뮤어 트레일을 걷는 하이커들이 필요 없는 물건들을 많이 놓고 간다고 했다. VVR의 캐빈 텐트에서 푹 쉴까 했지만 생각보다 비싸서 그냥 텐트를 치기로 했다. 내일이면 희남이가 도착할 것이다. 며칠 동안 무리해서 운행을 했더니 몸이 힘들어하는 것 같았다. 오늘과 내일은 희남이를 기다리면서 좀 쉬어야겠다.

06. 13. PCT +59
VVR(PCT 1,414.21km/2,343m)

그때 그 자전거를 빌려 여행을 계속했다면

5년 전에 친구와 둘이서 알래스카 자전거 여행을 한 적이 있었다. 알래스카 앵커리지에서부터 시작하여 데날리국립공원을 지나 페어뱅크스로 올라가 유콘산맥을 넘어 캐나다 화이트호스까지 우리의 여정은 계속되었다. 하지만 날씨를 확인하기 위해 잠깐 도서관에 들른 사이, 도서관 앞에 세워둔 내 자전거와 모든 짐을 누군가가 훔쳐갔다. 어쩌면 지금까지 계속 이어질 수도 있었던 여행은 그렇게 허무하게 끝나고 말았다.

당혹감과 허탈감으로 버스를 타고 캘거리로 내려오다가 우연히 제니퍼와 이야기를 나누게 되었다. 그녀는 캘거리에 살고 있으며, 캘거리부터 유콘까지 자전거 여행을 한 후 집으로 돌아가는 길이라고 했다. 밤늦게 캘거리에 도착해 갈 곳 없는 우리를 위해 제니퍼와 그녀의 가족들은 쉬어 가라며 집으로 초대해 주었다. 제니퍼의 아버지인 머레이 아저씨는 다음날 아침 우리의 사연을 듣더니 같은 캐나다인으로서 너무 미안하다며 자신의 자전거와 장비들을 빌려줄 테니 여행을 계속하라고 했다. 돌려주는 시간은 크게 신경 쓰지 말라는 말과 함께. 정말 감사한 일이었지만 그 순간은 너무 많이 지쳐 있었고, 여행을 계속하겠다는 의욕을 상실한 상태였다. 빨리 집에 돌아가 쉬고 싶은 마음뿐이어서 정중하게 거절을 했다.

지금 돌이켜 생각해보면 아쉽기도 하다. 그때 만약 자전거를 빌려 여행을 계속했더라면 지금의 나는 어떻게 되어있을까? 지금까지 자전거로 전 세계를 돌고 있지 않을까? 아니면 지금처럼 PCT를 걷고 있을까? 훗날 LA의 조 선배님에게 이 이야기를 했더니 하나님께서 더 큰 사고가 나기 전에 조치를 취하신 거라 하셨다. 정말 그럴지도 모른다. 나는 신을 믿진 않지만 그 자체가 나의 운명이었을지도 모른다. 인생엔 만약이란 게 없으니 나에게 일어난 그 일이 내 운명이고 인생인 것이다. 이번에 PCT를 마치면 머레이 아저씨를 만나러 빅토리아에 들를 생각이다. 몇 년 전 캘거리에서 빅토리아로 집을 옮기셨다고 한다. 요즘엔 요트의 재미에 푹 빠지신 듯하다. 언젠가 태평양을 건너 한국으로 요트 타고 오신다고 했는데, 내가 먼저 찾아 뵐 수 있을 것 같다. 언제나 웰컴이라며 요트에 내 자리는 비워두었다는 머레이 아저씨. 어찌 보면 자전거를 잃고 사람을 얻었으니 잘했다는 생각도 든다.

드디어 희남이와 연락이 되었다. 어제 뮤어랜치에 도착했다고 한다. "Today 855, Tomorrow VVR." 하이커들에게 뮤어랜치 닿아서

VVR에서 기다린다고 한 것이 뮤어랜치에서 기다린다고 한 것으로 잘못 전해진 것 같았다. 아무튼 다행이다. 그는 나랑 하루 정도 차이 난 것 같다. 여전히 컨디션이 좋지 않은 것 같았다. 인터넷이 잘 안되어 자세한 이야기는 나누지 못했지만 이틀 뒤 레즈메도우에서 만나기로 했다. 여기서 28마일 정도 떨어져 있으니 하루 반이면 도착할 수 있을 것이다.

제로그램 이현상 대표님으로부터 연락이 왔다. PCT에서 그린 내 그림들이 마음에 드셨는지 티셔츠로 제작하자고 하셨다. 자세한 이야기를 나누진 못했지만 나 역시 티셔츠나 엽서, 에코백 등을 만들고 싶었던 것이라 좋은 기회가 될 것 같다는 생각을 했다. 이왕이면 유기농 면티셔츠였으면 좋겠다고 생각했다.

VVR에서의 하루는 즐거웠다. 새로운 하이커들과 친해지고 픽스잇 아저씨와 레인기어가 맥주도 사주고, 아침으로 먹은 브리또도 맛있었고, 점심의 버거도, 특히 저녁에 먹은 소고기 브리스킷과 치킨 바비큐 콤보는 기억에 남을 만한 것이었다.

06. 14. PCT +60
VVR~Ram Lake(26.18km/1,438.12km/3,042m)

JMT 하이커에겐 가볍지만 PCT 하이커에겐 무거운 20파운드

하이시에라 구간이 시작되며 존뮤어 트레일(JMT)을 걷는 하이커들을 자주 마주치게 된다. JMT의 80퍼센트 정도가 PCT와 겹쳐있어 거의 같은 길을 걷는다 해도 무방하다. 차이점 중 하나는 PCT 하이커는 보통 남쪽에서 북쪽으로 걷고, JMT 하이커는 북쪽에서 남쪽으로 걷는다. 또 다른 차이점은 배낭의 차이다. 평균적으로 JMT 하이커의 배낭이 PCT 하이커의 배낭보다 크다. JMT도 장거리 하이킹이긴 하지만 아무래도 PCT보다 짧은 구간을 걷기 때문에 그런 것 같다. 여기에 관련해서 재미있는 이야기를 들었다. VVR에서 보트를 모는 아저씨가 해준 이야기인데, VVR이 존뮤어 트레일 중간 정도에 위치하기 때문에 수많은 PCT 하이커와 JMT 하이커들을 관찰한 결과 나온 말이라고 한다.

"Sweet 20lb for JMT, Shit 20lb for PCT."

대충 의미를 번역해 보면 JMT 하이커는 20파운드의 배낭무게만 되어도 가벼운 20파운드라며 기뻐하고, PCT 하이커는 무거운 20파운드라며 울상이라는 뜻이다. 이 말을 들은 모든 PCT 하이커는 맞는 말이라며 맞장구를 쳤다. 우리는 보통 배낭 무게를 20~30파운드(10~15kg) 정도로 맞추려고 노력한다. 특히 험난한 하이시에라 구간은 더욱 그렇다. 장거리 하이킹에서는 '배낭 무게가 줄어들수록 고개를 들어 더 많은 것을 볼 수 있다.'는 말이 있다. 나는 조금 예외이지만 그래도 최소한의 무게로 만드는 것이 조금 더 PCT를 즐길 수 있는 방법이 아닐까 싶다.

JMT 하이커와 PCT 하이커에 대한 또 하나의 재미있는 일화를 들은 적이 있다. 몇 년 전 JMT를 걸었던 창우가 해준 이야기인데, JMT를 걸을 때 나름 자부심이 강했다고 한다. 무거운 배낭을 짊어지고 약 보름간의 산길을 걷는다는 것에 대한 자부심이 있었는데, 길에서 만난 대부분의 사람들이 대단하다며 응원해주자 점점 더 우쭐해졌다고 했다. 어느 날 반대편에서 걸어오는 하이커를 만났는데, 평소와 같이 그는 저 멀리 요세미티에서부터 시작하여 며칠 동안 걷고 있다며 인사를 건넸다고 한다. 그러자 그의 말을 들은 하이커는 웃으며 이렇게 말했다고 한다.

"난 멕시코 국경에서부터 걸어왔어."

VVR을 떠나기 전 제로그램에 메일을 보냈다. 그동안 PCT를 걸으며 생각한 것들과 제로그램 장비를 쓰면서 느꼈던 것들을 간단하게 적어 보냈다. 지금까지 그렸던 그림들과 함께. 윈도우즈 기본 그림판으로 그린 거라 인쇄용으로 가능할지 모르겠다. 다음부터는 스케치 어플리케이션 같은 걸로 그려야겠다고 생각했다. 내가 그린 그림으로 티셔츠가 나온다면 정말 행복할 것 같다. 아직 미천한 실력이지만 그래도 좋을 것 같다. 신밧드 아저씨 말대로 포기하지 말고 계속해서 그려나가야겠다.

오버이지와 플라코, 픽스잇 아저씨와 아침 첫 배를 타고 나갔다. 새벽부터 부리나케 짐을 싸 1등으로 배낭을 줄 세워 두고 아침을 먹었다. VVR의 음식들은 조금 비싼 게 흠이었지만. 대체로 맛있었다. 선착순으로 보트를 탈 수 있었는데, 처음엔 페리라고 쓰여 있어서 커다란 배를 타고 가는 줄 알았다. 하지만 막상 선착장에 도착하니(선착장이라 할 것도 없는) 조그만 모터 하나 달린 보트 한 대가 있었다. 설마 저거겠어? 했는데 그거였다. 5명 정원의 보트, 보트를 모는 사람을 빼면 4명. 그렇게 VVR을 떠났다.

희남이를 만나기로 한 레즈메도우까지는 약 30마일 정도였다. 다른 하이커들도 목적지가 비슷해서 이틀에 나눠 가기로 했다. 조금 무리하면 하루 만에 갈 수 있는 거리지만 희남이와 내일 점심 즈음 만나기로 했으니 무리할 필요가 없었다. 가는 길에 오버이지와 내기를 했다. 맥주 한 병 내기. 희남이가 우리 앞에 있을지 뒤에 있을지. 어제 오후 5시 즈음 VVR에서 20마일 정도 떨어져 있는 뮤어랜치에서 출발한다고 했으니 나는 우리보다 조금 앞서 있을 거라고 생각했다. 어제 15마일을 운행하고 오늘 아침부터 운행을 재개했다면 희남이의 페이스로 충분히 가능할 거라 생각했다. 오버이지는 분명 뒤에 있을 거라고 했다. 그런데 다시 생각해보니 내가 질 것 같았다. 마주치는 JMT 하이커들에게 물어봐도 모두 희남이를 못 봤다고 한다. 아직 내 뒤에 있는 듯했다.

실버패스에서 약 10마일 정도 더 가서 캠핑하기로 했는데, 계산을 잘못해 8마일 뒤에서 캠핑을 하게 되었다. 같이 출발한 하이커들보다 1시간 먼저 도착한 게 화근이었다. 텐트를 치고 밥을 먹고 있을 때 오버이지가 왜 벌써 끝냈냐고 물었다. 어쩔 수 없이 내일 마모스에서 만나기로 했다. 희남이와 만나서 상의를 해봐야겠지만 마모스 마을을 들르는 것도 재밌을 것 같았다. 드디어 PCT의 1/3 지점을 지났다.

06. 15. PCT +61

Ram Lake~Reds Meadow&Mammoth Lakes(20.97km/1,459.08km/2,350m)

희남이와의 재회

새벽에 일어나 텐트를 접고 있는데 희남이가 나타났다. 이쯤 왔을 것 같았는데 내 예상이 맞았다. 희남이는 약 2km 전에서 자고 오늘은 만날 수 있을 것 같아 새벽 일찍 출발했다고 한다. 속이 계속 안 좋고 컨디션이 좋지 않아 원래 만나기로 했던 포인트에 못 갔다고 했다. 그리고 내가 뮤어랜치에서 기다리는 줄 알고 힘들게 왔더니 없어서 허탈했다고 한다. 내가 VVR에 도착했을 때쯤인 것 같다. 하이커가 잘못 전달을 한 것이다. 밤새 희남이가 나타나는 꿈을 꿨는데, 아침에 만나게 되어 기분이 좋았다. 희남이 주려고 챙겨둔 음료수를 건네주었다. 그리고 함께 레즈메도우로 향했다.

희남이는 컨디션이 완전히 회복되지 않아 속도를 많이 못 냈다. 나는 희남이에게 맞춰 천천히 걸었다. 레즈메도우에서 하루 쉬고 바로 출발할까 하다가 희남이 컨디션도 회복하고 마모스레이크라는 큰 마을이 멀지 않은 곳에 있어 그곳에 가서 푹 쉬기로 했다. 레즈메도우 스토어에 보급품을 수령하려면 미리 연락을 하여 배송료를 지불했어야 하는데 그런 사실을 모른 채로 그냥 보내놔서 누락된 듯했다. 어쩔 수 없이 마모스레이크로 가야만 했다. 레즈메도우 스토어 앞에서 7달러를 내면 마모스레이크 스키리조트로 가는 왕복셔틀을 탈 수 있었다. 그리고 리조트에서 마을 사이는 무료셔틀이 운행하고 있어 쉽게 마을로 갈 수 있었다. 하이커들에게 친절하다는 모텔 6에 방을 잡았다. 오버이지, 플라코, 레인기어도 모두 이곳에 있었다. 저녁을 먹고 푹 쉬며 내일 하루는 제로데이를 갖기로 했다.

06. 16. PCT +62
Mammoth Lakes(PCT 1,459.08km/2,350m)

마모스레이크에서의 휴식
며칠 전 희남이를 기다리느라 나는 VVR에서 어쩔 수 없이 제로데이를 가졌지만 희남이는 비숍 이후 처음 갖는 제로데이였다. 비숍에서 탈이 나서 제대로 쉬지도 못했으니 오늘은 정말 푹 쉬라고 했다. 아침 일찍 일어나 오버이지와 플라코 아저씨와 함께 가까운 식당에 가 아침을 먹고 샤츠베이커리에서 모닝커피 한 잔을 했다. 그리고 우체국에 들러 재보급물품을 확인해보았는데, 레즈메도우로 보낸 것은 그곳에 있을 테니 다시 확인해보라고 했다. 어제 들러서 확인했을 땐 없었는데, 아마도 미리 보관료를 지불 안 해서 명단에 없는 듯했다. 다시 가서 확인해 봐야 했다. 뮤어랜치로 보냈던 것은 레이크쇼어라는 곳에 있다고 하는데, 우체국 직원도 어딘지 잘 모른다고 했다. 이해가 되지 않았다. 트레킹 넘버도 알고 있는데 어딘지 모른다니. 그럼 저 우편물을 다른 곳으로 보내 받을 수 있냐고 했더니 직접 전화해서 해야 한다고 했다. 같은 우체국인데 그런 시스템이 갖춰지지 않았다는 게 이해가 안 갔다. 일단 더 큰 마을을 만나거나 인터넷을 자유롭게 사용할 수 있을 때 다시 한 번 방법을 찾아보기로 했다.

오늘 하루는 오전에 볼일을 다 끝내고 숙소에서 푹 쉬었다. 무한도전도 보고 복면가왕도 보고 마이리틀텔레비전도 봤다. 외국에 있으니 안 보던 TV 프로그램도 더 챙겨 보게 되는 것 같다. 한국이 그리워서 그런 것이 아닐까? 저녁엔 오버이지와 플라코 아저씨와 함께 숙소 앞에 있는 바에 가서 맥주를 마셨다. 오후 4시부터 6시까지 해피아워로 버거 4달러, 맥주 4달러에 판매하고 있었다. 희남이는 퀘사디아와 흑맥주를 마셨고, 나는 섬머에일이라는 맥주를 마셨는데 맛있었다. 엊그제 희남이의 위치에 대해 오버이지와 내기한 것에 내가 져서 맥주 한 잔을 샀다. 플라코 아저씨는 보기와는 다르게 술을 전혀 안 마셔 진저에일 두 잔과 햄버거를 먹었다. 우리는 잡담을 나누며 재밌는 시간을 보냈다.

제로그램과 티셔츠 제작 계약을 맺었다. 내가 PCT에서 그린 그림을 활용해 유기농 면티셔츠를 만들기로 했다. 판매금의 10퍼센트를 환경단체 등에 기부하는 조건이며, 그중 50퍼센트는 내 이름으로 내가 원하는 곳에 기부할 수 있다. 개인적인 이익은 없지만, 내 이름으로 기부를 할 수 있다고 하니 그것만으로도 좋았다. 앞으로 어떻게 될지 모르지만 이제 시작이다.

06. 17. PCT +63
Mammoth Lakes(PCT 1,459.08km/2,350m)

하루 더 쉴까?

계획대로라면 오늘 PCT로 떠나야 했다. 점심을 먹고 체크아웃을 하러 숙소로 돌아가는 중에 희남이가 하루 더 쉬고 싶다는 이야기를 꺼냈다. 워낙 강직했던 희남이 입에서 먼저 쉬자는 이야기가 나와서 조금은 놀랐다. 아직 컨디션이 회복되지 않은 것 같았다. 나는 그러자고 했다. 원래 이틀 반 정도 잡고 다음 목적지인 투왈로미메도우에 도착하려 했는데, 오늘 하루 더 쉬고 내일 아침 일찍 출발하면 비슷한 시간에 도착할 수 있을 듯했다. 한 가지 문제는 마모스레이크 마을이 생각보다 재미없다는 거였다. 딱히 맛있는 음식점도 못 찾았고, 마을은 길이가 길어 돌아다니기도 멀었다. 무료셔틀이 있긴 하지만 30분마다 있고 시간도 잘 안 맞아 걸어 다니는 게 더 나을 듯했다. 극장이 있어 영화나 볼까 했지만 하루에 한번 상영을 한다 해서 큰

메리트가 없었다. 결국 숙소에서 빈둥거리며 푹 쉬었다. 저녁에 레스토랑에 가서 큰마음 먹고 24달러짜리 등심 스테이크를 시켜서 먹었는데, 맛이 없었다. 어제 저녁 오버이지와 플라코 아저씨와 함께 갔던 바가 제일 좋은 것 같다.

06. 18. PCT +64
Mammoth Lakes&Reds Meadow~WA0926(31.39km/1,489.9km/2,950m)

또띠아와 피넛버터? 쌀밥과 볶은 고추장?

밤 10~11시 사이에 잠든 것 같은데, 아침까지 한번도 안 깨고 잤다. 여태까진 새벽이면 늘 소리에 깨거나, 뒤척이다 깨거나 아님 추워서 깼는데 정말 푹 잤다. PCT에 들어온 후 가장 숙면을 취한 날이다. 그래서 그런지 아침에 일어나기가 싫었다. 하루만 더 쉬고 싶다는 생각을 했다. 나태해지려는 이 순간이 가장 힘들다. 아침 7시에 이불을 박차고 나와 출발할 준비를 했다. 어제 싸놓은 짐을 풀지 않아 시간은 오래 걸리지 않았다. 재빨리 체크아웃을 하고 레즈메도우로 직행하는 7시 30분 버스를 탔다. 다른 버스는 두 번이나 환승해야 레즈메도우로 갈 수 있는데, 아침 이 버스 하나만 직행으로 간다고 했다. 레즈메도우에 9시쯤 도착해 카페에서 아침을 먹었다. 프렌치토스트와 달걀, 그리고 해쉬 브라운을 시켰는데 가격은 엄청 비싸고 맛이 없었다. 이런 식의 아침을 즐겨하지 않는데, 맛없는 아침식사에 15달러나 쓰다니. 후회스러웠다. VVR의 음식은 비싸도 맛있었는데 레즈메도우 카페의 음식은 비추천이다.

스토어에서 드디어 재보급품을 찾았다. 미리 돈을 냈어야 하는데 내지 않아 창고에 있었던 것 같았다. 보관료로 40달러를 지불했다. 박스를 열어보니 또띠아와 피넛버터, 행동식, 초코바 등이 있었다. 배낭에 아직 식량이 많아 또띠아와 피넛버터는 하이커박스에 넣었다. 하이커들이 가장 많이 가지고 다니는 음식은 또띠아와 피넛버터일 것이다. 칼로리가 높으면서 가볍기 때문이다. 예전 알래스카 자전거 여행을 할 당시에도 또띠아와 잼 종류를 즐겨 가지고 다녔었다. 물론 계속 먹다보면 질리지만 그만큼 효율적인 음식이 없었다.

PCT를 시작하며 희남이도 나도 또띠아와 피넛버터를 가지고 다녔는데, 나에겐 그리 맞는 음식이 아니었다. 피넛버터는 너무 뻑뻑했고 또띠아는 그 특유의 비린내가 역하게 느껴졌다. 한번 구워서 먹으면 맛있지만 그대로 먹는 것은 고역이었다. 하지만 희남이는 최고의 식량이라며 잘 먹었다. 나에게 최고의 식량은 빨리 익힐 수 있는 인스턴트 쌀과 김자반, 그리고 볶은 고추장이었다. 여유가 있을 때는 참치와 스팸을 곁들여 넣기도 하고, 한국에서 따로 싸온 라면스프에 일본 인스턴트 라면 면발을 곁들이거나 건조 미소된장 스프를 끓여 따뜻한 국물을 즐기기도 했다. 초반에는 운동할 때 섭취하는 에너지젤이나 프로틴바를 많이 먹었었는데 나중에는 슈퍼에서 흔히 볼 수 있는 초코바를 주로 먹었다. 영향의 균형보다는 달고 칼로리 높은 초코바가 제일 맞았다.

보급품을 정리한 후 PCT로 향했다. 약 31km 운행 계획을 갖고 출발했다. 오랜만의 운행이라 처음부터 조금 헤매긴 했지만 조금씩 적응해갔다. 처음으로 JMT와 PCT가 갈라지는 구간이 나왔는데, 나는 JMT로 가고 희남이는 PCT로 갔다. 20km 정도였는데 사람들이 JMT

구간이 더 멋지다고 해서 그쪽으로 돌아갔다. 하지만 지금까지 비슷한 풍경을 계속 봐와서 그런지 큰 감흥은 없었다. 이제 곧 JMT의 거의 마지막인 투왈로미메도우에 도착한다. 그곳에서 서쪽으로 꺾어 요세미티밸리 쪽으로 향하면 JMT의 시작점으로 가게 되고 계속 북쪽으로 향하면 PCT를 따라가는 것이다. 이왕 여기까지 온 거 JMT도 모두 완주하고 싶고, 요세미티와 하프돔도 가보고 싶어 투왈로미메도우에서 요세미티 쪽으로 향해 JMT를 모두 완주하고 다시 투왈로미메도우로 돌아와 PCT를 이어나가고 싶다는 생각을 했다. JMT 퍼밋이나 요세미티 퍼밋이 필요할 것 같으니 레인저 스테이션에 가서 확인이 필요했다.

06. 19. PCT +65
WA0926~Tuolumne Meadow(31.39km/1,489.9km/2,950m)

요세미티를 만나다

드디어 요세미티의 품에 안겼다. 말로만 듣던 요세미티에 내가 들어온 것이다. 아직까지 크게 느껴지는 것은 없었지만 요세미티밸리 쪽으로 하이킹하다 보면 하프돔을 비롯해서 여러 거벽들을 만나게 된다는 생각에 가슴이 설레었다. 한 가지 문제는 주말이고 요세미티가 워낙 유명 지역이라 퍼밋을 받기 힘들다는 것이었다. 별도의 퍼밋을 받아야 하는데 어려울 듯했다. 그래서 일단 계획은 하루 만에 요세미티밸리까지 운행을 하는 것인데, 어떻게 될지는 확실치 않았다. 희남이는 별 감흥이 없는 것 같지만, 난 오래 전부터 꿈꿔왔던 곳이라 시간을 조금 내서라도 더 많이 보고 느끼고 싶어졌다. 요세미티밸리까지 운행을 하면 존뮤어 트레일 전 구간을 완주한 것이 된다. 나에게는 의미 있는 일이 될 것이다. 마음속으로 꿈꿔왔던 존뮤어 트레일을 완주한다는 것. 꿈을 잃지 않고 계속해서 노력하면 언젠가는 이룰 수 있다.

투왈로미메도우에 희남이보다 조금 먼저 도착해 기다리고 있는데 익숙한 언어가 들렸다. 한국어였다.

"이번엔 이걸 한번 마셔볼까요? 이거 어때요?"

"얼만데? 별로 차이 안 나네. 한번 마셔보자."

"실례합니다."

나는 맥주를 고르고 있는 분들 옆을 살짝 지나가며 말했다.

"어? 한국인이네. 어디서 오셨어요?"

"안녕하세요. PCT를 걷고 있는 하이커예요."

"PCT? 그럼 그 두 친구들? 나 알아요. 제로그램 페이스북에서 봤어요."

일행 중 한 분이 우리의 존재를 알고 계셨다. 알고 보니 그분들은 요세미티 등반을 하러 한국에서 오셨다고 했다. 프로 산악가이드이자 교육도 하시는 전용학 강사님과 일행들. 그러고 보니 이름을 들어본 적이 있는 것 같았다. 그들은 우리의 도전을 응원한다며 김치찌개도 끓여주고 식량도 챙겨주고 캠핑사이트도 공유해 주셨다. 내일 아침 샌프란시스코로 떠나 모레 한국으로 돌아간다고 했다. 도움이 되는 이야기도 많이 해주시며 잘 마치고 한국에 돌아오면 밥 한 끼 사주시겠다고 약속했다. 뜻하지 않게 만난 한국분들이 응원을 해주시니 힘이 나고 든든했다.

가장 그리운 것이 뭐니?

그렇게 꿈꿔왔던 요세미티인데 무엇을 해야 후회를 안 할 수 있을
까? 솔직히 모르겠다. 며칠을 여기서 시간을 보내야 충분히 즐길 수
있는 건지, 아니면 미리 정보를 얻어 중요한 스팟마다 가서 눈도장을
찍어야 하는 건지. 원래 계획은 30km 정도 되는 존뮤어 트레일 구간
을 걷는 거였는데, 짐을 다른 곳으로 보내야 해서 우체국 여는 시간
에 맞추다 보니 조금 무리가 될 듯싶었다. 그래서 과감히 포기하고
버스를 타고 요세미티 안으로 들어가 하프돔이라도 보기로 했다. 말
로만 듣던 하프돔. 요세미티 셔틀을 타고 종점으로 무작정 가니 저
멀리 하프돔이 보였다. 지금 서있는 그곳에서 그대로 쭉 가면 하프돔
앞에 도착할 것 같았다. 그래서 지도도 안보고 앞으로만 걸었다. 그
게 큰 실수였다.

나는 무작정 걷다가 트레일을 놓치게 되었고, 슬랩인지 릿지인지
모를 요세미티의 바위를 계속해서 타고 갔다. 하프돔을 코앞에서 보
고 싶었다. 하지만 바위는 하프돔이 눈앞에 아른거리는 거리에서 끊
겨 있어, 어쩔 수 없이 돌아가야 했다. 나중에 알고 보니 트레일은 위
쪽으로 돌아가야 했다. 그것도 모르고 무작정 바위를 타고 앞으로 갔
으니. 만약 레인저에게 발각되었다면 벌금을 냈을지도 모른다. 바로
코앞은 아니었지만 멋지게 서 있는 하프돔을 보는 것으로 만족해야
했다. 조금 더 시간을 갖고 요세미티를 즐기고 싶었으나 나중을 기약
해야 했다. 캠프사이트로 돌아와 하프돔을 생각하며 그림을 그리고

있는데, 한 아주머니가 오더니 PCT 하이커들이 여기에서 머무르냐고 물었다. 이곳은 PCT 하이커뿐만 아니라 백패커도 머무는 곳이라고 하니 자신을 트레일엔젤과 비슷한 거라 소개하며 맥주와 수박이 있으니 언제든 오라고 하셨다. 나는 그림을 마저 완성시키고 그쪽으로 찾아갔다.

그곳엔 몇몇 하이커들과 아까 그 아주머니와 한 남자가 앉아있었다. 나는 그들과 함께 맥주를 마시며 이런저런 이야기를 하다가 깜짝 놀랄 사실을 알게 되었다. 그 아주머니가 나와 페이스북 친구라고 하는 거였다. 알고 보니 그녀는 PCT 하이커 팅크의 어머니였다. 그리고 같이 있던 남자는 팅크의 아버지였다. 그들은 딸을 위해 응원차 방문하신 거라고 했다. 팅크는 지금 남자친구와 함께 나파밸리에 와인 시음을 하러 갔다고 했다. 너무 신기했다. 그들은 나에 대해 잘 알고 있었다. 나는 아껴뒀던 소주를 나눠주었다. 팅크 아버지는 소주가 맛있다며 계속해서 마셨다. 남은 소주 반 병을 선물로 드렸다. 내일

딸과 10km 정도 함께 하이킹을 할 예정인데 아껴두었다 그때 드실 거라고 하셨다. 몇몇 하이커들이 더 모여들면서 작은 맥주 파티가 열렸다. 이탈리아에서 온 친퀘(5라는 뜻이라 한다)는 사범대를 졸업하고 인턴십 전에 시간을 내 PCT에 왔다고 한다. 하지만 직업이 아직 없어 비자를 3개월밖에 못 받아 구간만 걷고 마지막으로 요세미티를 걸은 후 이탈리아로 돌아간다고 했다. 이왕 시작한 거 캐나다까지 가면 좋을 텐데 아쉬워 보였다. 이야기를 하다 보니 맥주 다섯 병 정도를 마신 것 같았다. 기분 좋은 밤이었다. 팅크에게 남자친구가 있다는 게 조금 아쉽긴 했지만.

"이곳에서 가장 그리운 것이 뭐니?"

팅크의 어머니가 물어보셨다. 습관적으로 가족과 친구들이 가장 그립다고 말했지만 솔직히 깊게 생각해본 적은 없었다. 두 달 동안 이곳을 걸으며 나는 무엇을 그리워하고 있을까? 사랑하는 가족? 보고 싶은 친구들? 한국 음식? 편하게 잘 수 있는 내 방 침대나 소파? 그런 것도 물론 그립지만 아직 참을 만하다. 곰곰이 생각해 보니 가장 그리운 것은 바로 '사람들 속에 있는 나'인 것 같았다. 나는 외로운 것을 싫어한다. 누군가가 나를 바라봐줬으면 좋겠고, 누군가와 함께 있으면 행복하다. 친구들과 함께 여행하는 것이 즐겁고, 함께 이야기하는 것이 좋다. 예전에 혼자 캐나다 배낭여행을 했을 때도 외로움이 가장 힘들었다. 그래서 이번 여행은 혼자 오고 싶지 않았는지도 모른다. 예전엔 스마트폰이란 것이 없었지만 지금은 스마트폰이나 여러 가지 방법을 활용하여 시간이 날 때마다 세상과 소통하며 외로움을 조금씩 달래곤 한다. 일본 작가 요시모토 바나나의 『암리타』라는 책을 보면 이러한 구절이 나온다.

이틀이고 사흘이고 같은 일행이 함께 여행을 하다 보면, 남녀의 구별도 일거리도 점차 없어지고, 피로한 탓인지 묘하게 기분만 고조되잖아? 돌아오는 차 속에서는 헤어지기가 싫어서, 필요 이상으로 명랑해지기도 하고, 무슨 얘기를 해도 재밌고 우스워서, 이렇게 사는 인생이 어쩌면 진짜가 아닐까 하는 착각이 들 정도로 즐거워지기도 하고, 집으로 돌아가서도 그들의 존재감이 사방에 환상처럼 머물러 있어서, 이튿날 아침에 혼자 잠에서 깨어나 '아니? 그 사람들은?' 하고 멍해 있다가, 아침햇살 속에서 괜스레 서글퍼지곤 하잖아….

이 구절을 읽고 공감이 많이 갔다. 친구들과 즐겁게 놀고 다음날 휑한 공간을 보면 슬쩍 울적해진다. 어딘가를 함께 여행하면서도 왠지 이 여행이 영원하지 않을 것 같단 생각에 슬퍼지기도 하고, 여행이 끝나고 난 뒤 바로 어제가 꿈같이 느껴지기도 한다. 훗날 그날을 기억하며 추억에 빠지기도 하지만 다시 그날은 올 수 없단 걸 알기에, 애써 아무렇지 않은 척해보지만 어쩔 수 없다. 나는 겉으론 강한 척하지만 속은 약하고 외로운 사람인 것 같다.

06. 21. PCT +67
Tuolumne Meadow~WACS0963(33.16km/1,549.96km/2,574m)

함께 걸어도 목표가 다르다
아침에 많은 고민을 했다. 조금 더 머물며 요세미티와 하프돔을 더 즐기다 가는 것이 어떨까 하고. 희남이는 PCT 완주에 목적이 더 커 빨리 운행을 하고 싶어 하지만, 나는 순간순간을 즐기고 싶다는 생각이 컸다. 일단 같이 출발은 했지만, 걷는 내내 생각이 맴돌았다. 분명 이곳에 다시 오기 어려울 텐데, 이렇게 지나가야 한다는 것이 아쉬웠다. PCT 완주도 하나의 큰 목적이지만 과정도 중시하고 싶다. 희남인 최대한 빨리 완주를 하고 싶어 해서 네 달 반 정도에 끝내고 싶어 하는 것 같다. 난 6개월을 다 채워도 상관없다. 시간은 나에게 그리 큰 의미가 아니기 때문이다. 앞으로도 계속해서 이런 고민을 하게 될 것 같다. 잘 의논해서 맞춰야 할 것 같다.

PCT에서 처음으로 레인저를 만났다. 처음엔 하이커인 줄 알았는데 반대편에서 걸어오며 잠깐 길을 비켜서서 나를 기다리고 있었다.

"캐나다로 향하고 있니?"

"네, 맞아요. PCT를 걷고 있어요."

"그럼 퍼밋하고 신분증 좀 보여줄래?"

이런 적은 처음이라 내가 당황해하자 그가 웃으며 다시 정중히 퍼밋을 보여 달라고 했다. 그리고 곰통을 가지고 있냐고 물었다.

"아, 잠시만요. 여기 PCT 퍼밋과 여권이요. 곰통은 배낭 안에 있어요."

나는 퍼밋과 여권을 보여주고 몸을 돌려 곰통을 보여주었다.

"완벽하구나! 한국에서 왔어? 나 예전에 한국에서 살았었는데."

그의 이름은 타이슨이며 어렸을 때 서울에서 자랐다고 했다. 나는 타이슨과 사진 한 컷을 함께 찍고 헤어졌다.

오늘은 조금 지루하다는 생각이 들었다. 두 달이 지나니 이제 풍경도 비슷비슷해 보이고 감흥도 줄었다. 오늘의 운행거리를 빨리 끝내고 쉬고 싶다는 생각만 들었다. 나머지 반 이상을 약 3개월에 걸쳐 더 걸어야 하는데 그게 무슨 의미가 있을까? 그 시간에 다른 것을 하는 게 더 좋지 않을까? 이런 생각들이 떠올랐다. 하지만 여전히 처음에 생각했던 대로 이 길 끝에 서있는 나를 한번 보고 싶었다. As it is, 지금은 그냥 흘러가는 대로, 생각나는 대로 내버려 두고 후에 정리를 해봐야겠다. 생각에 빠져 걷다 희남이를 지나쳐 버렸는데, 오기로 했던 목적지에 오지 않았다. 오늘도 내 뒤에서 운행을 멈춘 것 같았다. 이런 상황이 오면 일단 다음 보급지에서 기다리기로 약속했으니 내일 길에서 만나지 못하면 노던캐네디메도우에서 기다려야 할 것 같다.

06. 22. PCT +68
WACS0963~WACS0982(31.09km/1,581.06km/2,363m)

모기떼와 함께 춤을 추며 걷다

가벼운 마음으로 출발했다. 희남이는 나타나지 않았지만 사흘 후면 노던캐네디메도우에서 만날 수 있을 것이다. 출발지에서 약 6km 뒤에 벤슨패스가 있어서 깔끔하게 오른 뒤 잠시 쉬며 챙겨온 캔맥주를 마실 계획이었다. 약 500m를 올라 패스에 도착했는데 엄청난 모기떼들 때문에 쉴 수가 없었다. 요세미티는 아름답긴 하지만 모기의 천국이었다. 조금만 멈추면 수많은 모기들이 순식간에 달라붙어 피를 빨았다. 요세미티 전에도 간혹 모기를 만나긴 했지만 이곳만큼 심했던 곳은 없었다. 심한 정도가 아니라 내 평생 그렇게 많은 모기떼를 본 것은 처음이었다. 운행 중 잠시도 쉴 수가 없을 정도였고, 걷고 있는 중에도 계속해서 모기들이 달려들기 때문에 춤을 추듯 온몸을 흔들며 걸어야 했다. 많은 하이커들이 모기장을 머리에 쓰고 걷고 있었지만, 그러기에는 너무 답답해 계속해서 춤추며 걸을 수밖에 없었다. 나는 쉬지 못하고 내려오며 캔맥주를 마셨다. 모기떼를 피해 마시는 맥주는 꿀맛이었다. 콜라와는 또 다른 즐거움이었다.

'앞으론 콜라와 맥주를 적당히 섞어서 운행해 봐야겠군.'

약간의 취기를 느끼며 속도를 냈다.

오늘의 운행은 쉽지 않았다. 고개를 세 개나 넘어야 했다. 총 오르막이 1,500m였고 내리막이 1,600m였다. 계속해서 올랐다 내려갔다를 반복했다. 처음엔 노던캐네디메도우까지 이틀에 걸어볼까 욕심도 냈었지만, 오르막 내리막에 지쳐 원래대로 30km 정도만 운행하기로 했다. 목적지에 도착하여 계곡물에 들어가 수영 겸 목욕을 했다. 모기도 쫓고 더위도 식힐 겸. 정말이지 모기 때문에 미칠 것 같았다. 움직임을 잠시라도 멈추면 백여마리의 모기가 한번에 달려들었다.

희남이가 도착했다. 어제 나랑 비슷한 곳에서 잤던 것 같다. 어두워질 때쯤 도착하여 나를 발견 못했는데, 아침에 내가 먼저 출발하여 못 본 모양이었다.

06. 23. PCT +69

WACS0982~WA1002(32.27km/1,613.26km/2,618m)

먹고 싶은 것들

참치회가 먹고 싶다. 오동통하게 살이 오르고 기름기가 좔좔 흐르는 참치회. 소주와 함께 먹으면 더할 나위 없겠지. 대도식당의 등심구이도 생각난다. 약간 알싸한 파절임도 땡기고, 마지막 깍두기볶음밥까지 먹어야 한다. 맛있는 즉석떡볶이도 먹고 싶다. 라면사리, 쫄면사리, 튀김 등을 넣어 먹으면 정말 맛있을 것 같다. 건더기를 다 먹고 남은 국물에 김가루를 넣어 볶음밥을 해 먹는 것을 빼놓으면 즉석떡볶이를 제대로 먹었다고 할 수 없다. 햄버거를 좋아하긴 하지만 그다지 먹고 싶진 않다. 여기 와서 햄버거는 물리도록 많이 먹었다. 엄마가 끓여주는 김치찌개가 먹고 싶다. 잘 익은 김치에 돼지고기를 두툼하게 썰어 넣고 푹 익은 파김치 국물을 조금 넣어 끓인 엄마표 김치찌개. 밥 한 공기는 뚝딱이다. 삼겹살도 먹고 싶다. 두툼하게 썬 생삼겹살을 구워 기름장을 찍고 상추에 올려 쌈장과 파절임과 한 입에 쏙 넣는다면 그 이상 행복할 수 있으랴. 양파를 듬뿍 넣어 달달하게 볶아진 제육볶음도 생각난다. 따로 먹기 귀찮으면 그냥 밥 위에 올려 쓱싹 비벼먹어도 제 맛이다. 막국수도 맛있겠다. 동치미 국물을 살짝 넣고 매콤한 양념장에 메밀면을 잘 비벼 무초절임과 함께 먹으면 환상적인 궁합이다. 여기에 잘 익은 수육이나 보쌈고기도 빼 놓을 수 없다. 신포시장의 매콤달콤한 닭강정도 떠오른다. 시원한 생맥이나 병맥과 함께 하면 천국에 온 듯한 기분일 거다. 교촌 허니치킨도 땡긴다. 한강에 돗자리 깔고 허니 콤보 시켜서 먹으면 운치 있을 것 같다. 맛있는 김치만두도 먹고 싶다. 김이 모락모락 나는 김치만두에 단무지 하나 살짝 깨물어 먹으면 입천장이 데여도 좋을 것 같다. 수원 왕갈비도 먹고 싶다. 왕갈빗대에 붙은 두툼한 갈빗살을 숯불에 잘 익혀 입안에 넣으면 살살 녹을 것이다. 밥 한 공기 시켜 청양고추가 들어간 칼칼한 된장찌개와 함께 먹어도 좋고, 시원한 물냉면과 함께 먹어도 좋다. 맛있는 돈코츠 라멘도 먹고 싶다. 이치란이면 가장 좋겠지만 그게 아니라도 상관없다. 교자 하나를 시켜 함께 먹어도 맛있다. 아사히 생맥주는 필수다. 누나가 해주는 김치볶음밥도 생각이 난다. 참기름과 마늘기름으로 살짝 볶아 고소함과 마늘의 깊은 맛을 더한 김치볶음밥. 당연히 그 위에는 달걀프라이가 올려져야 한다. 공덕시장에서 친구들과 함께 와자지껄하게 먹는 족발도 좋고 을지로에서 병맥과 함께 먹는 골뱅이무침도 좋다. 생각해 보니 삼청동 대장장이화덕구이에서 마르게리따와 함께 와인 한 잔 마셔도 행복할 것 같다. 수제 핫소스는 꼭 달라고 해서 찍어먹어야 한다. 삼청동이 너무 멀면 연남동 코요테살룬도 괜찮다. 여기서는 감자튀김 두꺼운 것과 생맥주와 함께 먹어야 한다. 생어거스틴에서 뿌빳뽕커리와 팟타이도 먹고 싶다. 맛있게 익은 빨간게장과 간장게장에 밥도 비벼먹고 싶다. 손가락까지 쪽쪽 빨아가며 먹고 싶다. 시원한 콜라 한 병을 사서 스테인리스 컵에 얼음을 가득 채운 후 한 잔 따라 마시면 그 순간 나는 천국을 거닐고 있을 것이다. 아, 그냥 다 필요 없고 그냥 흰쌀밥에 고추장만 있어도 좋겠다. 너무 배고프다.

　모기와의 전쟁이 계속되고 있었다. 정말 미친 거 같았다. 이놈의 모기는 끊임없이 달라붙었다. 아침에 텐트를 치는 순간부터 계속해서 괴롭혔다. 잠시라도 가만히 있는 순간 수십 마리의 모기들이 달라붙는다. 움직일 때도 모기들은 계속 따라 붙는다. 운행하는 내내 고개를 흔들며 헤드뱅잉을 하고 양팔을 휘젓고 다리를 툴툴 차야 그나마 모기들을 조금 쫓을 수 있었다. 마지막 요세미티 경계를 넘는 순간까지도 모기들은 나를 괴롭혔다. 경계 즈음에 너무 멋진 호수가 있었는데, 즐길 새도 없이 모기에 쫓겨 도망쳐야 했다. 나에게 요세미티는 모기로 기억될 것이다.

드디어 PCT 1,000마일(1,600km)을 돌파했다. 마일이란 단위가 우리에겐 그렇게 와 닿지 않아 큰 의미는 없지만, 마일을 사용하는 이들에겐 상징적인 곳이다. 400km만 더 가면 2,000km이고, 거기서 약 100km 더 가면 하프 포인트다. 오늘은 경사가 완만하고 속도도 잘 나와서 목적지에 일찍 도착했다. 계곡이 있어 배낭을 벗어놓고 바로 계곡물에 누워버렸다. 너무너무 시원했다. 약 한 시간 동안 바위 위에 누워 낮잠을 잤다. 다행이 희남이도 곧 도착하여 만날 수 있었다. 그 역시 모기와 엄청난 씨름을 했다고 한다. 희남이 속도가 점점 좋아지고 있어서 다행이다. 하이커에게 북쪽에 큰 산불이 났다는 이야기를 들었다. 그래서 트레일이 막혔을 수도 있다고 하는데, 폰이 안 터져서 자세한 상황은 가봐야 한다고 한다. 내일 오전이면 노던케네디메도우에 도착할 테니 거기서 상황을 알아봐야 할 것 같다.

06. 24. PCT +70
WA1002~Northern Kennedy Meadow(23.34km/1,636.60km/1,900m)

극심한 편두통 속에서 3,400m의 고개를 넘다

오늘 아침도 모기에 쫓기듯 출발했다. 어제는 조금 덜해 다행이라 생각했는데, 아침에 일어나니 웬걸. 텐트 주위에서 내가 나오기만을 기다리고 있었다. 춤을 추듯 재빨리 텐트를 걷고 출발했다. 오늘 운행은 조금 힘들 것으로 예상되었다. 약 1,000m를 올려 3,400m의 고개를 하나 넘어야 했다. 거리는 24km 정도밖에 안되었지만 오르막이 장난 아니었다. 처음엔 기분이 좋았다. 어느 정도 오르니 모기도 쫓아오지 않았고 확 트인 풍경이 멋있었다. 그런데 이상하게 힘이 빠지기 시작했다. 3,000m 정도에 다다르자 온몸에 힘이 들어가지 않고 왼쪽 편두통이 심하게 느껴졌다. 멀쩡하던 발등도 아파오고, 뭔가 느낌이 이상했다. 희남이에게 먼저 가라고 한 뒤 천천히 올라갔다. 두통이 심해 아스피린을 한 알 먹었지만 소용이 없었다. 배낭끈을 멘 어깨 부분도 저릿하게 아파오고 온몸이 다 내 몸 같지 않게 이상했다. 겨우겨우 정상에 올라 잠시 쉬고 내려오는데도 나아지지 않았다. 다리에 힘이 빠지고 편두통은 점점 더 심해졌다. 가까스로 소노라패스(Sonora Pass)에 도착하여 108번 하이웨이와 만났다. 히치하이킹을 해서 약 10마일 떨어져 있는 노던케네디메도우에 도착했다.

일단 콜라를 산 후 미리 보내둔 보급품에 대해 물어봤다. 그런데 이곳에 없다고 했다. 그 안에 형민이가 보내준 포카리스웨트 분말과 창우가 보내준 건조 쌀이 잔뜩 들어있는데, 알고 보니 여기는 우체국 택배는 안 받고 UPS에서 운영하는 사설 택배만 받는다고 했다. 그것을 모르고 우체국을 통해 보내서 오지 않은 것 같았다. 일단 오늘 저녁 우체국에서 한번 체크할 예정이니 내일 다시 오라고 했다. 원래 하루 머물고 다음날 출발하려 하긴 했지만 재보급물품 상황에 따라 달라질 수 있었다. 거기다 몸 상태도 계속 안 좋아 일단 조금 쉬어보기로 했다. 점심을 먹고 캠프사이트에 텐트를 친 후 타이레놀 한 알을 먹고 두 시간 정도 낮잠을 청했다. 아무래도 어제 물놀이를 하고 저녁에 덥다고 침낭을 걷고 자서 몸살기운이 있었거나, 아니면 컨디션이 안 좋은 상태에서 급격하게 고도를 높여 고소 증세가 온 것 같았다.

한숨 자고 일어나니 조금 괜찮아진 듯해서 레스토랑에서 저녁을 먹었다. 유서 깊은 레스토랑답게 스프부터 샐러드, 빵 등이 풀코스로 나왔고 적당히 기름지고 크기도 큰 립아이 스테이크가 나왔다. PCT 에서 먹은 스테이크 중 최고로 맛있었다. 식사 후엔 디저트까지 나왔다. 아까 스토어 앞에서 이곳을 추천해 준 아저씨의 말을 듣길 잘했다. 고기를 먹었으니 힘을 좀 더 내봐야지. 이제 하이시에라는 끝이 났다. 요세미티도 지나 더 이상 무거운 곰통을 짊어지고 다닐 필요가 없어졌다. 하지만 이곳에서 우편물을 보낼 수 없으니 며칠 더 곰통을 지고 다녀야 할 것 같았다. 마음 같아서는 당장 버리고 싶지만 그래도 추억이 든 물건이니 간직하고 싶었다. 내일 아침에 일어나면 언제 아팠냐는 듯이 개운해지면 좋겠다.

2015.05.24.

02

캘리포니아 북부

Northern California

밤새 설사하다

밤에 미친 듯이 설사를 했다. 온몸에 힘이 빠졌다. 뭐가 잘못된 걸까. 어제는 고소증세 때문인 줄 알았는데 그것만은 아닌 것 같았다. 아침에 일어나서도 계속해서 설사를 하고 아무것도 입에 대지 못했다. 하이시에라를 끝내서 긴장이 풀린 거였을까? 결국 오늘 하루 더 쉬었다 가기로 했다. 다행히 스토어에 다시 물어본 후 재보급물품을 찾을 수 있었다. 창우가 보내준 쌀과 형민이가 보내준 포카리스웨트를 다시 만날 수 있었다. 한 가지 문제는 양이 많아 다 짊어지고 가기엔 조금 무리가 있다는 것이었다. 4일 정도 가야 마을에 도착하는데, 거기서 정리를 해야 할 것 같았다. 아니면 곰통도 이제 더 이상 필요치 않아서 다음 마을에서 한국으로 보내든가 도중에 열심히 먹거나 어떻게든 처리를 해야 할 것 같았다. 무게도 꽤 되어 보내고 나면 한결 가벼워질 것 같았다.

저녁까지 꼼짝 못하고 계속 텐트에 누워있었다. 희남이에게 너무 미안했다. 할 일도 없고 밥도 혼자 먹고 심심할 텐데. 언젠가 나도 한번은 아플 거라고 예상했지만 이토록 심하게 아플 줄은 몰랐다. 집에서도 이렇게 설사를 해본 적이 없는데. 이틀 전에 먹었던 크림치즈가 의심스러웠다. 밥이 떨어져 또띠아에 크림치즈를 발라 먹었었다. 오래전 머물렀던 비숍모텔에서 몇 개 챙겨온 건데 워낙 날씨가 뜨거워 상했던 것 같다. 먹을 때 약간 불안하긴 했었다. 역시 먹을 것은 조심해야 한다.

저녁에 만난 파르3(Par3)와 레드우드에게 북쪽의 산불로 PCT 60마일 정도가 막혀서 히치하이킹을 통해 가야 할지도 모른다고 했다. 어제까지만 해도 괜찮을 거라고 하이커들이 떠났었는데. 희남이도 소노라패스에서 트레일이 닫혔다는 사인을 봤다고 했다. 만약 우회길이 없다면 이 구간을 건너뛰어야 할 것 같다. 일단 오늘 몸을 잘 가누고 내일 상황을 봐서 결정해야 할 것 같다. 몸이 아픈 건 한번으로 족하다.

06. 26. PCT +72

Northern Kennedy Meadow~WACS1035(29.79km/1,666.38km/2,777m)

엄마, 이제 막 1,000마일을 돌파했어요!

밤새 또 설사를 했다. 아침에 일어나서도 몸이 안 좋고 또 설사를 했지만 한없이 지체할 수만은 없어 일단 예정대로 떠나기로 했다. 약 1시간 30분 정도 히치하이킹을 시도하여 소노라패스에 도착을 했다. 안내문을 읽어보니 산불로 인하여 약 30마일 뒤에 떨어진 도로가 통제되었다고 쓰여 있었다. PCT는 다행히 열려 있었다. 다만 연기로 자욱할 수 있으니 조심하라는 것과 혹시 모를 추가통제에 대해 주시하라는 것이었다. 다른 안내문에는 재밌는 글이 쓰여 있었다. 1년에 2~3일만 문을 여는 소노라패스 카페에 대한 안내였다. 안내되어 있는 곳으로 가보니 트레일엔젤이 준비해놓은 신선한 과일과 케이크, 쿠키, 그리고 음료 등이 있었다. 방금 노던케네디메도우를 떠나와서 그렇게 간절하진 않았지만 트레일엔젤은 언제나 고마운 존재이다.

한쪽 나무에는 이렇게 쓰인 현수막이 걸려있었다.

'Hey, Mom! I just hiked 1,000miles on the Pacific Crest Trail(엄마, 나 이제 막 PCT 1,000마일을 돌파했어요)!'

나중에 엄마에게 보여 드리고 싶어 현수막과 함께 사진을 찍었다. 소노라패스 카페의 트레일엔젤 아저씨가 말했다.

"PCT 1,000마일을 돌파한 것을 축하한단다. 그것도 가장 힘들다는 모하비사막과 하이시에라를 지났으니 만약 여기서 멈춘다 하더라도 충분히 자랑스러워해도 된단다."

처음엔 아무렇지 않게 웃으며 넘긴 말이었다. 하지만 하루 종일 트레일을 걸으며 마음속에 이 말이 계속 맴돌았다. 만약 PCT가 1,000마일이 끝이었으면 어땠을까? 나는 과연 이 트레일을 걸었을까? 아니면 다른 곳을 걷고 있을까? 1,000마일 도전 하나를 끝낸 후 느끼게 되는 성취감과 얻게 되는 것들, 1,000마일 도전 두 개, 혹은 세 개, 그 이상을 끝낸 후의 성취감과 얻게 되는 것들을 비교하면 어떠할까? 거리에 모든 것들이 비례할까? 과연 무엇을 위해 이 길을 걷고 있을까? 아저씨 말처럼 1,000마일을 걸은 것도 충분히 자랑스러운 일이고, 수많은 것들을 느끼고 얻었는데. 만약 하나를 완전히 끝냈다는 성취감이 부족한 것이라면 훨씬 더 짧은 JMT를 통해 얻었을 수도 있다. 그렇다고 거리에 이러한 것들이 정비례한다고 한다면 PCT보다 훨씬 짧은 JMT는 PCT보다 의미 없는 것일까? 또 만약 PCT보다 더 긴 트레일이 있다면 PCT는 그것보다 의미 없는 것일까? 만약 어떤 도전의 가치가 물리적인 거리나 양에 의해 비례되어 결정되는 것이라면 우리는 수학문제 풀듯이 도전을 하고 있을지도 모르겠다.

"이 도전은 10점을 얻을 수 있어. 이 도전은 20점, 이건 100점이야.

물론 시간은 10점에 비해 10배가 걸려."

참 재미있는 생각이다. 도전의 가치는 시간, 거리, 양 등 물리적 개념에 의해 비례되는 것이 맞는 것 같다. 하지만 정비례는 아니라고 생각한다. 어느 순간까지 정비례하다 점점 급감할 수도 반대로 급증할 수도 있을 것 같다. 그 함수그래프를 미분하여 최대점과 최소점을 찾을 수 있다면 우리는 도전의 가치를 좀 더 효율적으로 활용할 수 있을지도 모른다. 물론 모든 건 경제학에서 자주 인용하는 'if', 만약 그렇다고 가정한다면. 생각하기 나름이겠지만 한 번 더 깊게 생각해 보고 싶다. 도전의 가치에 대해서. 다시 초심으로 돌아가려고 노력해야겠다. 내가 왜 PCT에 왔는지. 왜 일주일 만에 돌아갈 수도 있다고 얘기했는지. 솔직히 말하자면 나에게 PCT는 목적이 아닌 수단이었다. 깨달음이라는 목적을 얻기 위한 하나의 수단.

06. 27. PCT +73
WACS1035~Lilly Pad Lake(44.27km/1,710.66km/2,396m)

45km에 도전하다

Long Day. 그리고 내일도 이어질 길고 지루한 하루였다. 사우스레이크타호에서 푹 쉬기 위해 조금 도전을 해보기로 했다. 90km 정도가 남았는데 보통 하루에 30km 정도를 운행하고 있으니 약 사흘이 걸리는 거리이다. 하지만 하루에 약 45km를 운행하여 이틀 안에 끊어보기로 했다. 어제 운행을 해보니 하이시에라도 거의 끝나고 급경사도 많지 않아 한번 해볼 만하다는 생각이 들었다. 그래서 새벽 6시에 출발하기로 했다. 운행 중 먹을 식량과 음료 등을 어젯밤에 챙겨 놓고 새벽에 무리 없이 출발했다. 아직 몸 컨디션이 썩 좋진 않았지만 텐트에서 쉬는 것보다는 마을에서 편하게 쉬는 게 더 좋을 것 같았다. 역시 속도는 잘 나오지 않았다. 어찌어찌해서 목적지에 도착했는데, 11시간 정도가 걸렸다. 쉬는 시간 등을 합해 평속 4km 정도가 나온 듯했다. 하이시에라에서도 4km 이상 나왔었는데, 역시 몸 상태가 좋은 편은 아니었다. 거기다 짐도 줄이지 못해 효율적인 운행을 하지 못한 것 같다. 정신력 또한 무시 못할 문제였다. 보통 운행하는 30km 지점까지는 평속 4.5km 정도로 오다가 그 이후로 속도가 급격히 떨어졌다. 아직도 15km를 더 가야 한다는 부담감이 컸던 것 같다. 오늘 소비한 행동식들과 저녁으로 먹은 밥 하나와 국 하나, 그리고 내일 아침에 먹을 라면 하나가 비고나면 좀 더 가벼워질 것이다.

내일은 5시 30분에 출발하기로 했다. 마을에 도착하면 정말 푹 쉬고 싶다. 맛있는 것도 먹고 보름동안 못한 샤워와 빨래도 하고 시원한 얼음 콜라도 마시며 재충전해야겠다. 그리고 마음을 다시 정리하고 무엇이 나의 여행인지 확실히 잡고 다시 시작해봐야겠다.

06. 28. PCT +74

Lilly Pad Lake~South Lake Tahoe(44.75km/1,755.41km/2,707m)

사우스레이크타호에 오신 것을 환영합니다

드디어 마을에 도착하는 날이다. 하지만 오늘도 역시 45km를 운행해야 했다. 새벽 일찍 일어나 출발했다. 컨디션은 나쁘지 않았지만 역시 거리에 대한 부담감이 컸다. 다행히 구름이 하늘을 가려 태양빛은 세지 않았고 선선한 바람이 불어줬다. 조금 가고 있는데 반대편에서 오던 하이커가 카슨패스(Carson Pass)에서 트레일엔젤의 매직을 기대해도 좋다고 말해줬다. 지도를 보니 대충 10마일 뒤였는데 하이웨이와 만나는 지점인 걸 봐서 시원한 음료수를 만날 수 있을 거라는 기대를 했다. 열심히 달려 점심 전에 카슨패스에 도착해보니 그곳은 관광안내소 같은 곳이었다. 거기서 일하는 분들이 PCT 하이커들을 위해 각종 스낵과 신선한 과일을 아이스박스에 넣어 제공해 주셨다. 자두와 사과 등이 있었는데, 얼음 사이에 보관해 정말 시원하고 달콤한 자두를 4~5개는 먹었을 것이다.

꿀맛 같았던 한 시간의 휴식 후 다시 길을 떠나 결국 사우스레이크타호로 갈 수 있는 50번 하이웨이와 만나게 되었다. 하지만 히치하이킹이 쉽지 않았다. 커브길에서 많은 차들이 너무 빨리 달려서 지나가는 차를 세우기에 적절한 곳이 아니었다. 결국 함께 기다리던 하이커 커플이 호스텔에 전화하여 라이드 서비스를 신청했고, 운 좋게도 함께 마을로 들어갈 수 있었다. 마을에 도착하여 숙소를 어디로 잡을지 고민하고 있을 때 미리 도착해 있던 다른 하이커들에게 베이스캠프라는 호텔을 추천받았다. 원래 숙소비용이 150달러 정도인데 하이커 할인으로 59달러에 해준다고 하여 그곳에서 이틀을 묵기로 했다. 숙소에 짐을 풀고 간단히 샤워를 한 후 그렇게 고대하던 카지노 뷔페로 향했다. 사우스레이크타호는 워낙 유명한 관광도시여서 겨울에는 스키나 스노보드 등을 타러 오고, 여름에는 하이킹이나 호수에서 수상레저를 즐기러 많은 사람들이 방문하는 곳이라고 한다. 그래서인지 카지노도 많고 거리에 상점과 음식점도 많았다.

하라스카지노(Harra's Casino) 꼭대기 층에 있는 포레스트뷔페(Forest Buffet)를 찾았다. 23달러에 모든 것을 먹을 수 있는 뷔페였다. 사실 미국식 뷔페를 그다지 좋아하진 않지만, 희남이는 처음이고 워낙 배도 고프고 가격도 싸서 오게 되었다. 조금 느끼하긴 했지만 배가 터지게 먹었다. 그리고 소화도 시킬 겸 카지노에 가서 룰렛 한 판을 했다. 처음엔 기계로 할 수 있는 룰렛을 하려 했는데 없어서 딜러와 하는 룰렛을 했다. 숫자엔 미니멈 2달러에 그 외 것들은 10달러였다. 생각보다 큰 미니멈과 익숙지 않은 딜러와의 게임에 돈을 잃었다. 그래도 즐겁게 한 판 했다 치고 훌훌 털고 일어났다. 마트에 들러 맥주와 감자칩을 사서 숙소로 돌아왔다.

06. 29. PCT +75
South Lake Tahoe(PCT 1,755.41km/2,707m)

카지노에서 새 신발값을 벌다

거의 밤을 샜다. 오랜만에 인터넷이 되는 푹신한 침대에 누워 새벽까지 친구들과 이야기하고 밀렸던 TV 프로그램들도 보았다. 오전에는 희남이 외장하드 수리를 맡기고 자유롭게 쉬기로 했다. 마을에 컴퓨터 수리점이 있었는데 걸어가기엔 조금 멀고 버스를 타는 게 좋을 것 같았다. 물어보니 2달러이고 데이패스는 5달러라고 했다. 하지만 버스에 타고 보니 'Free'라고 쓰여 있었다. 독립기념일 기간이라 그때까지 무료로 운행하는 것 같았다. 7월 4일, 인디펜던스데이. 미국의 독립을 기념하는 큰 축제가 도시 곳곳에서 펼쳐질 것이다. 이곳에서도 불꽃놀이와 퍼레이드 등이 준비되어 있는 것 같았다. 레인기어는 그때쯤 마을에 맞춰 축제를 즐길 거라고 했다. 나도 스케줄을 맞출 수 있으면 맞춰봐야겠다고 생각했다. 희남이 외장하드 수리를 맡겼는데, 체크하는데만 45달러를 달라고 했다. 어쩔 수 없이 알았다고 했는데 나중에 보니 체크라는 것이 코드만 바꿔 끼워서 되나 안되나만 본 거였다. 진짜 돈 쉽게 번다는 생각이 들었다. 희남이는 조금 황당해 했지만 외장하드 케이스를 따로 주문해서 제가 직접 교체하겠다고 했다.

점심에 마을 한쪽에 있는 스시피어(Sushi Pier)라는 스시바에 갔다. 17달러에 무제한이라고 했다. 오랜만에 먹어보는 초밥이었다. 매일 햄버거나 빵 같은 것만 먹다가 밥과 생선을 먹으니 행복했다. 흑인 아저씨가 우리 앞에서 스시와 롤 등을 만들어 주었는데 우리가 한국에서 왔다고 하자 "빨리, 빨리" 등의 한국말 몇 마디를 할 줄 알았다. 어떻게 배우게 되었냐고 물으니 가게주인이 한국 사람이라며, 바쁠 때 자주 듣는 말이라고 했다.

오후엔 각자 시간을 갖기로 하고 나는 마을 구경을 다녔다. 곰통을 어딘가로 보내놓을 계획이었기 때문에 몇 가지 기념품도 함께 사기로 했다. 그리고 중심가 코너에 있는 펍 테라스에 앉아 마르게리타와 타코 칩을 먹었다. 해피아워라서 가격이 저렴했다. 두 잔을 마셨는데 기분 좋게 알딸딸해졌다. 그때 갑자기 소나기가 내리기 시작했다. 엄청난 폭우. 거리의 사람들은 다 안쪽으로 피하고 거리에서 연주를 하던 악사들도 자리를 접었다. 나는 잠시 빗소리를 즐기다 도저히 안 될 것 같아 안으로 들어갔다. 마르게리타 두 잔을 먹은 탓에 저녁은 안 먹어도 될 것 같았다.

숙소에 돌아가 잠깐 쉬었다가 밤에 다시 한 번 카지노를 찾았다. 진짜 게임을 하기 위해 자리를 잘 살펴 룰렛 게임에 참가했다. 오렌지색 칩으로 바꾸고 게임을 시작했다. 진지하게. 그리고 한 시간 뒤 260달러를 땄다. 하하핫, 역시 나는 승부사다. 딜러 아주머니가 내가 입고 있던 오렌지색 재킷과 오렌지색 칩을 보더니 오렌지맨이 운이 좋은 날이라고 했다. 어제의 부진까지 만회하며 새 신발값을 벌었다. 숙소로 돌아가 REI에서 새 신발을 주문했다. 이제 시에라시티에서 새 신발을 신을 수 있을 것이다.

06. 30. PCT +76
South Lake Tahoe~Susie Lake(17.34km/1,772.80km/2,370m)

에코레이크, 아름다운 호수

어제는 일찍 잠들었지만 아침에 조금 늦게 일어났다. 암막 커튼을 치고 잔 탓에 아침이 밝아온 줄 몰랐다. 간단히 짐을 정리하고 샤워를 했다. 마을에 하루 더 있고 싶다는 생각이 들었다. 하지만 앞으로의 여정이 있으니 계획대로 떠나기로 했다. 다시 PCT로 복귀하는 게 조금 걱정이 되었다. 관광지라 히치하이킹이 쉬울 것 같지 않았다. 일단 체크아웃을 한 뒤 버스를 타고 PCT 하이커들이 많이 들르는 장비점에 갔다. 그곳에서 정보를 얻기로 했다. PCT로 돌아가는 가장 좋은 방법을 물어보니 트레일엔젤에게 연락하여 도움을 요청하는 방법과 저 앞 길에서 히치하이킹을 하는 것이라고 했다. 리스트에 있는 몇몇 트레일엔젤에게 연락을 했지만 다들 지금 당장은 힘들다고 했다. 우리는 히치하이킹을 하기로 하고 도로로 나와 50번 하이웨이를 따라 걸어갔다. 엄지손가락을 내민 채로. 얼마 안 가 차 한 대가 서더니 트레일까지 태워준다고 했다. 운이 좋게 빨리 잡힌 것이다. 다시 PCT로 돌아가 운행을 재개했다.

걸은 지 한 시간도 안 되어 에코레이크(Echo Lake)를 만났다. 우리의 재보급물품을 받을 포인트였다. 우체국이 평일 11시부터 2시까지밖에 열지 않아 불안했는데 히치하이킹에 빨리 성공하여 제시간에 맞출 수 있었다. 그런데 우리의 물품이 없다는 것이다. 한참 후 찾게 되었는데 알고 보니 희남이와 내 이름 둘 다를 써서 그게 성과 이름인 줄 알고 헷갈렸다는 것이었다. 물품을 받고 재정비를 한 후 나는 곰통과 몇몇 물품들을 밴쿠버에 있는 지인에게 우편으로 보냈다. 이제 법적으로 곰통을 지니고 다니지 않아도 되어 무게를 많이 줄일 수 있었다.

에코레이크부터 시작되는 트레일은 황홀하기 그지없었다. 아름다운 호수들과 그리 높지 않은 트레일 경사, 그리고 서늘한 바람. 독일의 백조의 호수가 생각났다. 만약 누군가 PCT 중 한 곳을 추천해달라고 한다면 에코레이크 트레일을 추천하고 싶다. 시간이 된다면 배한 척 빌려 유유자적 호수에서 놀고 싶을 정도였다. 이렇게 아름다운 호수들을 그냥 지나칠 수가 없어 조금 더 지나 알로하레이크(Aloha Lake)라는 곳에서 잠깐 쉬었다 가기로 했다. 희남이는 낮잠을 잤고, 나는 수영을 했다. 물도 맑고 너무 시원했다. 우리보다 먼저 도착한 하이커 커플은 올 누드로 호수에 뛰어들어 수영을 하고 있었다. 샌디에고에서 온 신혼부부였는데, 신혼여행으로 한 달 동안 PCT 구간을 걷고 있는 중이라고 했다. 신혼여행으로 PCT 하이킹을 하고 있다고 하니 믿어지지가 않았다. 조금 더 수영을 즐기며 여기서 하룻밤을 머물까 생각을 했다. 하지만 소다스프링즈(Soda Springs)까지 조금 거리가 되어 다음 운행에 조금 무리가 갈 듯했다. 아쉬움을 뒤로한 채 시원한 바람에 옷을 말리며 걸어갔다.

07. 01. PCT +77

Susie Lake~North Fork Black Wood Creek(41.17km/1,813.97km/2,424m)

바다가 보고 싶다

어느덧 7월이 되었다. 바다가 너무 보고 싶었다. PCT에 바다가 함께 있었으면 얼마나 좋을까? 걷다가 바다를 만나면 정말 행복할 것 같다는 생각을 했다. PCT를 걸으며 가장 아쉽다고 생각한 것이 바로 바다를 만날 수 없다는 것이었다. 수많은 호수들을 만나기는 하지만 파도소리와 바다 냄새, 바다만이 가지고 있는 그 특유의 느낌을 따라오지 못하는 것 같다. 특히 여름이 다가오고 휴가철이 가까워지다 보니 바다 생각이 더욱 간절해졌다. 만약 한국에 있었다면 나는 무엇을 했을까? 친구들과 여행도 가고 바다에 뛰어들거나 서핑도 즐겼을 것이다. 하지만 지금 나는 이 길을 걷고 있다.

오늘부터는 40km씩 걷기로 했다. 조금 무리일 것 같지만 한번 해보기로 했다. 초반엔 괜찮았다. 하지만 역시 시간이 지날수록 몸에 무리가 오기 시작했다. 어깨와 허리 통증이 계속되고 발바닥도 아파왔다. 최대한 빨리 신발을 바꿔야 할 것 같다. 바닥 쿠셔닝이 거의 다 되어 충격을 못 잡아주는 것 같았다. 시에라시티까지는 4일 정도를 더 가야 하니 그때까지만 좀 더 버텨야만 했다. 보통 신발은 500km 정도 주기로 바꾸고 있었는데 이번엔 조금 늦어진 듯하다.

30km를 걸은 후 호수를 만나 잠시 쉬었다 가기로 했다. 희남이는 한 시간 반 정도 낮잠을 잤고, 나는 밀린 글들을 정리했다. 이제 다시 부지런히 생각들을 정리해야겠다. 솔직히 말하면 하이시에라 구간에서는 거의 생각을 못했다. 워낙 오르막 내리막이 많고 힘들어 나와의 대화시간이 적었다. 무산소운동이 계속되었으니 그럴 만도 했다. 앞으로는 다시 나 자신과 대화의 시간을 많이 갖도록 노력해야겠다. 목적지에 도착하여 미리 다운받아둔 영화를 보았다. 「비포 선라이즈 Before Sunrise」. 몇 번을 봤는데 이렇게 집중해서 본 적은 처음이었다. 조용한 텐트 안에서 홀로 누워 보았는데 예전에 알지 못했던 철학적인 이야기와 주옥같은 대사들이 귀에 쏙쏙 들어왔다. 영화를 보고 나니 다시 유럽에 가서 기차여행을 하고 싶어졌다.

07. 02. PCT +78
North Fork Black Wood Creek~Highway 40 near Donna Pass(42.18km/1,856.15km/2,168m)

텐트에 떨어지는 빗소리, 감자전이 먹고 싶다

소다스프링즈까지 42km 이상을 걸어야 했지만 도전해보기로 했다. 인디펜던스데이에 맞춰 시에라시티에 도착하기로 계획을 세웠기 때문이다. 큰 축제가 있다고 하니 산에 있는 것보다는 마을에서 즐기는 것이 낫겠다는 생각을 했다. 속도가 빠른 희남이는 시간을 절약하기 위해 새벽 5시 정도에 출발했다. 우체국 닫기 전에 도착하여 재보급물품을 받고 필요 없는 물품 등을 한국으로 보낸다고 했다. 나는 도저히 못 일어날 것 같아 늦게 따라 가기로 했다.

　코스는 생각보다 힘들었다. 고개도 많고 너덜지대와 바위들이 많아 발이 아팠다. 중간에 먹구름이 몰려오더니 소나기까지 내려 더욱 힘들었다. 마을로 향하는 고속도로를 만났을 때 희남이가 기다리고 있었다. 약 2시간 전에 도착하여 히치하이킹을 하여 소다스프링즈라는 마을에 갔지만 우체국이 닫혀있어 어쩔 수 없이 돌아왔다고 했다. 우린 이곳에서 하룻밤을 보낸 뒤 내일 아침 일찍 다시 마을로 가 우체국을 들른 뒤 복귀하기로 했다.

　길가에 트레일엔젤이 준비해준 맥주와 콜라를 마시며 다른 하이커들과 즐거운 저녁시간을 보냈다. 내가 마모스부터 지고 왔던 잭다니엘을 꺼내자 오늘 파티하는 날이냐며 다들 환호성을 질렀다. 일본에서 온 고스트라는 하이커를 만났는데, 영어가 부족하여 소통하긴 힘들었지만 좋은 친구 같았다. 포토그래퍼 어시스턴트로 일하고 있다는 고스트는 캐논 6D를 짊어지고 다니며 멋진 사진을 담으려 노력한다고 했다. 날이 어둑어둑해지자 고스트를 비롯한 몇몇 하이커들은 조금 더 운행을 한다며 떠나갔고, 또 다른 몇몇은 가까운 마을로 히치하이킹을 하여 떠나갔다. 희남이는 한쪽에 텐트를 치고 쉬러 들어갔고, 나는 도로 옆 건물 처마 밑에서 비박을 하려다가 텐트를 치는 게 좋을 것 같아 텐트를 쳤다. 다시 한 번 비가 세차게 몰아쳤다. 약간 취기가 오른 상태에서 텐트에 떨어지는 빗소리를 들으니 감자전이 먹고 싶었다. 내일 마을에 들르면 감자칩이라도 사서 먹어야겠다.

트레일에서 냉동피자를 데우는 마법

또 한 번의 마법 같은 일이 일어났다. 원래 계획은 어제 늦게 도착하여 소다스프링즈에서 찾지 못한 재보급물품들을 우체국 문이 열리자마자 찾은 후 시에라시티로 향하는 것이었다. 그렇게 생각하고 새벽같이 일어나 마을로 향하는 히치하이킹을 시도했다. 하지만 차는 우리 앞에서 멈추지 않았다. 처음엔 너무 이른 시각이라 그렇겠지 애써 변명해가며 뜨거운 태양 아래 버티며 서 있었다. 한 시간이 지나서야 뭔가 잘못되고 있다는 걸 느끼고 점점 후회가 들기 시작했다. 어젯밤 다른 하이커들의 말을 듣고 그냥 마을로 가 있을 걸, 소다스프링즈 말고 트러키로 갈 걸 등등 온갖 생각과 후회가 밀려왔다. 한 시간 반 정도가 지나서야 아침 하이킹을 마치고 돌아가는 하이커의 차를 얻어 탈 수 있었다.

우체국에서 재보급물품과 재성이가 보내준 몇 가지 장비들을 받았다. 재성이는 예전 캐나다 배낭여행 중 만났던 친구인데 잠도 재워주고 같이 스키도 타러 가고 그 후로도 계속 잘 챙겨주는 고마운 친구였다. 지금은 미국 버팔로에서 지내고 있어 만나긴 조금 어렵지만 기회가 되면 꼭 만나러 가고 싶다.

배가 고파 스토어에서 핫도그 하나와 콜라를 사서 입에 물고 의자에 앉아 조금 쉬고 있었다. 마을에 하나밖에 없는 스토어라 그런지 지나가는 사람이 많이 있었다. 여전히 배가 안 차 희남이와 냉동피자 하나를 사서 먹기로 했는데, 사고 보니 전자렌지용이 아니라 오븐용이었다. 우리는 난감해 하며 환불을 하려 했는데 이미 산 음식은 환불이 안 된다고 했다. 기분이 좋지 않았다. 방금 전에 샀고 하이커라는 사정도 있는데 안 된다니. 어쩔 수 없이 딱딱하게 얼어붙은 피자를 들고 다시 스토어 앞에 앉아 있었다. 그때 옆에 앉아있던 중년 부부가 물어왔다.

"PCT 하이커예요?"

"네. 한국에서 왔어요."

"피자는 어떻게 먹어요? 특별한 방법이 있나요? 트레일에서 화덕을 만든다던가? 화로를 만들어?"

"아뇨. 여기서 데울 수 있을 줄 알고 샀는데 안 된대서….”

"웁스!"

"뭐, 어쩔 수 없죠."

"저 앞에 호스텔에 물어봐요. 아님 우리 집에 가던지. 피자도 데우고, 샤워도 할 수 있고."

"집이 어딘데요?"

"트러키."

순간 머릿속에 온갖 생각들이 스쳐 지나갔다. 인상이 좋아 보이는 백인 부부. 그들이 지금 우리를 집에 초대해준 것이다.

"아, 너무 좋은데 저희가 시에라시티에서 인디펜던스데이를 맞이할 계획이어서, 혹시 저희가 집에 초대된다면 하룻밤 머무를 수 있을까요?"

"물론이죠! 우리는 개를 산책시키고 올 테니 그동안 친구랑 상의해 봐요."

나는 희남이의 얼굴을 쳐다봤다. 일정을 조금 변경해 초대에 응하고 싶었다. 현지인의 집에 초대받는 것은 정말 좋은 경험을 할 수 있는 기회니까. 희남이는 일정을 조금 걱정했지만 큰 무리는 없을 것 같다며 동의했다. 잠시 후 우린 트러키로 향했다. 그 부부의 이름은 마크(Mark)와 트리시(Trish), 그리고 윌슨(Wilson)이라는 오스트레일리안 셰퍼드도 함께였다. 마크 아저씨는 예전엔 공군 파일럿이었고, GM과 BMW에서 디자이너로도 일했으며, 한때는 소방관도 했었고, 지금은 나스카 레이싱 같은 드라이버 인스트럭터로 일하고 있다고 했다. 트리시 아주머니는 메카닉 디자이너로 일하고 있으며 인디펜던스데이를 맞아 휴가 중이라고 했다. 트러키로 향하는 차 안에서 인디펜던스데이 축제에 대해 물어봤더니 그들의 집 데크에 앉아 와인을 마시며 불꽃놀이를 볼 수 있으니 걱정 말라고 했다. 붐비는 사람들 걱정을 안 해도 되고 피곤하면 바로 들어가 쉬면 된다며 밝게 웃었다. 정말 좋은 사람들 같았다.

언덕 위에 있는 멋진 2층 집이었다. 1층은 생활공간이고, 2층은 마크 아저씨가 직접 리모델링을 하여 게스트룸도 만들고 멋진 테라스도 꾸며 놓았다. 차와 관련된 일을 해서 그런지 집에 차도 종류별로 4대나 있었고 수많은 토이카가 집안 곳곳을 장식하고 있었다. 아이가 있냐고 물어보니 아이는 없고 대신 윌슨이 있다고 했다. 소파에 앉아 이런저런 얘기를 하다가 저녁식사에 대한 이야기가 나왔다. 먹고 싶은 것을 얘기해보라는 트리시 아주머니에게 나는 농담 반, 진담 반으로 한국 음식이 너무 그립다고 했다. 그랬더니 갑자기 인터넷을 뒤져 레노(Reno 약 30마일 떨어진 관광도시)라는 도시에 한식당이 있으니 거기로 가자는 것이다. 나는 괜한 소리를 했나 싶어 괜찮다고, 아무거나 다 잘 먹는다고 했더니 부담 갖지 말라며 레노도 구경시켜 주고 싶고 자기들도 한국 음식을 먹어보고 싶다고 했다.

저녁 무렵 우리는 레노의 작은 한식당을 찾았다. 갈비, 제육볶음, 양념치킨, 돌솥비빔밥, 떡볶이와 튀김, 그리고 소주를 시켜 한국 스타일로 함께 나눠 먹었다. 마크 아저씨는 매운 음식을 좋아하여 제육볶음이 맛있다 했고, 트리시 아주머니는 갈비와 특히 떡볶이가 너무 좋다며 이름을 외웠다. 나는 그들이 원한다면 내일 저녁 이곳보다 더 맛있는 한식을 만들어 줄 수 있다고 얘기했다. 나름 훌륭한 셰프라고 소개하며. 전에 알래스카 자전거 여행 때 하룻밤 재워줬던 카르멘, 구나 부부, 그리고 캘거리의 터프 가족에게도 너무 고마워 보답으로 불고기를 만들어 대접했었는데, 너무 좋아해서 내가 더 행복했던 기억이 있다. 마크와 트리시 부부에게서도 그 행복을 느끼고 싶었다. 오랜만에 한식을 먹고 소주 한 병을 비우고 집으로 돌아왔다.

트리시 아주머니가 요즘 친구들 결혼식 준비로 컵케이크 만드는 법을 배우고 있어 케이크를 많이 만들었다며 가져왔다. 매일 매일 만드니 맘껏 먹으라고 했다. 우리는 아이스크림과 케이크를 먹으며 TV로 영화를 보았다. 정말 행복한 시간이었다. 분명 아침까지만 해도 땡볕에 히치하이킹을 하며 투덜대고 있었는데, 냉동피자를 바라보며 한숨을 쉬고 있었는데, 이렇게 행복한 하루를 보내리라고는 꿈에도 생각지 못했다. This is life! 내일 아침 마을에서의 퍼레이드와 저녁의 불꽃놀이도 너무너무 기대가 되었다.

07. 04. PCT +80

Truckee(PCT 1,856.15km/2,168m)

인디펜던스데이, 내 생애 가장 따뜻한 날

드디어 인디펜던스데이의 아침이 밝았다. 마크 아저씨는 아침 일찍 일어나 커피를 내리고 있었다. 나는 6시쯤 일어나 아래층으로 내려가서 아침인사를 하고 마크 아저씨가 내려준 커피를 들고 테라스에 앉아 이야기를 나눴다. 나의 여행 이야기, 아저씨의 여행 이야기 등등. 곧 희남이도 일어나고 트리시 아주머니도 일어나서 아침 먹을 준비를 했다. 아주머니는 아메리칸 스타일 아침을 차려준다고 했다. 감자와 달걀, 베이컨, 그리고 모닝커피. 정말 아메리칸 스타일 아침이었다. 우리는 9시부터 다운타운에서 하는 인디펜던스데이 퍼레이드를 보기 위해 나갈 채비를 했다.

차를 타고 다운타운 주변으로 가 주차한 뒤 다운타운으로 걸어갔다. 엄청난 사람들이 퍼레이드가 펼쳐질 길을 따라 기다리고 있었다. 꽤 미국적인 문화였다. 남녀노소를 불문하고 한껏 성조기 색깔로 치장하여 축제를 즐길 준비를 하고 있는 것 같았다. 곧 퍼레이드가 시작되었다. 인디펜던스데이답게 군인 의장대의 호위를 받으며 전장에서 목숨을 잃은 군인 가족들이 퍼레이드를 했고 이어서 군경, 소방관, 레인저 등이 이어졌다. 사람들은 박수를 치며 그들을 환영해 주었다. 지역 커뮤니티에서도 나와 퍼레이드를 하고 학교, 교회 등에서도 준비한 것 같았다. 퍼레이드가 끝나갈 즈음 저 멀리서부터 다가오던 먹구름이 성을 내기 시작했다. 곧이어 천둥과 번개가 치더니 폭우가 쏟아졌다. 몇몇 사람들은 비를 피해 자리를 떠났지만 대부분의 사람들은 자리를 지키고 퍼레이드를 끝까지 지켜보며 박수를 쳐줬다. 우리나라에도 퍼레이드가 있긴 하지만 그리 와 닿는 문화는 아니었다. 그래도 미국인들의 국가에 대한 자긍심과 그들만의 문화에 한 발

다가갈 수 있었던 시간이었다. 마크와 트리시는 이제 젖을 시간이라며 빗속을 달려 차로 가자고 했다. 희남이와 나는 젖는 것에 이미 익숙해져 큰 문제가 되지 않았다. 젖은 몸으로 차 시트를 적실까봐 그게 더 미안할 뿐이었다.

집으로 돌아와 우리에게 이 마법 같은 일이 일어나게 만들어준 어제의 피자를 먹었다. 트리시가 오븐에 피자를 구워주고 칠리 핫도그도 만들어 주었다. 피자를 먹으며 어제 처음 만난 이야기로 웃음꽃을 피웠다.

"우리가 대신 사과하마. 피자 환불을 안 해준 것은 정말 잘못된 일이야. 너희가 하이커라는 것도 뻔히 알 텐데."

"하하하, 괜찮아요. 그럴 수도 있죠. 게다가 음식이니까 더 그럴 수도 있고요."

"피자를 바라보며 앉아있는 너희들의 눈빛이 너무 슬퍼 보였단다. 그래도 이 피자 때문에 지금 우리가 이렇게 함께 있을 수 있게 되었잖니?"

점심을 먹고 각자 휴식을 취했다. 마크와 나는 나스카 레이싱을 보았고, 희남이와 트리시, 윌슨은 낮잠을 잤다. 나는 레이싱을 보다 졸려서 음료를 들고 테라스로 나갔다. 언제 깼는지 윌슨도 따라 나와 바닥에 배를 깔고 누웠다. 오랜만에 태블릿을 꺼내 그 장면을 그림으로 그리기 시작했다. 테라스 데크 위에 잠들어 있는 윌슨. 거의 다 그렸을 즈음 트리시가 맥주 한 병을 나에게 건넸다.

"그림 그리고 있었니? 한번 봐도 될까? 어머, 윌슨이네."

조금 쑥스러웠지만 그림을 보여주니 트리시가 너무 좋아했다.

"이거 나에게 보내줄 수 있어? 인쇄해서 액자에 끼워놓고 싶어."

"그럼요. 메일 주소 알려주세요. 바로 보내드릴게요."

저녁은 트리시가 색다른 음식을 해준다고 했다. 사코테쉬? 이름은 정확히 기억이 안 나는데 옥수수와 감자, 완두콩, 닭가슴살 등을 크림치즈와 함께 버무린 뒤 오븐에 굽는 음식이었다. 크림리조또 같은 느낌인데 밥 대신 옥수수와 감자로 만드는 것 같았다. 저녁과 함께 와인 한 잔을 기울이며 테라스에 앉아 불꽃놀이를 기다렸다. 하지만 시간이 지나도 불꽃은 솟아오르지 않았다.

"왜 불꽃놀이를 안 하지?"

"그러게, 별 얘기 없었는데. 이상하네. 한번 확인해 볼게요."

트리시는 친구에게 전화를 했다.

"요즘 너무 건조해서 불꽃놀이가 취소되었다는구나. 어떡하지? 많이 기대했을 텐데….."

"괜찮아요. 이렇게 멋진 집에서 밤하늘의 별을 볼 수 있는 걸요. 와인도 함께요."

우리는 이야기를 나누며 와인 한 병, 디저트로 케이크와 아이스크림까지 끝냈다. 아쉬운 마지막 밤이 지나가고 있었다.

"좋은 꿈꾸렴."

트리시는 오늘 밤도 이부자리를 살펴주고 머리맡에 물 한 잔까지 갖다 주며 인사를 건넸다. 따뜻하고 포근한 밤이었다.

07. 05. PCT +81
Truckee~Lacey Creek(30.37km/1,886.57km/2,293m)

행복한 이별

일어나기가 싫었다. 일어나면 마크와 트리시, 그리고 윌슨과 헤어져야 해서였을 것이다. 시간을 좀 더 붙잡아두고 싶었다. 오늘도 마크는 일찍 일어나 모닝커피를 준비해 주었다. 커피를 마시며 떠날 채비를 했다. 마크가 다운타운에 나가 아침을 먹고 트레일까지 데려다준다고 했다. 준비를 마친 뒤 트리시에게 마지막 인사를 했다.

"트레일까지 배웅 나가고 싶지만 내가 일을 해야 해서 미안하구나. 만나게 되어 정말 기뻤어. 꼭 다시 만나자. 혹시 무슨 일이라도 생기면 연락하고."

트리시는 우리를 꼭 껴안아주었다. 집 앞에서 우리는 함께 사진을 찍고 떠났다. 마크는 자주 간다는 다운타운에 있는 식당으로 우리를 데려갔다. 그곳에서 아침을 먹고 트레일로 향했다. 초반 3km 정도를 마크와 윌슨과 함께 걸었다. 그리고 진짜 작별을 했다.

"안전하게 여행 잘 하고 도움이 필요하면 바로 연락하렴."

마크는 악수를 청하며 응원해주었다.

따뜻한 마음을 가지고 있는 마크와 트리시, 만남이 있으면 헤어짐이 있어야 하기에 웃으며 인사했다. 꿈만 같았던 사흘 동안의 일들이 머릿속을 맴돌았다. 처음 만난 날부터 엄마처럼 자상하게 챙겨주고 음식을 만들어주고, 밤이면 이부자리를 봐주며 잘 자라고 토닥여주던 트리시 아주머니, 아침마다 따뜻한 커피를 준비해주던 마크 아저씨. 만나서 너무 행복하다며 웃어주던 그들, 내 그림이 너무 좋다며 인쇄하여 액자에 끼워놓던 장면까지 하나하나…. 그들이 낯선 동양 청년들에게 베풀어준 친절과 따뜻함을 나는 결코 잊지 않을 것이다. 춥고 외롭다고 느껴지는 어느 날 그들을 떠올리면 나는 난로 옆에 있는 것처럼 따뜻해지고 행복해질 것이다. 헤어진 지 얼마 되지 않았는데 벌써 그들이 그리웠다.

07. 06. PCT +82
Lacey Creek~Sierra City(37.29km/1,923.84km/1,399m)

시에라시티에서의 재회

시에라시티까지 가는 길은 상당히 쉬웠다. 처음 출발해서 약간의 고개를 넘은 후 계속 내리막길이었다. 그도 그럴 것이 시에라시티는 약 1,400m에 위치해 있기 때문이다. 트레일 중간에 GG 아주머니를 만났다. 어제 우리보다 조금 더 앞에서 잤다고 했다. 쿠키몬스터와 모닝스타와 함께. 시에라시티에서 만날 수 있을 거라 했는데 역시 조금 후에 만날 수 있었다. 쿠키몬스터와 모닝스타는 친한 하이커 중 하나이다. 초반에 어느 오아시스(트레일엔젤이 음료 등을 준비해놓은 곳)에서 처음 만났는데, 내가 한국에서 온 것을 알고 쿠키몬스터가 출장으로 한국에 가본 적이 있다는 이야기를 하다 친해지게 되었다. 그 후로도 자주 마주치고 같이 캠핑도 하고 저녁도 먹으며 더 가까워졌다. 오늘도 시에라시티에서 같이 저녁을 먹기로 했는데, 우리가 조금 일찍 도착하여 기다리다가 스토어가 닫는다고 하여 먼저 먹을 수밖에 없었다. 늦게 도착한 그들과 스토어 앞 의자에 앉아 모기를 쫓으며 맥주와 감자칩을 함께 먹었다. 그리고 많은 이야기를 나누었다.

둘 다 6개월씩 휴가를 내고 이곳에 왔다고 했다. 한국에서는 상상도 할 수 없는 일이었다. 유럽은 5년 정도 일하면 6개월 정도의 휴가를 낼 수 있다고 한다. 5년이 아니어도 3개월 정도는 낼 수 있지만 PCT를 위해 6개월을 냈다고 한다. 만약 한국에서 6개월 휴가를 낸다고 했으면 아예 책상을 뺐을 것이다. 유럽과 우리나라는 상황이 다르니 이해하는 수밖에. 그런데 신기한 건 미국 사람들도 유럽의 이런 문화를 부러워하고 있다는 것이었다. 마크와 트리시도 일에 대한 스트레스가 엄청나 보였고, 월요일이 오는 게 싫다고 했다. 일은 적게 하고 휴가가 많은 유럽 사람들이 부럽다고 했다. 일하기 싫어하고 놀기 좋아하는 마음은 매한가지인 걸 보면 사람 사는 모습은 다 비슷한 것 같다. 내일 아침엔 우체국이 10시에 연다니 늦잠을 자도 될 것 같다. 내일은 쿠키몬스터와 모닝스타와 함께 아침을 먹기로 약속하고 잠자리에 들었다.

위대한 하이커

소설 『위대한 개츠비 The Great Gatsby』에서 저자 피츠제럴드는 왜 제목을 '위대한 개츠비'라고 지었을까? 소설을 본 사람들은 약간 의아해할 수도 있을 것이다. 책속의 개츠비는 어떻게 보면 전혀 위대한 사람이 아니다. 우리가 생각하는 사전적, 혹은 보편적 의미의 위대함과는 조금 거리가 먼 사람이다. '위대하다.'라는 표현은 위인이나 훌륭한 업적을 남긴 사람에게 붙이는 게 일반적이지만 개츠비는 나라를 구한 위인도, 그렇다고 누군가를 헌신적으로 도운 자선가도 아니다. 그저 평생 한 여자를 위해, 그녀의 마음에 들기 위해, 그녀의 마음을 얻기 위해, 어쩌면 바보처럼 그녀만을 위해 살아온 순정남이라고 표현할 수 있을 것이다. 결국에는 믿었던 사랑에게 배신당하고 비극적으로 죽음을 맞이하고 말지만, 개츠비는 죽는 순간까지 그녀를 믿었고 사랑했을 것이다. 결국 그는 끝까지 진실을 알지 못한 채 죽음을 맞이했다고 생각한다. 그렇기 때문에 행복했을 수도 있다. 그래서 개츠비는 위대하다고 생각한다. 평생 동안 한 여자만을 사랑할 수 있다고 누구나 쉽게 말할 순 있을 것이다. 하지만 그것을 실행에 옮기는 사람은 과연 몇이나 될까? 실행했다 하더라도 끝까지 지켜내는 사람은? 아주 쉬운 일일 수도 있지만, 그렇기 때문에 여러 핑계를 대며 말뿐인 사람도 많을 것이다. 하지만 개츠비는 끝까지 이뤄냈다.

오늘 PCT를 걸으며 이런 생각을 했다. PCT를 걷는 하이커들은 위대하다고. 전에도 한번 언급했듯이 이곳에 오기 전엔 이 도전이 엄청난 것이라고 생각했다. 하지만 길 위에서 많은 하이커들을 만나고 그들과 이야기하며 PCT는 누구나 할 수 있는 일인데 내가 나의 도전을 과대평가했구나, 라고 생각이 바뀌었다. 그런데 하프 포인트를 얼마 안 남긴 지금 또 한 번 생각이 바뀌었다. 이 길을 걷고 있는 하이커들은 위대하다. 물론 누구나 할 수 있는 도전이지만 그들은 말뿐인 도전이 아니라 직접 이 길에 들어와 걷고 있다. 하루하루 누군가의 강요에 의해서가 아니라 마치 개츠비처럼 스스로의 행복을 위해, 목표를 위해 걷고 있는 것이다. 남녀노소 누구나 할 수 있는 도전이지만 그 누구나가 절대 아무나가 될 순 없다. 하이커들은 저녁에 만나 웃고 떠들다가도 다음날 아침이 되면 각자의 스케줄에 맞춰 움직인다. 절대 남에게 피해를 주지도, 자신을 과시하지도 않는다. 각자가 목표한 바를 이루기 위해 오늘도 걷는다. 그래서 하이커들은 위대하다.

알람도 일부러 꺼놓고 잤는데 6시 정각에 눈이 떠져 텐트에서 나왔다. 우체국이 10시에 열어 일찍 일어날 필요가 없었지만 습관이란 참 무서운 것이다. 몇몇 텐트들은 이미 사라져 있었다. 어제 보급품을 받은 하이커들은 새벽같이 떠난 듯했다. 우리도 어제 받았으면 아침 일찍 떠났겠지만 우체국이 오후 2시면 문을 닫아 어쩔 수 없이 오늘 아침에 찾아야 했다. 쿠키몬스터와 모닝스타와 함께 레드무스라는 카페에서 아침을 먹었다. 와플을 먹었는데 모닝스타가 벨기에만큼 맛있다고 했다. 와플에 신선한 딸기와 휘핑크림이 얹혀져 있었는데, 지금까지 미국에서 먹었던 와플 중 제일 맛있었다.

아침을 먹고 우체국에 가서 보급품들을 찾았다. 투왈로미에서 보내놓은 음식들과 사우스레이크타호에서 REI에 주문한 새 신발. 신발을 찾는 데 약간의 어려움이 있었지만 다행히 모두 잘 받았다. 드디어 세 번째 신발이다. 두 번째 신발도 군데군데 뜯어지고 밑바닥 쿠션도 많이 망가져 발이 아팠는데, 새 신발은 어떨지 기대된다. 이번에도 아디다스 테렉스 신발을 골랐다. 다른 브랜드도 신어보려 했는데 인디펜던스데이라고 세일을 해서 주문하게 되었다. 테렉스 패스트. 테렉스 중 시그니쳐 모델이다. 그런데 받아보니 너무 안 예뻤다. 우중충한 색깔에 끈도 일반 끈, 아무래도 지난 모델이거나 인기 없는 색상이어서 할인 판매를 한 것 같다. 그래도 앞으로 1,000km 정도를 함께 해야 하니 잘 신어봐야겠다.

점심을 먹고 시에라시티를 떠났다. 아침을 먹었던 레드무스 카페에서 점심을 먹었는데 너무 배가 불렀다. 15달러짜리 헝그리 하이커 스페셜버거를 먹었는데 시키고 나서 후회를 했다. 맛있긴 했지만 엄청 커다란 버거에 온갖 것이 다 들어있고, 감자튀김도 한 바구니나 나왔다. 희남이는 딱 좋다고 했지만 난 먹다 지쳐 남겼다. 감자튀김은 거의 손도 못 댔다.

오늘은 1,500m 정도를 올라가야 했다. 소화도 시킬 겸 천천히 올라가려 했는데, 잘 먹어서 그런지 속도가 제법 붙었다. 때마침 구름도 많이 껴서 덥지 않아 딱 좋았다. 생각보다 빨리 목적지에 도착했다. 이제 속도를 조금 내보기로 했다. 하루에 35km 이상씩 걸어 먼저 보낸 친구들을 만나러 가야겠다. 하프 포인트가 얼마 안 남았는데 거기서 다들 볼 수 있다면 재밌을 것 같다.

입맛이 없어도 잘 먹어야지

아침을 잘 안 먹고 운행을 시작하는 편이다. 집에 있을 때에도 아침을 잘 안 먹고 우유 등으로 간단히 때우곤 했는데, 여기서도 잘 안 먹게 되는 것 같다. 보통 새벽 6시에 일어나 간단히 시리얼이나 또띠아 등을 먹고 출발하곤 했는데, 어느 순간부터 입맛이 없어서 텐트를 걷고 바로 출발하기 시작했다. 게다가 점심도 안 먹고 대충 걸으며 초코바 등으로 때우니 하루에 저녁 한 끼 정도만 제대로 먹는 셈이다. 저녁은 보통 인스턴트 쌀에 물을 부어 밥을 한 뒤 고추장과 김자반을 넣고 비벼 먹는다. 때론 라면을 함께 먹거나 건조 미소된장국을 먹기도 한다. 확실히 잘 먹을 때 걷는 페이스와 대충 먹고 걷는 페이스는 다른 것 같다. 오늘도 코스는 그리 어렵지 않았는데, 제대로 먹지 못해 그런지 힘이 나질 않았다. 게다가 중간에 비까지 내려 그 후로는 속도가 나지 않아 거의 10시간 운행을 한 것 같다. 앞으로는 입맛이 없어도 영양분을 꾸준히 섭취해야겠다. 행동식으로 사놓은 클리프바는 입맛에 안 맞아 엄청 많이 남았지만 꾸준히 먹어야겠다. 입에 맞는 음식을 더 찾아봐야겠다.

숨겨진 보물, 혼커패스

지도를 잘못 봤다. 한번 내려갔다가 약 900m를 미친 듯이 올라갔다. 경사도 제법 되고 너무 길어서 지겨웠다. 쉬운 코스라 생각하고 있었는데, 계속되는 경사에 정신적으로도 조금 힘들었다. 약 43km의 롱데이. 희남이가 40km 정도 떨어진 리조트 쪽에 가고 싶다고 해서 그러기로 했다. 희남이는 속도를 내어 먼저 떠났고 나는 뒤를 천천히 따라가고 있었다. 목적지에 거의 다다랐을 즈음 트레일엔젤이 적어놓은 표지판을 보았다. 테리와 낸시의 캐빈으로 초대한다는 내용이었다. PCT에서 2.2마일밖에 안 떨어져 있다며 언제든 환영한다고 쓰여 있었다. 조금 걱정이 된 것은 희남이가 한 30분 먼저 가고 있었는데, 이 표지판을 못 봤거나 잘 이해 못했을 수도 있다고 생각했다.

그곳에 도착하고 보니 역시 희남이는 없었다. 배낭을 내려놓고 1마일 정도 더 걸어가 스토어와 캠프그라운드 주변을 찾아봤는데도 없었다. 스토어에서도 본 사람이 없었다. 곧장 리조트까지 간 것 같았다. 어차피 내일 벨든에서 만날 테니 큰 걱정은 하지 않았다. 다시 테리와 낸시의 캐빈으로 돌아와 낸시가 차려준 맛있는 저녁과 음료를 먹으며 즐거운 시간을 보냈다. 낸시는 이곳이 알려지는 것이 싫다고 했다. 그래서 사진이나 비디오 등을 촬영하여 온라인에 올리는 일은 하지 말아달라고 부탁했다. 오랫동안 트레일엔젤을 하고 있지만 너무 알려져 원래의 기능을 못하게 될까봐 걱정하고 있는 듯했다. 낸시가 만들어준 수제 치즈버거는 정말 맛있었다. 험핏과 블레이징스타도 늦게 도착하여 함께 시간을 보냈다. 험핏은 CC라는 하이커와 부부 사이인데, 초반에 함께 PCT를 걷다가 중간에 잘 맞지 않아 사우스레이크타호부터 따로 걷고 있다고 했다. 그렇다고 사이가 틀어진 것은 아니고 서로를 존중하기 위해 장비도 다시 장만하여 따로 걷는 거라고 했다. 참 재미있는 부부이다. 워낙 장거리를 걷다보니 혼자 온 사람들이 둘이 될 때도 있고, 둘이었던 사람들이 혼자가 되기도 한다. 길 위에서는 정말 많은 일들이 벌어지고 있었다.

오늘은 운행 중 비가 내려 다 젖었었는데, 따뜻한 샤워와 빨래, 그리고 맛있는 음식에 편안한 잠자리까지. 너무 감사한 하루였다. 지금까지 몇몇 트레일엔젤 하우스를 찾았었지만, 혼커패스는 숨겨진 보물 같은 하우스였다.

07. 10. PCT +86

Honker Pass~Belden(36.82km/2,066.86km/674m)

가끔은 음주하이킹도 괜찮아

낸시가 맛있는 아침을 차려주었다. 비스킷과 소시지, 자두, 그리고 그래비소스. 희남이가 엄청 좋아하는 것들인데, 함께 먹지 못해 아쉬웠다. 아침을 먹고 험핏과 함께 우회 루트로 하여 PCT로 돌아갔다. 블래이징스타는 어제 차를 탔던 곳으로 가서 다시 시작한다고 했다. 약 400m를 올라간 후 1,500m를 내려가는 코스였다. 아침을 든든히 먹어서 그런지 컨디션이 좋았다.

고개 정상쯤 올라가니 멋진 풍경이 펼쳐졌다. 저 아래 작은 마을이 보였다. 미리 챙겨두었던 마르가리타 1리터 캔을 꺼내 마시면서 내려왔다. 8도짜리 딸기 맛이 가미된 술이었는데, 약간 취기가 돌며 기분이 좋아졌다. 가끔은 음주하이킹도 좋을 것 같다는 생각이 들었다. 벨덴은 PCT가 지나가는 마을 중 하나인데, 산과 산 사이 아주 낮은 곳에 위치하고 있었다. 마을 중앙에는 커다란 강이 흐르고 있었는데, 웬일인지 흙탕물이었다.

벨덴 마을에 도착하여 오랜만에 신밧드 아저씨를 만났다. 어제 도착하여 트레일엔젤 하우스에서 하루 머물고 오늘은 마을에서 라이브뮤직을 들으며 캠핑한다고 했다. 나도 그럴까 했지만 어제 헤어졌던 희남이가 이미 트레일엔젤 하우스에서 기다리고 있을 것 같아 전화기를 빌려 전화해보았다. 역시 그곳에 있었다. 트레일엔젤 브렌다가 태우러 와 주었다. 알고 보니 어제 희남이는 길을 잘못 들어 만나지 못한 것이었다. 오랜만에 입맛을 돋우기 위해 저녁에 하이커박스에서 얻은 일본 라면과 남은 고추장을 이용하여 라볶이를 해 먹었다. 블래이징스타가 한 입 먹어보더니, 맛있다고는 했으나 너무 매워서인지 그 후론 입을 대지 않았다.

내일은 2,000m 이상을 올라가야 하는 일정이 기다리고 있었다. 한번에 2,000m를 오른 적은 없었는데 약간의 두려움이 몰려왔다.

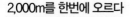

07. 11. PCT +87

Belden~Cold Spring(30.03km/2,096.89km/1,970m)

2,000m를 한번에 오르다

지난밤 왠지 모르게 잠을 설쳐 몸 상태가 좋지 않았다. 온몸이 가려워서 계속 긁다 잠에서 깨곤 했다. 트레일엔젤 하우스인 리틀헤븐

(Little Heaven) 바닥에서 잤는데, 아무래도 위생상태가 좋지 않아서 그런 것 같았다. 방에는 박쥐들도 돌아다니고 있었다. 게다가 어제 빈속에 먹은 라볶이 때문인지 아침에 설사를 했다. 한번에 2,000m 이상을 올라야 한다는 부담감도 한 몫 했을 것이다. 그래도 어차피 가야 하는 길이기에 마음을 다 잡았다. 다시 벨덴 타운에 돌아가 아침을 먹고 출발하려 했는데, 날씨가 너무 덥고 컨디션도 좋지 않아 점심 먹고 출발하기로 했다. 조금 쉬다 점심을 먹고 잠깐 낮잠을 잔후, 오후 2시가 넘어서야 출발을 했다. 콜라 두 캔을 챙긴 채. 한 캔은 오늘 2,000m를 올라간 후 정상에서 마실 거고, 다른 한 캔은 내일 PCT 하프 포인트 세리머니를 위해 준비했다.

약 23km, 그리고 2,000m의 오르막. PCT에서 이 정도의 하드코어는 처음이었다. 아마 하이시에라에서 1,500m를 올렸던 핀촛패스가 한번에 가장 많이 올린 경험이었던 것 같다. 벨든에서 보급품을 받아 짐도 무거워진 상태에 몸과 마음도 편치 않았지만, 할 수 있다 생각하고 한 걸음 한 걸음 발을 내딛었다. 약 6시간을 올라가야 할 것 같았는데, 예상 밖으로 힘도 나고 속도가 나서 5시간 30분 정도가 걸렸다. 역시 마음이 문제다. 뭐든 마음먹기 나름인데 괜히 겁먹어서 바보처럼 마음고생만 했다.

정상에 올라 콜라 한 캔을 원샷하고 오늘의 목적지인 콜드스프링까지 미친 듯이 달렸다. 너무 늦게 출발한 탓에 이미 해는 지고 앞은 깜깜했다. 헤드랜턴을 꺼낼까 했지만 귀찮고 그 시간에 한 걸음이라도 더 가자해서 속도를 냈다. 밤 9시가 넘어서야 콜드스프링에 도착할 수 있었다. 그런데 물이 너무 좋았다. 지금까지 만났던 물 중 가장 좋은 것 같았다. 파이프관으로 약수가 쏟아져 나오고 있는데, 목욕탕의 냉탕 물 쏟아지듯이 뿜어져 나왔다. 지금까지의 스프링은 잘 나와야 졸졸졸이었는데 정말 신기했다.

저녁식사는 블래이징스타가 준 마운틴하우스 데리야키치킨으로 해결했다. 그런데 제조날짜인지 유통기한인지 잘 모르겠지만 '2013년 4월'로 찍혀 있어서 조금 불안했다. 'MFG'라고 쓰여 있고 날짜가 쓰여 있는데, 다른 제품들은 보통 'BEST BY'라고 쓰여 있어서 잘 모르겠다. 건조식품이라 상한 것 같진 않았지만 내 입맛엔 잘 맞지 않고 양도 너무 많아 먹다가 남겼다. 희남이는 좋아할 것 같은데 희남이 텐트가 너무 먼 곳에 있어서 조금 아쉬웠다.

내일 약 30km를 더 가면 드디어 하프 포인트를 지나게 될 텐데, 그 순간이 굉장히 뿌듯할 것 같다는 생각이 들었다. 어떤 세리머니를 하면 좋을까 생각 중이다. 외국 친구들처럼 옷을 다 벗고 사진을 찍어볼까? 아니면 영상편지를 써볼까? 몹시 기대된다. 거기서 10km 정도 더 가면 체스터라는 마을로 갈 수 있는 하이웨이를 만난다. 히치하이킹으로 마을로 가 하루 푹 쉬기로 했다. 그리고 다시 속도를 내봐야지. 하루에 40km 정도씩 운행하면 9월 중순에 끝낼 수 있을 것 같다. 어쩌면 써모미터 아저씨를 만날 수 있을지도 모른다. 다시 만나 이야기를 해보고 싶다. PCT가 그에게 어떤 의미였으며 어땠는지.

07. 12. PCT +88

Cold Spring~Chester(41.64km/2,138.53km/1,540m)

고마워요, 지구를 지켜줘서

하프 포인트가 얼마 안남은 지점이었다. 어제의 피로가 아직 덜 풀리고 물도 떨어져 힘들게 오르막을 오르고 있었다. 그때 반대편에서 가벼운 하이킹 복장으로 내려오고 있는 중년의 커플을 만났다. 그들은 나를 보고 한쪽으로 길을 비켜 선 채 기다려 주었다. 나는 인사를 건네며 고맙다고 했다. 그들은 이제 거의 다 왔다고 힘내라며 응원을 해주었고, 나는 약간 피곤하고 목이 마르지만 아주 좋다고 했다. 그러자 아주머니가 물과 먹을 것을 나눠준다며 배낭을 내렸다. 자기는 곧 차에 도착할 거라 필요 없다며 아몬드와 코코넛, 초콜릿 등이 든 트레일 믹스와 물 한 통, 그리고 다이어트 세븐업을 건네주었다. 완전 행복했다. 정말 힘들고 지친 상황이었는데, 마법 같은 일이 일어난 것이다. 다시 한 번 고맙다고 인사를 하자 그들은 나에게 이렇게 말했다.

"우리가 더 고마워요. 이 길을 걸어줘서. 지구를 지켜줘서."

순간 울컥했다. 도움을 받은 건 나인데, 오히려 나에게 고맙다고 말해준 것이다. 그들과 헤어지고 걸으며 생각했다. 정말 내가 고마운 일을 하고 있는 것일까? 나는 아름다운 자연을, 이 지구를 잘 지키고 있는 것일까?

PCT 88일차, 2015년 7월 12일 오후 1시 20분, 드디어 PCT 하프 포인트를 넘어섰다. 워낙 긴 트레일이다 보니 변수가 많아 정확한 하프 포인트는 아닐 수도 있지만, 그래도 PCT 하프 포인트 마크가 적힌 표지석을 지난 것이다. 한편으론 조금 실망스러웠다. 하프 포인트 기념으로 뭔가 특별한 것을 하고 싶어 이것저것 많이 생각하고 있었는데, 막상 도착하니 작은 표식 하나만 달랑 있어 김이 샌 것이다. 한쪽엔 멕시코, 다른 한쪽엔 캐나다가 쓰여 있고, 같은 숫자 1,325마일이 적혀있는 돌기둥 하나. 그게 다였다. 어쨌든 하프 포인트 기념으로 영상과 사진을 찍고 잠시 휴식을 취한 뒤 체스터로 향했다.

걸어갈수록 점점 기분이 이상했다. 이제 내가 걸어갈 길은 걸어온 길보다 짧을 거라는 생각이 들어서였다. 그 말은 이제 목표 지점에 더 가까워지고 있지만 반대로 이 여행의 끝이 얼마 남지 않았다는 뜻이기도 했다. 분명 그리워질 텐데 시간이 흐른다는 게 조금 아쉬운 건지도 모르겠다. 하이웨이 36번에 도착하니 도로 옆에 트레일엔젤이 준비해 놓은 매직이 기다리고 있었다. 시원한 콜라를 마시며 트레일엔젤이 적어놓은 번호로 연락을 했다. 파이퍼스 맘(Piper's Mom)이라는 트레일엔젤이었는데, 친절하게도 약 14km 떨어진 체스터 마을까지 태워다 주었다. 그리고 간단하게 마을에 대한 정보도 주었다. 머물 수 있는 곳과 음식점 정보 등. 희남이와 나는 하프 포인트를 지난 기념으로 제대로 쉬어보기로 했다. 여기까지 걸어온 우리에게 상을 준다는 의미로. 그래서 가장 비싸 보이는 베스트웨스턴호텔로 갔다. 프런트에 물어보니 하룻밤에 150달러라고 했다. 우리는 조금 고민하다가 이곳에서 이틀을 쉬기로 했다. 300달러. 우리 돈으로 30만 원이 넘는 가격이지만 여기까지 걸어오느라 수고했으니 아까워하지 않기로 했다. 따뜻한 물로 샤워도 하고 시원한 맥주도 마시고 맛있는 마트 치킨도 먹었다. 인터넷도 마음껏 하고 영화도 보고 한국방송도 보면서 푹 쉬었다.

07. 13. PCT +89

Chester(PCT 2,138.53km/1,540m)

아름다운 그녀

오랜만에 갖는 제로데이였다. 아침에 일어나 호텔 조식을 먹고 방으로 다시 돌아와 침대에 누워 빈둥거렸다. 인터넷도 하고 음악도 듣고 친구들과 메신저도 하며 시간을 보냈다. 점심때 즈음 마을로 나가 우체국에 들러 보급물품을 수령한 뒤 마트에 가서 몇 가지 필요한 것들을 구매했다. 그곳에서 그녀를 만났다. 이틀 전 콜드스프링에서 잠깐 만났었는데, 한쪽 신발에 조금 문제가 생겨 쪼리를 신고 붕대와 테이프로 칭칭 감은 채 걷고 있었다. 마치 영화 「와일드」의 주인공처럼. 나는 걱정이 되어 몇 번이나 괜찮냐고 물어봤는데, 그녀는 웃으며 괜찮다고 했었다. 그녀를 마트에서 다시 만나니 너무 반가웠다.

그녀의 이름은 리안드레아. 텍사스에서 태어났으며, 지금은 샌프란시스코에서 학교를 다니고 있다고 했다. 작년에 PCT를 도전했다가 친구의 결혼식 때문에 시에라시티에서 멈춰야 했고, 올해는 시에라시티부터 8월 말 학기 시작 전까지 걸을 예정이라고 했다. 밝은 미소와 검은 머리가 매력적이었다. 어디서 묵을 거냐고 물어보니 캠핑사이트를 찾아 간다고 했다. 그래서 교회 뒤편에서 무료로 캠핑을 할 수 있다고 말해주었다. 혹시 샤워하고 싶으면 우리 방에 와서 해도 좋으니 언제든 오라는 말과 함께. 그리고 헤어졌다.

호텔에 도착하여 잠시 쉬고 있는데, 방문을 두드리는 소리가 들렸다. 그녀였다.

"샤워하러 왔어."

그녀가 손에 든 체리를 건네며 환하게 웃었다. 나는 그녀를 안으로 들였다. 잠시 후 젖은 머리를 털며 그녀가 욕실에서 나오는데, 정말 예뻐 보였다. 우리는 이런저런 이야기를 나누었다. PCT에 온 이유,

내년에 그녀는 아버지와 함께 JMT를 걸을 거라는 이야기, 여행 이
야기, 동양 종교에 대한 이야기 등. 그리고 함께 저녁을 먹으러 나갔
다. 체스터 한쪽에 있는 멕시칸 식당에서 가볍게 한 잔 하며 타코와
파이타를 먹었다. 신밧드 아저씨, 시시 아줌마도 함께였다. 내 앞에
리안드레아가 앉아 있었는데, 그녀는 내 이야기에 열심히 귀를 기울
여주었다. 어느 순간 그녀가 테이블에 두 손을 올리고 턱을 괸 채 나
를 바라보고 있는 것을 깨닫고는 가슴이 쿵쿵 뛰었다. 즐거운 시간은
너무도 빨리 지나갔다. 나는 괜찮으면 우리 방에서 자도 된다고 하고
싶었지만 여자에게 함부로 말하는 게 예의가 아닌 것 같았고, 희남이
가 불편해 할 것 같아 그냥 말았다.

호텔로 오는 길에 윌러비 아저씨가 묵고 있는 숙소에 가서 잃어버
렸던 슬리퍼 한 짝을 찾았다. 어제 트레일에서 떨어뜨렸는데, 베어리
가 주워서 윌러비 아저씨에게 전해주었다고 했다. 착한 사람들!

드디어 캐나다 빅토리아마라톤을 등록했다. 10월 11일, 멋진 빅토
리아 해변을 바라보며 뛰는 대회. 무척 기대된다.

07. 14. PCT +90
Chester~WACS1350(34.70km/2,173.23km/1,825m)

오렌지에 마음을 담아

느지막이 일어나 호텔 아침을 먹고 천천히 떠날 채비를 했다. 혹
시 몰라 파이퍼스 맘에게 PCT로 데려다 줄 수 있는지 연락했더니 당
연히 그러겠다고 해주었다. 10시 반에 우리는 차를 타고 체스터를 떠

났다. 이제 반 정도 남은 여정을 다시 시작해야 한다. 경험도 더 많아졌고 힘들다고 소문난 구간도 거의 지나 지금보다는 조금 쉬울 수도 있다. 하지만 자만하지 않고 지금처럼 한 걸음 한 걸음 열심히 걸어갈 것이다. 중간에 GG아주머니를 만났다. 항상 밝게 인사해주는 GG아주머니, 속도는 느리지만 꾸준하여 자주 마주치게 된다. 체스터에서 머문 이야기를 해주며 CC 아주머니는 오늘 아침 일찍 떠났을 거라 말해주니 빨리 따라 잡아야겠다며 서둘렀다. 그리곤 만약 그녀를 만나거든 자기가 오늘 캠프그라운드까지 갈 예정이니 거기서 기다려 달라고 전해 달랬다. 혼자 걷다 보니 너무 외로워 CC와 함께 하고 싶다며. 나이대도 맞고 속도나 운행 방식도 비슷하여 함께 다니면 좋을 듯했다. 성격은 조금 반대이지만.

조금 더 가다가 리안드레아를 만났다. 다리 밑에 매트리스를 깔고 쉬고 있었다. 반갑게 인사하고는 잠시 이야기를 나누었다. 그리고는 먼저 떠나겠다며 호텔에서 챙겨온 오렌지를 그녀에게 건넸다.

"나한테 주는 거야? 왜 주는데?"

그녀가 미소를 지으며 물었다. 네가 이뻐서, 마음에 들어서 주는 거라고 말하는 대신 나는 바보처럼 이렇게 말했다.

"아침에 먹고 남은 거야."

"고마워! 잘 먹을게."

그녀가 활짝 웃는 모습을 보니 다시 심장이 두근거렸다. 그런데 아쉽게도 희남이 말처럼 오늘이 그녀를 보는 마지막 날이 될 것 같다. 아무래도 우리 속도가 더욱 빠를 테니까. 그녀는 자기 집에 카우치가 두 개나 있으니 샌프란시스코에 오게 되면 재워주겠다고 약속했다. 나는 아무렇지 않은 듯 나중에 보자며 길을 떠났다.

07. 15. PCT +91
WACS1350~Hat Creek View(44.17km/2,216.95km/1,500m)

제프 아저씨, 미안해요

벌써 세 달이 지났다. 하프 포인트도 지났다. 처음에는 20km도 힘들게 걸었는데, 이제 40km는 기본이다. 오늘도 44km 이상을 걸었다. 속도도 시속 5km 정도가 나오고 처음엔 한 시간 걷는 것도 힘들어 자주 쉬었는데, 이제는 거의 쉬지 않고 한번에 간다. 어깨랑 골반뼈가 조금 아플 뿐, 발에 물집도 거의 잡히지 않는다. 그렇게 하루하루 시간이 지나가고 있다. 일주일에 하루 정도 쉬는 날을 갖고 있으니 평균 한 달에 4일 정도를 쉬고 운행을 하는 셈이다. 몸이 차츰 길에 익숙해지고 있다.

오늘은 아침 일찍 일어나 출발하여 올드스테이션에 오후 1시 30분에 도착을 했다. 간단히 냉동피자와 음료를 마신 후 잠시 쉬다가 조금 더 운행을 했다. 햇크릭뷰라는 곳에 올라가 오랜만에 카우보이캠핑을 하려 했는데 모기가 있어서 안 될 것 같았다. 어떻게 할지 고민을 하며 잠시 쉬고 있는데, 캠핑트레일러를 몰고 온 아저씨가 말을 걸어왔다.

"여행 중이니?"

"네, PCT를 걷고 있어요. 아저씨도 여행 중이신가 봐요."

"나도 아주 오랜만에 나를 위한 여행을 하는 중이란다."

아저씨는 고등학교를 졸업한 지 30주년을 기념하여 캠핑카를 몰고 홀로 여행 중이라고 했다.

"PCT는 어때?"

"너무 좋고 멋지지만, 조금 힘들고 배고프고 더러워요."

"내게 과일이 좀 있는데 먹을래?"

아저씨는 1970년대에 만들어진 캠핑카 트레일러로 가 오렌지와 자두, 그리고 생수와 맥주를 나누어 주었다.

"마음껏 먹으렴. 난 나중에 또 사면 되니까."

그는 떠나며 자신의 이름은 제프라고 말해줬다. 솔직히 처음 아저씨를 보았을 때 약간 우락부락한 인상이어서 무서울 거라고 생각했는데 겉보기와는 다르게 따뜻한 사람이었다. 제프 아저씨, 미안해요. 그리고 고마워요!

07. 16. PCT +92
Hat Creek View~Burney(50.29km/2,267.24km/949m)

No goal의 나에게도 박수를

오늘만큼 욕을 많이 하며 걸은 날도 없는 것 같다. 물이 없는 사막 구간 50km를 하루 만에 주파해 보겠다는 일념으로 미친 듯이 걸었지만 뜨거운 태양과 타는 듯한 목마름은 나를 벼랑 끝으로 내몰았다. 스틱을 사막 한가운데로 던져버리고 마구 소리를 지르고 싶었지만, 그럴 용기는 나지 않았다. 약 10시간 만에 길에 도착하여 운 좋게 바로 히치하이킹을 성공해 마을로 들어왔다. 정말 힘들었던 이 순간의 느낌을 간직하고 싶어 차에서 있는 그대로 사진을 찍었다. 보통 과정은 결과에 묻혀버리기 일쑤지만 나는 이 과정 역시 기억하고 싶었다.

희남이는 이 마을로 오지 않은 듯했다. 원래 만나기로 했던 맥도날드에서 계속 기다렸지만 오지 않았다. 혹시나 해서 주변 사람들에게 물어봤는데 그들도 희남이를 보지 못했다고 했다. 어쩔 수 없이 나 혼자 이 마을에서 쉬기로 했다. 너무 기진맥진한 상태라 이것저것 잴 틈이 없었다. 맥도날드에서 가까운 모텔로 들어가 가장 싼 방을 물어봤다. 그리고 방에 들어가 쓰러졌다.

"축구선수로 따졌을 때, 제가 왼쪽 골대 구석으로 공을 넣으려고 패널티 킥을 찼는데, 아슬아슬하게 왼쪽 골대를 벗어나서 노골이 되었어요. 그러면 제 의도와 기술이 살짝 한 뼘 빗나갔지만 그게 적중한 거잖아요. 노골이지만 그럴 때 저는 저에게 박수를 보내요. 한번 더 차면 내가 제대로 찰 수 있을 것 같은데 하면서요. 하지만 제가 왼쪽 골대 구석으로 차려고 했는데 오른쪽 골대로 골인이 되었다. 그러면 많은 분들은 박수를 치겠지만, 저는 마음에 안 드는 거죠."

영화배우 이범수가 인터뷰에서 했던 말이었다. 다작하는 배우라는 편견을 가진 이범수에게 관객이나 평단의 평가에 대해 영화마다 엇갈리는데, 이에 대해 어떻게 생각하느냐는 질문에 대한 답이었던 것으로 기억한다. 인터뷰를 들으며 내 입장에서 생각해보았다. 나 역시 노골이라도 내가 원했던 방향이었다면 조금 더 뿌듯할 것 같다. 그것은 조금 더 노력하면 내 의도와 노력이 통할 수 있다는 것을 보여주니까. 물론 결과도 중요하지만 아직까지는 과정에 더 중점을 두고 싶다. 많은 사람들이 PCT 완주에 초점을 맞추고 관심을 가지며 이 길의 끝에 섰을 때 나에게 박수를 더 쳐줄 수 있겠지만, 나는 이 길 끝에 서지 못하더라도 내가 원하는 방향으로 가고 있다고 생각한다면 그것만으로도 만족할 수 있을 것 같다.

물마시고 체하다

아침에 맥도날드에 들러 간단히 맥모닝을 먹은 뒤 히치하이킹을 하여 다시 트레일로 돌아왔다. 희남의 흔적이 보이지 않아 조금 걱정을 했는데, 곧 트레일매직 방명록에서 희남이의 글을 발견하고는 걱정을 덜었다. 버니폴스(Burney Falls)에서 희남이를 다시 만났다. 오다가 지쳐 마을 오기 한 6km 전 사이트에서 잤다고 했다. 아마 캠핑 사이트를 찾고 있을 때 내가 지나친 것 같았다. 버니폴스에서 보급품을 받았는데, 생각보다 너무 많았다. 그래서 반 정도를 덜어 하이커 박스를 만들어서 다른 하이커들에게 나눠주었다. 폭포는 너무 멋지고 아름다웠지만 오래 즐기진 못하고 다시 길을 떠났다. 잠깐 폭포 물에 발을 담갔는데, 물이 얼음장 같이 차가웠다. 몇몇 하이커들은 이곳에서 하루를 묵는다고 했다. 우리도 묵을까 생각했는데 한국에서 창빈이가 곧 여름휴가에 맞춰 오기로 했기 때문에 스케줄을 맞추려면 조금 무리를 해야 할 듯싶었다. 하지만 보급품 때문에 짐이 무거워지고 어제 50km 운행의 피로도 덜 풀린 까닭에 그리 많이 걷진 못했다.

록크릭 다리를 만나 쉬기로 하고 내려가 물을 허겁지겁 마셨다. 그런데 느낌이 이상했다. 너무 갑자기 물을 많이 마신 탓에 체한 듯한 증상이 느껴졌다. 어제도 오랫동안 태양에 노출되다 물을 만나 너무 급하게 마셔 어지러움증이 있었는데 오늘도 그랬다. 급기야 물을 토해낼 수밖에 없었다. 순간 힘이 다 빠지고 어지러움이 더 심해졌다.

아무것도 못 먹고 그냥 쉴 수밖에 없었다.

아끼고 아끼던 비빔면을 먹다

이제 40km를 걷는 건 큰 문제가 되지 않는다. 1,700m 정도를 올렸지만, 그리 급한 경사가 아니어서 천천히 즐기며 걸었다. 중간에 만난 클랙스프링스(Clack Springs)에서 잠시 쉬며 비빔면을 끓여 먹었다. 예전에 우편으로 받아 간직하고 있던 거였는데 아끼고 아끼다가 오늘 드디어 먹게 되었다. 냉면이나 막국수, 비빔면 등을 먹고 싶었는데 오늘 그 소원을 풀게 된 것이다. PCT에서 먹는 비빔면의 맛은 말로 표현할 수 없었다. 진성이가 보내줄 둥지냉면도 너무 기대가 된다. 진성이는 뉴욕 쪽에서 공부를 하고 있는 후배인데, 응원차 몇 가지 식품을 챙겨 보냈다고 했다. 그중에 둥지냉면도 있다고 했다.

저 멀리 샤스타산이 보이는데 정말 아름다웠다. 사흘 전부터 멀리 보이는 설산이었다. 오늘의 캠프사이트는 텐트 문을 열면 설산이 보이는 곳에 잡았다. 혹시 PCT가 산 옆을 지나간다면 한번 올라가 보고픈 산이다.

오늘은 하이커들이 희남이에 대해 이야기하는 것을 들었다. 인사를 해도 대꾸가 없고 말없이 계속 걷기만 한다는 것이었다. 과묵한 것이 희남이의 스타일이라고 말하며 웃어넘겼지만, 동료를 그렇게 말하니 기분이 좋지는 않았다. 나중에 기회가 되면 희남이에게 이야기해줘야겠다. 완주에 목표를 두고 열심히 하는 건 좋지만, 주변을 살피며 즐거운 마음으로 사람들과 인사해보면 어떻겠냐고.

07. 19. PCT +95
CS1448~Trough Creek(51.26km/2,380.83km/966m)

51.26km, 신기록을 세우다

50km는 미친 짓이라고 했던 게 엊그제 같은데 오늘 신기록을 세웠다. 51.26km. 그때처럼 사막은 아니고 산 두 개 정도를 넘는 코스였다. 1,966m를 오르고 2,862m를 내렸다. 지난번 경험이 있어서 그때처럼 무리해서 한번에 오지 않고 중간 중간 쉬어가며 왔다. 13km 지점에서 볼일도 보고 과자 좀 먹고, 33km 지점에서 밥해먹고 조금 쉬다가 도착했다. 하지만 역시 쉬운 운행거리는 절대 아니었다. 몸이 따라주지 못하는 것 같았다. 발목에도 힘이 빠지고 발바닥도 아우성을 쳤다. 그래도 내일 마을에 일찍 도착하여 푹 쉬고 싶은 마음에 무리를 했다. 일단 내일도 최대한 새벽에 일찍 출발하여 점심을 마을에서 먹는 것으로 노력해봐야겠다. 희남이는 조금 힘들다고 10km 전에서 쉬겠다고 했다. 내일 마을에서 만나기로 했으니까 큰 걱정은 없을 것 같았다.

캠프사이트에 도착하니 처음 보는 하이커들이 몇몇 있었다. 아무래도 우리보다 조금 일찍 가던 친구들인데 이제 만나게 된 것 같았다. 텐트에 새로운 사인이 많이 생겨서 기분이 좋다. 오랜만에 새 친구들을 만난 기념으로 아껴두었던 소주 한 병을 개봉했다. 다들 너무 좋아했다. 작은 병이라 한 잔씩밖에 못 마셨지만 트레일에서 마시는 술은 특별할 것이다. 양말이 큰 문제다. 다 찢어지고 상해서 구멍 사이사이로 돌 같은 것들이 들어와 발을 계속 괴롭히고 있었다. 내일까지만 버티고 좋은 것으로 한 켤레 사야 할 것 같다.

07. 20. PCT +96
Trough Creek~Mt. Shasta(31.09km/2,411.92km/657m)

던스뮤어를 건너뛰고 곧장 샤스타산 마을로

조금이라도 빨리 마을로 가고 싶어 아침 일찍 서둘렀다. 그런데 나보다 먼저 길을 나선 사람들도 있었다. 중간에 트리맨과 헤지혹 커플을 만났는데, 마운트샤스타 마을로 간다고 했다. 내가 가려는 던스뮤어보다 더 큰 마을이라며 만약 가능하다면 샤스타산으로 가라고 했다. 하지만 진성이가 보내준 음식들이 던스뮤어 우체국에서 기다리고 있어 일단 들러야 했다. 그래서 일찍 도착하여 던스뮤어 우체국을 들러 픽업한 뒤 샤스타산으로 가려 생각했다. 오후 1시 30분에 하이웨이 5번에 도착하여 히치하이킹을 시도했다. 하지만 차들이 너무 빠르게 달려 쉽지 않았다. 때마침 진성이와 연락이 닿았는데, 아직 물건이 던스뮤어에 도착하지 않았다고 했다. 그래서 방향을 바꿔 바로 샤스타산으로 향하기로 하고 히치하이킹에 성공했다.

마을에 도착하여 버거킹에서 간단히 점심을 해결하고 숙소를 찾았다. 외곽에 있는 허름한 모텔을 찾았는데, 숙박비가 거의 100달러였다. 일단 쉬어야 하니 결제를 하고 방에 들어와 씻으려 하는데 모르는 번호로 전화가 왔다. 희남이였다. 히치하이킹에 성공해서 던스뮤어에 도착했는데, 태워준 사람의 집에 초대받았다는 것이었다. 나는 숙소를 취소할 수 있는지 알아봤지만 안 된다고 했다. 그래서 내일 만나기로 하고 각자 쉬기로 했다. 오버이지와 플라코 아저씨를 만나 저녁을 함께 먹었다. 마모스레이크 이후로 처음 만나는 거라 할 얘기가 많았다. 밀린 이야기들을 나누며 저녁을 먹고 있을 때 희남이가 지금 이곳으로 오겠다고 다시 연락을 했다. 나는 의아했지만 알았다고 했다. 플라코는 그 재워주겠다는 사람이 이상해서 오는 걸 거라고 농담을 했다. 이상한 눈빛으로 같이 자자고 했을 거라면서. 잠시 뒤 희남이가 도착을 했다. 알고 보니 그 정도까진 아니었지만, 그 사람이 술을 너무 많이 마시고 집도 편안한 공간이 아니어서 왔다고 했다. 내일은 마을에서 푹 쉬기로 하고 하루를 마무리했다.

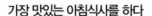

07. 21. PCT +97
Mt. Shasta(PCT 2,411.92km/657m)

가장 맛있는 아침식사를 하다

아침에 일어나 샤스타산 페이스트리(Mt. Shasta Pastry)라는 작은 카페로 아침을 먹으러 갔다. 여러 번 언급했지만 난 미국식 아침식사를 좋아하지 않는다. 안 먹는 건 아니지만 굳이 돈을 내면서까지 먹는 게 아깝다는 생각이 든다. 팬케이크나 토스트 몇 개에 계란프라이, 감자볶음, 그리고 커피 이렇게 해서 보통 12달러 정도 하는데 웬만한 식사 한 끼 값이다. 하지만 오늘은 조금 달랐다. 직접 빵을 굽는 베이커리 같았다. 페이스트리가 메인인 것 같았고, 여러 가지 빵과 음료를 팔고 있었다. 나는 햄치즈 크루아상과 코코넛 마카롱, 그리고 캐러멜 아이스라떼 한 잔을 시켰다. 지금까지 PCT에서 먹은 것 중 가장 만족스러운 아침식사였다. 생각해보니 VVR에서 먹었던 해쉬브라운 브리또도 맛있었다. 아무튼 미국은 빵이 맛없는데, 이곳은 유럽식으로 굽는 것 같았다.

기분 좋게 아침을 먹은 후 숙소로 가는 길에 베어리(Bear Lee)와 큐반비(Cuban B)를 만났다. 둘 다 히스패닉계 미국인인데, 비슷하게 생겼다. 작은 키에 얼굴형이나 수염, 그리고 목소리까지 비슷하다. 그들은 오늘 이 마을의 베스트웨스턴(Best Western)에서 묵을 거라고 했다. 하룻밤에 170달러 정도 하는데, 아침도 나오고 수영장도 있고 스파도 있다고 한다. 우리도 그곳에서 하루 묵을까 고민을 했지만 조금 비싸다고 생각이 되어 지금의 110달러 숙소에서 하루 더 묵기로 했다. 베어리, 큐반비와 함께 점심식사를 했다. 베스트웨스턴호텔 안에 있는 레스토랑에서 먹었는데, 런치메뉴 햄버거+비어 세트가 11달러밖에 안했다. 그곳에는 프렌치어니언스프도 있었는데, 내가 너무 좋아하는 것이라서 에피타이저로 시켜먹었다. 오래 전 TGIF에서 일할 때 많이 먹었던 프렌치어니언스프를 먹으며 잠시 추억에 잠겼다.

식사 후 희남이와 나는 간단하게 장을 본 후 숙소에 가서 휴식을 취했다. 저녁에 폭풍이 몰려와 하늘을 붉게 만들었다. 샤스타산 위로 천둥번개가 쳤다. 멋진 풍경이 펼쳐졌다. 언젠가 꼭 올라가 보고 싶다.

엎어진 김에 하루 더 쉬자

트레일로 복귀하기로 한 날이었다. 난 아침 생각이 없어 어제 사둔 인스턴트 쌀국수로 아침을 해결했고, 희남이는 앞의 카페에 가서 샌드위치를 먹고 왔다. 그리고 10시 30분에 나가기로 했었다. 희남이가 짐을 정리하고 잠깐 잠이 들었는데, 시간이 지나도 일어날 생각을 안 했다. 나도 좀 더 쉬고 싶어 일부러 깨우지 않았다. 11시 체크아웃 시간이 다가와서야 어쩔 수 없이 깨웠다. 우리는 짐을 챙겨 체크아웃을 하고 버거킹에 들러 간단히 점심을 때웠다. 그런데 컨디션이 별로였다. 어제 푹 쉰다고 쉬었는데, 조금 덜 풀렸는지 몸이 무거웠다. 물론 배낭도 엄청 무거웠다. 희남이도 컨디션이 별로 안 좋다고 했다. 나는 결단을 내렸다. 이렇게 찌뿌둥한 채로 가면 이도저도 안 될 것 같아 오늘 하루 더 쉬고 내일 출발하자고 했다. 오늘 쉬는 만큼 다른 날 조금씩 더 운행하면 스케줄엔 큰 지장이 없을 것 같았다.

희남이도 동의를 하고 이왕 쉬는 김에 베스트웨스턴호텔에서 스파도 하며 푹 쉬기로 했다. 하지만 방이 없다고 했다. 워낙 유명한 동네인데다가 여름휴가 시즌이라 방이 다 찬 듯했다. 우리는 한풀 꺾여 어떻게 할까 고민했다. 그때 버스정류장에 있던 한 아주머니가 저쪽에 가면 괜찮은 숙소가 있다고 알려주어 그곳에 가보았다. 콜드크릭인(Cold Creek Inn)이라는 곳이었는데 이틀 동안 묵었던 알파인랏지보다 좀 더 나은 곳 같았다. 지칠 대로 지친 우린 그곳에 머물기로 했다. 그리고 하루를 정말 잘 쉬었다. 저녁에 잠깐 태국 음식점에 들러 쌀국수를 먹은 거 외에는 침대를 벗어나지 않았다. PCT에 와서 가장 오래 잔 것 같았다. 저녁 8시 정도에 깜빡 잠들었는데, 그대로 계속 자 새벽에 잠깐 화장실 간 거 빼고는 다음날 아침 8시까지 잤다.

07. 23. PCT +99
Mt. Shasta~WA1519(33.22km/2,445.15km/1,980m)

다시 익숙해지는 몸

마을 중심에 있는 카페에 가서 토마토 바질 파니니를 아침으로 먹었다. 이것도 맛있었다. 역시 미국식 아침식사보다 유럽식 아침식사가 나에게는 더 잘 맞는 것 같다. 아침을 먹은 후 숙소에 돌아가 대충 정리를 하고 길 떠날 채비를 했다. 10시 30분에 숙소에서 나와 히치하이킹을 시도했다. 걱정했는데 바로 성공하여 PCT로 돌아올 수 있었다. 오늘은 다시 1,700m를 올려야 했다. 조금 염려스러웠지만 어차피 해야 하는 일이고 다들 하는 일이기에 한 발 한 발 내딛으며 나아갔다. 풍경은 정말 아름다웠다. 뒤로는 샤스타산이 보이고, 앞쪽으로는 설악산의 공룡능선 같은 바위가 펼쳐져 있었다. 한참을 올라 능선을 타자 더욱 멋진 풍경이 눈앞에 펼쳐졌다. 마을을 떠나온 날은 PCT에 다시 적응을 하느라 좋은 속도가 안 나오지만 걷다보면 익숙해져 오히려 편해진다. 매번 느끼는 거지만 몸이 환경에 적응하는 능력은 놀랍고 신기하다.

다음 주 일요일이면 창빈이를 만나게 된다. 여름휴가에 맞춰 나를 만나러 오기로 했다. 2일에 피쉬레이크리조트라는 곳에서 만나기로 했다. 정말 기대가 된다. 닷새 정도 함께 있을 계획인데, 행복한 시간이 될 것 같다. 그날을 기다리며 열심히 걷기로 했다.

07. 24. PCT +100
WA1519~CS1549(48.33km/2,493.48km/1,881m)

100일을 걸어오다

PCT를 걸은 지 어느덧 100일이 되었다. 100일 동안 약 2,500km의 길을 걸었다. 처음엔 20km를 걷기도 버거워했던 내가 어느새 40km를 가뿐하게 생각하고 오르막길만 바라봐도 한숨을 쉬기 일쑤였는데, 이제는 아무렇지도 않게 발을 내딛고 있다. 나도 모르게 몸이 길에 익숙해지고 있었다. 나에게 100이라는 숫자는 그다지 큰 의미가 없지만 큰 사고 없이 여기까지 올 수 있어서 다행이고 감사하다. 100일째 걷는 길은 조금은 심심한 길이었다. 48km 넘게 걸었는데, 평탄한 길이어서인지 더 갈 수 있을 것 같았다.

오늘은 큐반비와 함께 점심과 저녁을 먹으며 많은 이야기를 나눴다. 그는 펜실베이니아의 허쉬라는 곳에서 왔는데, 우리가 잘 아는 허쉬초콜릿의 그 허쉬라며 동네가 온통 초콜릿 가게라고 웃으며 말했다. 치토스를 엄청 좋아하고 매일 아기용 요거트를 하나씩 먹는다고 했다. PCT를 끝내면 다시 돌아가 남은 메디컬 스쿨 클래스를 끝내고 다시 일을 찾을 거라고 했다. 내가 저녁은 대부분 라면을 끓여먹는데, 한국 라면이 훨씬 맛있다고 라면 스프를 먹어보라며 나눠줬다. 그는 매운 음식을 좋아해서 한국 라면 스프가 너무 맛있다고 어

디서 살 수 있냐고 물었다. 나는 큰 슈퍼마켓의 아시안 푸드 섹션에 가면 찾을 수 있을 거라고 말해주었다.

저녁을 먹을 때 정말 멋진 석양이 눈앞에 펼쳐졌다. 몸은 피곤하지만 석양을 보며 하루를 마무리하면 기분이 좋았다. 뭔지 모를 평온함이 느껴지곤 했다.

07. 25. PCT +101

CS1549~Carter Meadow Summit(45.35km/2,538.82km/1,883m)

Enjoy Now

PCT를 걸은 지 백 하루째가 되는 오늘, 트리니티알프스(Trinity Alps)라는 곳을 지나다가 PCT 사인 밑에 쓰인 문구를 보았다. 'Enjoy

Now.' 아무 꾸밈없이 그렇게만 적혀 있었다. 나는 한동안 멍하니 바라보았다. 나는 과연 지금 이 순간을 즐기고 있는 걸까? 요 며칠 사이 뭔가에 쫓기듯 하루 운행거리를 마치는 것만을 목표로 달렸던 것같다. '이제 10km 왔어, 이제 반이다. 한 시간만 더 가면 쉴 수 있어.' 하면서. 어쩌면 고통 뒤에 찾아오는 성취감, 혹은 희열감에 스스로가 고취되어 있었는지도 모른다. 목이 말라도 물을 아끼고 아끼다가 어느 포인트를 지나면 마시고, 마을을 향해 무리해서 걷다가 도착해서야 갈증을 달래는 등 가학적인 성향을 보이기도 했다.

그렇게 고대했던 PCT에 내가 지금 서 있고, 이 멋진 풍경들을 바라보며 하루하루 걷고 있다. 수없이 많은 하이커들을 만나고 트레일엔젤들을 만났다. 하루하루 새로운 나날의 연속이다. 물론 힘든 점은 헤아릴 수 없이 많지만 견딜 수 있을 정도의 고통이다. 나는 정말 즐기고 있는 것일까? 지금 이 순간을 얼마나 즐기고 있을까? 그저 빨리 이 고통이 끝나기만을 바라고 있는 것은 아닐까? 그렇다면 언젠가 나는 헛되이 보낸 이 순간을 아쉬워할 것이다. 지금 이 순간은 다시 돌아오지 않는다. Enjoy Now, 지금 이 순간을 즐기자.

요즘은 거의 매일 45km 이상씩 걷고 있다. 보통 아침 6시에 일어나 간단히 밥을 먹고 7시에 출발하여 5시간 운행 후 점심을 먹고 한 시간에서 한 시간 반 정도를 쉰다. 그리고 다시 출발하여 5시간 정도를 더 운행하면 45km를 큰 무리 없이 소화해낸다. 발목이나 어깨에 무리가 많이 가는 날은 다음날 시작할 때 부담이 되기도 하지만, 그것도 어느 정도 하다보면 더 익숙해질 것이다. 이제 영양을 생각하며 식사를 해야 할 것 같다. 요즘은 식욕이 조금 생겨 아침엔 시리얼과 빵을 먹고 점심에는 빵과 초코바, 저녁엔 밥에 국을 먹고 있다. 빨리 마을을 만나서 맛있는 음식과 군것질을 하고 싶다.

내일은 조금 일찍 출발해 점심 즈음 이트나라는 마을에 잠깐 다녀올 생각이다. 그냥 지나치려 했는데, 히치에 잘 성공한다면 마을에 들러 음식을 보충하고 점심을 먹고 나올 수 있을 것 같다. 30km 정도 운행 후 마을에 들렀다가 다시 15km 정도 운행하여 총 운행은 45km로 맞춰 스케줄엔 큰 지장이 없을 것 같다.

07. 26. PCT +102
Carter Meadow Summit~Etna(31.70km/2,570.52km/1,823m)

이트나 브루어리에서 친구들을 만나다

결국 이트나에서 하루를 머물기로 했다. 아침까지만 해도 잠깐 들러 점심만 먹고 다시 복귀하려 했는데, 걸으며 생각이 바뀌었다. 코스도 오르막이 상당히 많아 힘들어서인지 쉬고 싶다는 생각이 들었다. 오늘 하루 푹 쉬고 힘내서 걸어가는 게 더 나을 것 같았다. 이트나까지 가는 길은 생각보다 히치하이킹이 어려운 곳이었다. 희남이는 마을에 들르지 않는다고 하여 나 먼저 속도를 내어 도로까지 내려왔다. 마을로 들어가는 길이 하이웨이가 아니라 그냥 작은 도로여서 교통량 자체가 거의 없었다. 나보다 먼저 도착한 마그넷은 거의 한 시간을 기다렸다고 한다. 나는 운 좋게도 한 10분 정도 기다려서 오게 되었다.

어제 트레일에서 처음 만난 마그넷은 버지니아에서 왔다. 알고 보니 마운틴 기어를 만드는 친구였다. 일본인 혼혈이었는데, 그래서 브랜드 이름도 야마마운틴기어(YAMA Mountain Gear)였다. 기계공학을 전공한 후 아웃도어가 좋아 직접 테스트를 하며 제품을 만들어 팔고 있다고 했다. 현재는 텐트와 타프 정도만 있지만 나중에는 더 넓혀가고 싶다고 했다. 큐벤 원단을 활용하여 가벼운 제품을 만들고 있는 것 같은데 이 큐벤이란 원단이 궁금해졌다. 우리나라에서는 거의 못 본 원단이었다. 제로그램에서도 큐벤을 활용한 텐트를 개발 중인 것 같은데 생각보다 다루기가 힘든 듯했다. 나중에 나도 멋진 브랜드를 하나 만들고 싶다. 지금부터 이름을 생각해 봐야겠다. 지금 당장은 우리나라 건축물의 단청무늬와 유럽 건축물의 스테인드글라스에서 아이디어를 얻어 해보고 싶다. 생각을 조금 더 발전시켜 봐야겠다.

마그넷과 함께 이트나 하이커 헛에 텐트를 친 후 마을 맥주 집을 찾아갔다. 헛에 머물고 있는 다른 하이커들이 햄버거와 맥주가 정말 맛있다며 추천해주었기 때문이다. 그곳에서 오랜만에 스내키와 쉐퍼드를 만났다. 스내키는 시에라시티에서 처음 만난 하이커인데, 긍정적이고 밝은 친구였다. 쉐퍼드는 호주에서 왔으며 경찰관을 하다가 그만두고 세계여행을 하고 있는 친구이다. 하이크바이크사파리라고 하여 자전거와 하이킹을 이용하여 여행을 즐기고 있었다. 알고 보니 PCT를 걷기 전에 알래스카부터 자전거를 타고 샌프란시스코까지 내려왔으며, PCT를 끝낸 후 다시 자전거를 타고 남미까지 내려갈 것이라고 했다. 나도 5년 전 알래스카부터 유콘까지 자전거 여행을 했고 PCT 후에 자전거 여행을 할 예정이어서 훗날 남미 어딘가에서 만나기로 했다. 친구들과 이야기를 나누고 있을 때 희남이가 맥주 집에 도착했다. 때마침 히치하이킹을 성공하게 되어 들렀다고 했다. 우리는 맛있는 맥주와 햄버거를 먹으며 즐거운 하루를 보냈다.

양 화백

양 화백, 그림을 그리는 나를 스스로 부르는 말이다. 물론 화백이라 부르기엔 부족하지만, 어렸을 때부터 그림 그리는 것을 좋아했다. 잘 그리진 못했지만 열심히 끄적였었다. 누나의 영향이 컸던 것 같다. 누나는 예술적 감성이 뛰어난 사람이었다. 어렸을 때부터 피아노를 잘 쳐서 콩쿠르에 나가 상도 타오고, 그림도 잘 그려 사생대회에 나가 상도 타고 했다. 그런 누나를 보며 나도 자연스레 따라했던 것 같다. 하지만 나는 누나보다 재능이 조금 떨어졌다. 아니면 게을러서 그랬을지도 모른다. 누나를 따라 피아노학원에 다녔지만 큰 흥미를 느끼지 못했고 미술학원도 열심히 다니지 않았다. 그래도 마음속엔 늘 그림을 잘 그리고 싶다는 생각이 가득했다. 피아노도 마찬가지였다.

초등학교 때부터 만화책을 엄청 좋아했다. 안본 만화책이 거의 없을 정도였다. 나에게 만화책과 영화는 인생의 낙이었다. 오죽하면 비디오 대여점과 만화책 대여점 아르바이트까지 했을까? 아무튼 만화책을 보며 한때 만화가의 꿈도 꾸었다. 공책에 4컷 만화를 그리기도 하고, 캐릭터를 그리기도 했다. 하지만 역시 실력은 꽝이었다. 대학에 들어가고, 군대를 제대하고는 사진에 빠지게 되었다. 사진에 흥미를 가졌던 이유는, 내가 그리고 싶은 것이 있는데, 그것을 그릴 실력이 안 되니 사진으로라도 이미지를 남기고 싶은 마음에서였다. 여행을 다니며 보고 느낀 이미지를 그림으로 표현하고 싶었지만 어려워 그것의 대체로 사진을 찍었던 것 같다. 지금 사진을 찍는 이유는 조금 달라졌다.

그 이후로 가끔 옛 생각에 스케치북을 사서 끄적이기 시작했고, 드로잉에 관련된 책도 몇 권 사서 보았다. 하지만 역시 천성이 귀찮음의 연속이라 잘 안되었던 것 같다. 가끔 윈도우즈 그림판으로 그림을 그리기도 했는데, 생각보다 잘 그려져 자칭 '그림판 디자이너'라고 칭하기도 했다. 요즘에는 스마트폰이나 태블릿에 스케치 어플이 잘 발달하여 언제나 쉽게 그림을 그릴 수 있다. 그런 어플을 다운받아 다시 끄적이기 시작했고, 한 장 두 장 그림이 쌓여갔다. 전문적으로 배우지 않아 선에 대해서도 잘 모르고 색채, 명암, 구도 등도 무지하지만 내 생각대로 내가 표현하고 싶은 것들을 그려나갔다. 주변 친구들이 하나 둘씩 좋아해주기 시작했고, 난 용기를 얻었다. 그림을 그릴 때면 즐거웠다. 누군가에게 보여주려, 평가를 받고 싶어 그리는 그림이 아니라 하나의 놀이 같은 것이었다. 내 머릿속에 있는 어떤 이미지를 표현하고 싶은데, 그게 여간 어려운 것이 아니었다. 말로 표현할 때가 많지만 실체화된 이미지로 보여주는 것이 더욱 효과적일 때가 있다. 그중 하나가 바로 그림이었던 것이다.

PCT에 와서도 내가 보고 느낀 많은 것들을 글과 사진으로도 남기고 있지만, 거기에 하나 더하여 나의 감성을 그림으로 남기고 싶었다. 그래서 한 장 두 장 시간이 날 때마다 가져온 태블릿 PC를 활용하여 그림을 그려왔다. 그것들을 페이스북에 올렸는데 운 좋게도 아웃도어 브랜드인 제로그램에서 마음에 들어 하여 티셔츠로 제작이 되었다. 그것도 내가 꿈꿔왔던 유기농 면티셔츠로. 아직 실물을 보지 못해 어떻다 말은 못하겠지만 취미에서 한 발짝 나아간 것 같아 기분이 좋다. 신밧드 아저씨 말처럼 계속 그려나가야겠다.

간밤엔 속이 좋지 않아 고생을 했다. 새벽 3시 넘어서 속이 거북해서 깼는데, 소화가 안 되고 체한 느낌이었다. 바닥이 약간 기울어서 그런가 싶어 자세를 반대로 바꾸었지만 나아지지 않았다. 그러다 갑자기 신호가 와 화장실로 달려 나갔다. 하지만 화장실이 너무 멀리 있어 어쩔 수 없이 숲 한쪽에 볼일을 보았다. 그리고 나머지는 화장실에 가 처리했다. 아무래도 어제 한 봉지를 한번에 다 먹은 할라피뇨 맛 치토스 때문인 것 같았다. 며칠 전 큐반비가 너무 맛있게 먹고 있어서 계속 먹고 싶단 생각에 마을에 도착하자마자 한 봉지를 샀는데, 그게 화근이었던 것 같다. 아니면 어제 마신 맥주 네 잔 때문일 수도. 지난번에도 고생했는데, 이번에도 같은 일이 반복되었다. 다행히 아침에는 괜찮아져 길을 나설 수 있었다.

하루 머물렀던 하이커 헛에서는 지난번 폭풍을 피해 머물렀던 노스폭 레인저 스테이션(North Fork Ranger Station)에서 만난 에릭이 봉사활동을 하고 있었다. 시즌에 맞춰 이동하며 일을 하는 듯했다. 아침 8시에 우리를 10마일 정도 떨어진 PCT로 다시 데려다 주었다. 공짜는 아니고 20달러를 네 명이 분담하여 냈다. 기름값 정도였다.

PCT에 복귀하여 플라코 아저씨와 오랜만에 함께 걸었는데 역시 재밌는 분이다. 그와 이야기를 하다 보면 나도 모르게 유쾌해진다. 서로 사진도 찍어주고 점심도 같이 먹고 간식도 함께 나눴다. 처음에 아저씨 배낭이 생각보다 빵빵해서 의아했는데, 점심을 먹을 때 그 이유를 알게 되었다. 식빵, 데니쉬빵, 치즈, 칩, 버터, 초콜릿, 애플파이, 블랙베리파이, 음료 등 먹을 것이 엄청 많았다. 아저씨의 트레일 네임인 플라코는 스페니시로 스키니(Skinny)라고 하는데 이름처럼 엄청 말랐다. 그런데 먹는 걸 정말 좋아한다. 먹는 힘으로 AT도 세 번이나 완주한 듯했다.

42km 정도 운행하고 내일 48km를 운행하여 PCT 상에 있는 마을까지 가려 했는데 피곤하여 38km에서 멈추었다. 물도 있고 캠핑사이트도 버려진 캐빈 옆이라 적당해보였다. 고도가 있다 보니 쌀쌀한 건 어쩔 수 없었다.

07. 28. PCT +104

Marble Valley Cabin~Seiad Valley(51.90km/2,660.94km/418m)

52킬로미터를 걷다

롱데이였다. 약 52km. 내리막이 많아 그렇게 힘들진 않았지만 마지막 도로를 따라 걷는 게 변수였다. 한참을 내려와 도로를 만나서 도로를 따라 약 10km를 걸어 세이아드밸리 마을에 도착을 했는데, 무덥고 바닥은 딱딱하고 뜨겁고 지겨웠다. 그래도 잘 견뎌내고 계획했던 대로 마을에 도착했다. 도착하자마자 배낭을 집어 던지고 스토어에 들어가 맥주와 얼어있는 마르게리타, 그리고 음료수와 소시지를 샀다. 그리고는 옆에 있는 RV 파크 잔디밭에 앉아 맛있게 먹어줬다. 오버이지는 점심때 도착하여 조금 쉬다가 저녁을 먹은 후 출발했다. 우리가 이트나에서 이틀 만에 여기 왔다니까 어떻게 왔냐며 신기해했다.

죽을 둥 살 둥으로 샤스타산에서 하루 더 쉰 것을 만회하려 노력하고 있다. 이제 거의 다 만회했다. 일요일에 피쉬레이크에 도착해서 창빈이를 만나면 된다. 마지막 애쉬랜드가 고비일 것 같았다. 원래 계획대로 목요일에 도착하여 금요일 하루 제로데이를 갖는다면 좋겠지만, 그러면 내일과 모레 또 하루에 50km씩 걸어야 한다. 모레는 괜찮을 것 같은데, 내일 시작하자마자 거의 2,000m 오르막을 올라야 해서 걱정이 되었다. 희남이와 얘기한 결과 내일 아침에 컨디션을 보고 결정하기로 했다.

한국에서 제로그램 티셔츠가 드디어 발매되었다고 연락이 왔다. 시형이형에게 부탁해 김치버스와 간단한 이벤트도 만들었다. 많이 팔리면 좋겠다. 내 첫 데뷔작이니까.

07. 29. PCT +105
Seiad Valley~WA1675(35.29km/2,696.23km/1,809m)

캘리포니아의 마지막 밤

아침에 일어나 짐을 정리하는데 오른쪽 코에서 코피가 흘러내렸다. 지금까지 코를 풀거나 할 때 약간씩 코피가 묻어나온 적은 있지만 갑자기 흘러내린 것은 오늘이 처음이었다. 그동안의 강행군으로 피곤했던 것 같다. 샤스타산 이후로 하루 평균 40km 이상을 걷고 있으니 피로가 쌓일 만도 했다. 코피를 멈추게 하느라 시간이 조금 지체되었다. 희남이는 이미 준비하고 기다리고 있었는데 눈치가 보였다. 일단 카페에 먼저 가서 아침을 먹고 있으라고 한 뒤 빨리 정리를 하고 카페로 향했다.

아침은 간단한 샌드위치와 민트초코 밀크셰이크로 대신했다. 이곳 카페에 유명한 팬케이크 먹기 챌린지가 있는데, 스토어 아저씨 말에

의하면 2008년 이후로 성공한 사람이 한 명도 없다고 한다. 시간 안에 팬케이크를 다 먹으면 공짜인데 못 먹으면 15달러라고 했다. 팬케이크 실물을 보진 못했지만 엄청 크다고 한다. 플라코 아저씨는 15달러를 그냥 버리는 것과 같다며 말도 안 되는 거라 웃었다.

약 2,200m를 올라가야 하는 날이다. 마을이 400m대에 있으니 또 열심히 올라야 했다. 뜨거운 태양 아래 오르막을 오르기란 여간 힘든 게 아니었다. 스토어에서 콜라 세 캔을 산 뒤 출발했다. 한 캔은 정상에 올라 먹고, 나머지는 오늘 저녁이나 내일 먹을 예정이었다. 생각보다 시간이 오래 걸리진 않았지만 너무 더워 약 1,500m 즈음에서 한숨 자고 다시 출발을 했다. 원래 오늘 45km, 내일 55km를 걸어서 내일 저녁에 애쉬랜드에 도착할까도 생각했지만, 너무 힘들 것 같아 이틀 반에 나눠 가기로 했다. 마을에서 제로데이를 갖지는 못하겠지만 그게 더 나을 것 같았다.

캘리포니아의 마지막 밤이다. 내일이면 캘리포니아/오리건 보더를 넘어 드디어 오리건 주가 시작된다. 캘리포니아는 아름답긴 했지만 너무 길었다. PCT의 반 이상을 차지하고 있으니 그럴 만도 하다. 오리건은 어떤 느낌일까? 아무리 주라고 하지만 미국이 연방체제인 만큼 다른 나라라고 보아도 무방할 것이다. 오리건을 기대하며 캘리포니아의 마지막 밤을 보냈다.

03

오리건

Oregon

서른 즈음, 결혼에 대한 생각

2015년 7월 30일 오후 1시 20분. 드디어 PCT 오리건에 입성했다. 2,700km 이상의 캘리포니아를 출발 106일 만에 넘은 것이다. 지난 일주일 동안 무리해서 걷느라 피로가 안 풀려 하루하루가 힘은 들었 지만 뿌듯했다. 경계에 도착하여 몇 장의 기념사진을 찍고 중간에 앉 아 한 시간 동안 셀프 인터뷰 영상을 찍고 이런저런 생각을 하다가 다른 하이커들이 남긴 글들을 하나하나 다 읽어 보았다. 다들 길고 험난했던 캘리포니아를 뒤로하고 비교적 평탄한 오리건을 반기고 있 었다.

트레일을 걷다 보면 어느 순간 갑자기 감정이 격해질 때가 있다. 오르막을 오르다 탁 트인 전경을 만나거나 시원한 산들바람이 코끝 을 스쳐 지날 때, 어떤 노래 멜로디나 가사가 머릿속에 불현듯 떠오 를 때, 온몸에 전율을 느끼며 울컥해지곤 한다. 오늘은 주변 친구들 의 결혼에 대해 생각하다가 갑자기 탁 트인 전경을 만나자 먹먹해졌 다. 올 들어 많은 친구들이 결혼을 했거나 앞두고 있다. 내 나이대 가 결혼을 많이 하는 나이이기도 하니 자연스러운 일이라고 생각된 다. 서른, 이 서른이라는 나이는 신기하다. 산 넘고 물 건너 1,000km 를 지나 2,000km를 지나 내가 여기까지 왔듯이 그냥 지나가는 숫 자에 불과한데, 넘기 어려운, 하지만 넘어야만 하는 경계 같기도 하 다. 특히 우리나라에서 서른이란 개념은 특별한 것 같다. 진정한 어 른이 되어야 하는 시기? 취직이나 직업 등을 가지고 있어야 하고, 어느 정도 안정적인 생활을 해야 하며, 더 이상 부모님에게 손을 벌리면 안 되고, 나아가 새로운 가정을 이루어야 하는 나이. 게다가 김광석의 「서른 즈음에」를 들으며 공감하게 되는 나이이다. 어쩌면 이 노래가 나온 시기의 서른 즈음과 지금 우리가 살고 있는 서른 즈음은 조금 다른 시기일 수도 있다. 하지만 우리는 아직도 이 노래에 맞춰 서른 즈음을 살고 있는지도 모르겠다. 그게 우리나라의 '서른'이다. 「서른 즈음에」 노래 가사 중 이러한 부분이 나온다.

'내가 떠나보낸 것도 아닌데, 내가 떠나온 것도 아닌데.'

물론 헤어진 연인에 대해 노래하는 것일 수도 있지만 서른이라는 시간에 대해 이야기하는 것일 수도 있다. 이렇듯 자의에 의해서가 아니라 인생의 순리대로 우리는 서른이 되어가고 있다. 어렸을 때 내가 생각한 서른은 결혼을 하는 나이였다. 나는 서른 살 이전에 결혼하고 싶었다. 내가 안정적인 삶을 시작할 수 있고 미래에 대한 계획을 세울 수 있을 때 그때 사랑하는 사람과 결혼하는 게 목표였다. 서른 전에 그걸 이루고 아이, 혹은 아이들을 가진 후 20년 동안 잘 키워 50살 이전에 고등교육까지 마친 후 그 아이가 성인이 되면 나는 50살에 은퇴를 한 후, 새로운 인생 2막을 시작하는 것이 꿈이었다. 그런데 벌써 서른 즈음이 지나고 있으니 꿈을 이루기가 조금 어려워졌다. 그렇다고 기회가 없었던 건 아니었다.

지금까지 몇 번의 연애를 하면서 결혼까지 생각한 적도 있었다. 여러 가지 상황이 맞지 않아 잘 안되긴 했지만. 지금 생각해 보면 내가 준비가 안 되었던 것 같다. 많은 사람들이 때가 되면, 혹은 결혼할 운명의 상대를 만나면 다 하게 된다고 하지만 지금의 내 생각은 조금 다르다. 결혼이란 것은 상대방이나 환경도 물론 중요하지만, 가장 중요한 것은 바로 나 자신이다. 내가 얼마나 준비가 되어 있고 자신이 있느냐에 따라 달라지는 것 같다. 만약 내가 준비가 되어 있고 자신이 있다면 그때 곁에 있는 사랑하는 사람, 그 순간 곁에 누군가 없다면 그 순간 이후 앞으로 사랑하게 될 사람과 결혼을 하게 되는 것 같다. 아직까지 결혼을 꼭 해야 하는 것인가에 대한 답을 정확히 찾진 못했다. 그냥 어렴풋이 평생 내 인생을 걸어볼, 평생 내 편이 되어 줄 사람이 있다면 든든하겠다는 생각은 든다.

만약 내가 결혼을 한다면 남들이 하는 것과 똑같은 결혼식은 하지 않을 것이다. 예식장을 빌리고 하객을 초대하고 축의금을 받고 이삼십 분 식을 올린 후 식사를 대접하는 형식적인 결혼식보다 행복한 우리만의 축제를 만들고 싶다. 일단 신혼여행 대신 양가 부모님과 함께 여행을 갈 것이다. 지금까지 키워주신 은혜에 대한 보답으로 그렇게 하고 싶다. 여행지에서 멋진 사진과 영상을 담을 것이다. 가능하다면 현지에서 턱시도와 드레스 등을 빌려 우리만의 결혼식도 열고 싶다. 물론 양가 부모님에게도 리마인드웨딩 같은 것을 해드리고 싶다. 간단한 사진 촬영 정도겠지만. 그리고 한국으로 돌아와 작은 파티를 열 것이다. 주변 지인들과 가족들, 친구들을 초대하여 여행에서 찍은 사진과 영상들을 보며 파티를 하고 싶다. 딱딱한 결혼식이 아닌 진짜 행복하게 웃으며 축하를 받고 싶다. 몇 가지 재밌는 이벤트도 진행할 것이다. 예를 들어 '나는 축가 가수다'라는 코너를 만들어 미리 참가 신청을 받고 축가를 불러 현장에서 점수를 매겨 선물을 나눠주고, 함께 참여할 수 있는 소소한 게임도 하고, 작은 연주회도 열고 현장 미팅도 주선하고….

생각만 해도 정말 재밌을 것 같다. 축의금 때문에 하객들에게 부담을 주고 싶지는 않다. 보편적인 결혼식 비용을 잘 아끼면 축의금에 대한 부담을 줄일 수 있을 것 같다. 누구나 편안하게 우리의 결혼 축제에 참여할 수 있게 하고 싶다. 지금 이 글을 읽는 모두를 포함하여 더 많은 사람들이 함께하여 우리의 결혼을 축하해 주는 것이 훨씬 나에게는 행복이 될 것 같다. 하지만 이 모든 것은 내가 결혼을 할 수 있을 때나 가능한 이야기이다.

오리건 주는 처음 오는 곳인데, 하이커 팅크의 부모님인 마마 앤 파파 팅크(Mama&Papa Tink)가 사는 곳이기도 하다. 트레일에서 집이 가까워 초대해주시기로 해서 기대가 된다. 투왈로미에서 만났을 때 너무 신기하고 감사했고, 맥주도 수박도 정말 맛있었다. 내일은 새벽같이 일어나 애쉬랜드에 오전 중 도착하기로 했다. 너무 쉬질 못해 최대한 빨리 가서 충전을 해야 할 것 같다. 일본 초밥집이나 태국, 베트남 쌀국수 집이 있으면 좋겠다. 아니면 마트에 가서 참치회나 연어회를 사다 잘라 먹고 싶다. 아, 빨리 내일이 되어 마을에 도착했으면 좋겠다. 오리건 주의 첫 마을이다. 금요일이라 혹시 몰라 미리 숙소도 예약해 두었다. 완벽하다.

07. 31. PCT +107
WA1701~Ashland(23.85km/2,761.94km/1,808m)

로드워커 교수님과의 인터뷰

새벽에 일어나 애쉬랜드로 향했다. 그런데 조금 이상했다. 어디선가 탄내가 나는 것이었다. 하늘도 조금 뿌연 듯했다. 일단 주위에 불같은 것은 보이지 않아 계속 걸어갔다. 조금 가다가 오버이지를 만났다. 타는 냄새에 대해 말했더니 자기도 맡았다며 어딘가에서 불이 난 것 같다고 했다. 이따 마을에서 만나기로 하고 다시 길을 떠났다. 작은 언덕을 넘자 오리건에서의 첫 번째 트레일매직을 만났다. 탄산음료가 가득한 아이스박스 두 개. 하지만 너무 이른 아침이고 곧 마을에 도착할 거라 큰 감동은 없었다. 어제 만났으면 정말 행복했을 텐데. 조금 더 가다가 이번엔 바나나, 사과, 자두 같은 과일이 든 아이스박스를 만났다. 바나나 하나와 자두 몇 개를 먹었다. 약 25km를 가서 하이웨이를 만났다. 이곳에서 히치를 해야 하는데 지난번 이트나에서 에릭이 말해준 대로 바로 히치하지 않고 2km 정도 떨어져 있는 캘러핸(Callahan)이라는 곳으로 갔다. 레스토랑과 롯지를 함께 하는 곳인데, 그곳에서 마을로 가는 사람들이 많아 훨씬 수월할 것이라고 했다.

캘러핸에 도착하자 웰컴 드링크로 생맥주 한 잔을 공짜로 주었다. PCT 하이커를 위한 선물이라고 했다. 레스토랑에서 맥주를 마시다가 로드워커 교수님을 만났다. 정말 오랜만에 만난 가족 같은 분이었다. 마지막으로 본 게 휘트니 전이었으니 거의 두 달 만인 것 같았다. 우리는 반가운 마음에 포옹을 하고 그간의 이야기들을 나누었다. 나를 인터뷰하고 싶다고 하여 시간을 내주었다. PCT와 관련하여 하이커들의 문화, 커뮤니티 그리고 사회와의 관계성 등을 연구하고 있는 로드워커 교수님과의 인터뷰는 오랜만에 나 스스로에게도 답을 해보는 뜻 깊은 시간이었다. 인터뷰를 끝내고 점심을 먹으려 할 때 오버이지도 도착했다. 함께 점심을 먹고 히치를 하여 애쉬랜드로 향했다. 희남이 몸 상태가 좋지 않아 걱정이 되었다. 일단 제로데이를 갖지 않고 내일 바로 출발할 예정인데, 희남이 상태를 보고 결정해야 할 듯하다.

사랑에 대한 이야기

예전에 어느 라디오에서 흘러나온 사연이다. 남녀 간의 고민거리
에 대한 이야기였는데, 오래전에 들은 거라 자세한 것은 기억나지 않
는다. 그때 내가 듣고 느낀 대로 각색해본다.

그녀가 있다. 그리고 그가 있다. 그녀는 아직 사랑이라고 말하긴
이를 수도 있지만 분명 그를 좋아하고 있다. 그도 역시 그녀에게 호
감을 가지고 있으며, 고백할 타이밍을 찾고 있다. 결국 그가 용기를
내어 그녀에게 고백을 했다.

"당신이 좋아요. 당신과 함께 하고 싶어요."

기다리던 고백이었지만 여자는 그 자리에서 바로 대답을 할 수가
없었다. 자존심을 지키려거나 하는 건 절대 아니었다. 그녀는 그에
게 잠시 시간을 달라고 했다. 과연 무엇을 위한 시간이었을까? 서로
좋아하는 감정을 확인하고 이제 행복해 할 일만 남았을 텐데 그녀를
주저하게 만드는 것은 무엇이었을까? 그녀는 그 고민을 사연에 담아
라디오 방송에 보낸다.

'안녕하세요. 저는 대한민국에 살고 있는 평범한 여대생입니다. 얼
마 전 오랫동안 좋아했던 사람에게 고백을 받았습니다. 그 순간 정말
세상에서 가장 행복한 사람이 된 것처럼 기뻤어요. 정말 오랜 시간
동안 그 사람과 함께 하는 상상을 해왔었거든요. 하지만 저는 그 고
백을 받아들일 수가 없었습니다. 조금 생각할 시간을 달라고 했어요.
여자로서 도도한 척한 거냐구요? 아니에요. 그런 건 아니고. 사실,

저는 정말 그를 좋아합니다. 그리고 사랑하고 있습니다. 그 사람이 저의 마지막 사람, 사랑이 되었으면 좋겠습니다. 하지만 그게 두렵습니다. 아직 저희 둘은 어린 걸요. 이제 이십대 초반, 저는 그게 두렵습니다. 익숙해진다는 것이요. 만약 저희가 지금 만나 사귄다고 해도 2~3년이면 이 감정에 익숙해지고 시들지도 모릅니다. 그렇게 되면 다른 사람을 찾을지도 모르죠. 헤어진 연인은 세상에서 가장 먼 사람이 되어 버린다 하잖아요. 세상에서 가장 가까운 사람이었는데, 헤어진 순간부터 잘 몰랐던 옆집 아저씨보다 더 먼 사람이 되어버립니다. 만약 우리가 이십대 후반에 만났다면 어땠을까요? 전 정말 이 사람을 놓치고 싶지 않아요. 이 사람과 평생 함께 하고 싶은데, 만약 우리가 결혼을 생각할 만한 이십대 후반에 만났더라면, 가능하다면 그때까지 기다리고 싶습니다. 왜 이렇게 우리가 빨리 만났을까요?'

라디오 사연을 읽은 DJ는 이렇게 조언을 해준다.

"구더기 무서워서 장 못 담그나요? 왜 아직 오지도 않은 미래를 두려워하세요? 지금 일단 행복하고, 그 행복을 끝까지 지켜나가려 노력해 보세요. 그럼 그와 평생 함께할 수 있을 거예요."

이 이야기를 듣고 그녀의 감정이 이해가 가는가? 대다수의 사람들은 조언을 해준 DJ처럼 생각할 것 같다. 사연을 듣기 전까진 나도 그랬으니까. 하지만 곰곰이 생각해보니 그녀의 심정이 이해가 되었다. 만약 결혼을 생각할 나이에 그를 만났다면, 그가 그녀의 마지막 사랑이 되어있을지도 모른다. 물론 7년간 연애 중, 8년간 연애 중 등 장기연애 커플의 가능성도 있긴 하지만 우리가 조금은 솔직해질 필요도 있다고 생각한다. 과연 5년 이상의 장기연애가 결혼까지 이어질 확률이 얼마나 될지. 그냥 궁금해졌다. 다른 사람들은 어떻게 생각할까?

　희남이 상태가 좋아지지 않아 하루를 더 머물기로 했다. 일단 우리를 만나러 휴가를 맞춰 여기까지 오고 있는 창빈이에게 피쉬레이크 전에 있는 하얏트레이크로 오라고 했다. 어차피 차로 오기 때문에 무리는 아닐 것 같았다. 희남이는 속이 안 좋고 컨디션이 안 좋으면 절제할 줄도 알아야 하는데, 계속 무언가를 먹어서 탈이다. 이런 적이 몇 번이나 있어서 걱정도 되고 불편하기도 하다. 나는 속이 안 좋으면 하루 정도 아예 안 먹거나 소량만 먹어 빨리 나으려고 하는데, 희남이는 아무것도 안 먹는 것보다는 뭐라도 먹는 게 몸에 좋다고 생각하는 것 같다. 자신이 더 힘들고 괴로울 테니 내가 뭐라 할 순 없지만, 조금은 참는 것이 더 좋을 것 같다는 생각을 했다.

　어제 도착하여 숙소 앞에 있는 초밥집에서 초밥을 먹었는데, 그곳에 한국 음식도 팔아서 오늘 점심도 그곳으로 갔다. 조금 비싸긴 했지만 맛도 괜찮고 주인이 한국분이라 편했다. 오늘은 육개장을 먹었는데 맛있었다. 나는 파육장이 정말 먹고 싶었지만 어쩔 수 없으므로 이것으로 달래야 했다. 내일은 드디어 창빈이를 만나는 날이다. 어제 LA에 잘 도착하여 지인들과 즐거운 시간을 보내고 있다고 한다. 내일 새벽 비행기를 타고 메드포드(Medford)로 와 하얏트레이크로 오기로 했다. 차편이 없으니 히치로 올 것 같다. 고생 좀 하겠다.

08. 02. PCT +109

Ashland~Hyatt Lake(38.33km/2,800.56km/1,556m)

창빈이를 만나다

운이 좋게 아침에 히치하이킹을 성공했다. 알고 보니 「와일드」의 주인공과 같은 해에 PCT를 종주했다는 여자분이 태워주신 것이었다. PCT로 들어와 창빈이를 만나러 미친 듯이 걸었다. 창빈이가 2~3시 정도에 도착할 거 같다고 했는데, 아무리 빨리 가도 7시나 되어야 도착할 수 있을 것 같았다. 최대한 빨리 가려고 물도 안 뜨고 쉬지 않고 걸었다.

희남이는 오늘도 컨디션이 좋지 않아 속도를 내지 못했다. 하얏트 레이크에서 만나기로 하고 내가 앞서 갔다. 7시 정도 되어 캠프그라운드와 리조트 교차로를 만났다. 캠프그라운드는 1km 정도 떨어져 있고, 리조트는 3km 정도 떨어져 있었다. 물론 다른 방향으로. 잠깐 고민을 했다. 창빈이가 도착했다고 찍어준 지도는 리조트였던 것 같았고, 희남이는 분명 캠프그라운드로 올 것 같았다. 그래서 희남이를 위해 길에 표시를 해두고 리조트로 향했다. 걸어가다 지나가는 차를 얻어 타 빨리 갈 수 있었다.

거의 다다라서야 마중 나와 있는 창빈이를 만났다. 미국으로 떠나올 때 배웅 나와 주었으니 넉 달 만에 보는 얼굴이었다. 우리는 하이파이브를 하고 차를 타고 리조트로 향했다. 잘 지냈다고 한다. 얼굴도 좋아보였다. 하고 싶은 말이 참 많았었는데, 꼴에 남자라고 아무렇지 않은 듯 "왔어?" 하고 무심하게 인사를 했다. 알고 보니 메드포드에서 버스를 타고 애쉬랜드로 와서 그곳에서 히치를 하고 걸어서 이곳에 도착했다고 했다. 그럴 줄 알았으면 애쉬랜드에서 같이 올 걸. 당연히 메드포드에서 바로 올 줄 알았는데 어차피 지나치는 곳이었나보다. 오는 길에 히치해 준 친구들에게 한국 과자를 선물로 나눠

쥐 오징어칩 하나만 남았다고 했다. 소주 세 병과 딸기, 소고기 스테이크와 갈비 양념을 싸왔다. 리조트는 요즘 시즌이 아니라 일찍 닫아서 처마 밑에 텐트를 치기로 했다. 문제는 고기는 있는데 구울 그릴이 없다는 것이었다. 숯도 없고 비가 와서 나무도 다 젖어있고 막막했지만 간절히 원하면 이루어진다. 주변에 있는 캐빈에서 그릴 하나를 가져오고 스테이크에 갈비 양념을 발라 그 위에 올렸다. 그리고 젯보일에 불을 붙여 토치처럼 활용하여 직화로 고기를 구웠다. 소주와 함께 갈비 직화스테이크를 먹었다.

기다려도 희남이가 오지 않아 걱정이 되었다. 저녁 9시 정도에 도착한 하이커들에게 물어봤는데, 한 시간 전쯤에 트레일에서 봤다고 했다. 아마 이곳까진 못 올 듯했다. 찾으러 갈까 했지만 천둥번개와 함께 비가 내려 내일 아침에 찾아보기로 했다. 창빈이가 와서 너무 좋다.

08. 03. PCT +110
Hyatt Lake~RD1749&Ashland(30.41km/2,830.97km/1,641m)

두 번째 탈출

일찍 출발해서 희남이를 찾으러 가려 했는데, 창빈이가 많이 피곤해 보였다. 장거리 비행에 쉬지도 못하고 여기까지 왔으니 그도 그럴 것이다. 조금 더 자라 하고 아침을 준비했다. 아침을 간단히 먹고 드디어 창빈이와 함께 PCT에 입성했다. 내 예상으론 30km 정도를 가면 충분히 잘 간 거라 생각했다. 처음 걷는 사람은 정말 힘들 것이다.

나도 첫날은 죽을 것처럼 힘들었으니. 그래도 다행인 것이 오리건이고 그다지 큰 경사가 없다는 것이었다. 일단 캠프그라운드 쪽으로 가서 희남이 발자국을 찾았다. 발자국이 트레일에 나 있는 것으로 보아 이미 출발한 듯했다. 혹시나 해서 반대편에서 오는 하이커에게 희남이를 보았냐고 물어보자 약 한 시간 전에 보았다고 했다. 조금 더 걸어간 곳에서 희남이가 남겨둔 쪽지를 발견했는데, 약 40km 뒤에 있는 피쉬레이크에 가서 기다린다는 것이었다. 창빈이는 못 올 수도 있으니 내일까지 기다리겠다고 했다. 그래서 희남이 걱정은 내려놓고 창빈이 속도에 맞춰 PCT를 즐기기로 했다.

사진도 많이 찍고, 트레일에 대한 이야기도 하고 사는 이야기, 고민, 미래, 결혼 등 그동안 못 했던 이야기들을 나누었다. 하늘이가 보내준 스타벅스 커피도 맛있게 먹었다. 여기서 사먹은 스타벅스 커피보다 훨씬 맛있었다. 속도는 빠르지 않았지만 큰 문제는 없었다. 내일 피쉬레이크까지만 가면 되니 오늘 30km 가고, 내일 15km 정도 가면 충분할 듯했다. 어느 정도 걷다 쉬기도 하고 물가에서 점심도 먹으며 천천히 걸었다. 그래도 창빈이에겐 무리였던가 보다. 얼마 못 가 발에 물집이 생겼다. 그래도 창빈이는 아픈 내색을 안 하고 잘 걸었다.

약 20km를 걸었을 때 신기하게도 희남이를 만났다. 우리보다 훨씬 빨리 간 줄 알았는데, 알고 보니 우리를 지나친 다른 하이커에게 우리 이야기를 듣고 기다렸다고 한다. 드디어 완전체가 모였다. 재밌는 건 희남이와 창빈이 모두 2010 오탐 출신이라 같은 남색 티셔츠를 입고 있었다. 내가 싫어하는 하프 짚업 스타일 티셔츠였다. 원정에서나 입을까 말까 한 티셔츠인데, 우리나라 사람만 그런 티셔츠를 입는 것 같다.

셋이서 함께 PCT를 걸었다. 아무래도 피쉬레이크까지 가는 건 무리인 것 같아 15km 전에 위치한 브라운마운틴쉘터(Brown Mountain Shelter)에서 쉬기로 했다. 그런데 2km를 남기고 도로를 만나서 다시 생각을 해 보았다. 창빈이와 함께 PCT를 더 걸으면 좋겠지만, 이미 너무 힘들어하고 준비도 잘 안되어 있어, 여기까지 와서 트레일만 걸으면 시간이 조금 아까울 것 같았다. 게다가 지금 걷는 길은 재미없는 밋밋한 구간이었다. 그래서 트레일을 벗어나 놀러가자고 제안했다. 모두의 동의하에 히치를 하여 다시 애쉬랜드로 향했다. 오늘바로 렌트를 하여 어디론가 가면 좋겠지만, 시간이 너무 늦어 일단애쉬랜드에서 머물고 내일 떠나기로 했다. 마을에 도착하여 수제맥주집에 가서 저녁과 맥주 한 잔을 하고 저렴한 모텔에서 하루를 머물렀다. 내일을 기약하며.

08. 04. PCT +111
San Francisco(PCT 2,830.97km)

샌프란시스코로 가자!

나는 차를 알아보기로 하고 희남이는 숙소, 창빈이는 할 것들을 알아보기로 했다. 애쉬랜드에서 차를 빌리는 것은 한계가 있어 버스를 타고 메드포드로 가서 공항에서 차를 빌리기로 했다. 창빈이가 할 것 등을 알아보다가 이곳에서 샌프란시스코와 포틀랜드의 거리가 비슷한데, 샌프란시스코가 더 재밌을 것 같다며 그곳으로 가자고 했다. 내가 알기론 샌프란시스코가 더 멀었지만 비슷하다고 하니 일단 알았다고 했다. 나중에 안 사실이지만 100마일(160km) 차이가 났다. 메드포드 공항에서 차를 픽업하고 샌프란시스코로 향했다. 거의 600km를 운전해서 가야 했다. 내비를 찍어보니 저녁 7시 넘어서야 도착하는 거리였다.

셋이서 번갈아가며 운전을 했다. 이때까지만 해도 즐거웠다. 샌프란시스코 첫날은 캠핑을 하기로 하고, 둘째 날은 숙소를 잡아 편히 쉬기로 했다. 하지만 이게 실수였다. 캠핑장에 대한 정보가 부족한 상태에서 그냥 멋져 보이는, 골든게이트브리지가 눈앞에 보이는 캠핑장을 향해 갔다. 샌프란시스코에 거의 도착하여 장을 먼저 보고 가는 게 좋을 것 같아 한인마트를 찾아 장을 봤다. 희남이가 그렇게 노래를 불렀던 삼겹살을. 그리고 찾아두었던 커비코브(Kirby Cove)라는 캠핑장으로 향했다. 이미 노을은 지고 어두워진 상태였다. 입구에 도착해서 약 2km 정도를 걸어 내려가야 했다. 차에서 짐을 챙겨 내려가기로 했다. 바닷바람이 엄청 세게 불었다. 입구에 이렇게 쓰여 있었다. 'Day Use Only(낮 시간만 사용가능)' 캠핑을 하려면 사전에 예약을 해야 한다고 했다. 우리는 "평일이고, 이미 밤이 저물었는데 설마 뭔 일 있겠어?" 하며 캠핑장으로 내려갔다.

캠핑장은 정말 좋았다. 눈앞에 샌프란시스코로 건너가는 골든게이트브리지와 끝내주는 야경이 펼쳐져 있었다. 캠핑사이트를 찾으려 이곳저곳을 살피다 다른 캠퍼들이 쳐놓은 사이트 주변을 기웃거렸는데, 문제가 조금 생겼다. 캄캄한 밤에 자기 사이트를 기웃거리는 사람들이 있으니 경계를 한 것이다. 그들은 무슨 일이냐며 우리를 불러 세웠고, 이곳엔 7개의 사이트가 있으며 세 달 전에 예약을 해야 쓸 수 있다고 했다. 나는 여행을 와서 잘 몰랐다고, 미안하다고, 바로 떠나겠다고 말했다. 그리고 다른 곳으로 자리를 옮겨 어떻게 할까 고민을 했다. 안 보이는 곳에서 고기를 빨리 구워먹고 잘 것인가, 아니면 아예 다른 곳으로 갈 것인가. 그러다가 괜히 저 사람이 신고라도 해서 걸리면 PCT고 뭐고 끝나게 될 것 같아 다른 곳으로 떠나기로 했다.

다시 입구로 올라가는데 차 두 대가 내려오는 것이었다. 아니나 다를까. 공원 레인저 차량이었다. 아까 그 캠퍼들이 이상한 사람들이 기웃거린다며 신고를 한 것 같았다. 레인저는 무슨 일이냐며 물었고, 우리는 여행 중인데 이러이러해서 다시 돌아가는 중이라고 말했다. 그는 이 주변 캠핑장은 모두 꽉 찼으니 시내로 들어가라고 했다. 정말 다행이었다. 그곳에서 몰래 머물렀다면 벌금도 벌금이지만 PCT가 끝장날 수도 있었다.

놀란 가슴을 쓸어내리며 차로 돌아왔다. 너무 배가 고파 일단 컵라면을 끓여먹었다. 나는 그냥 차에서 자고 내일 찾는 게 좋을 것 같았지만 희남이는 어떻게든 삼겹살을 먹고 싶어 하는 것 같았고, 창빈이도 비치 쪽에 가서 캠핑하자는 의견이었다. 나는 어디든 좋으니 가자고 했다. 그리고는 차에서 잠들었다. 잠에서 깼을 때는 자정이 한참 넘은 시간이었고, 비치 앞에 있는 주차장에 차가 주차되어 있었다. 그 옆에 희종기지 3호가 쳐져 있었다. 내가 잠든 사이에 창빈이가 친 듯했다. 찾다 찾다 도저히 못 찾아 주차장에다가 텐트를 쳤다고 했다. 걸릴까봐 차에 가린 채로. 나는 침낭을 들고 텐트로 들어갔다. 휴가의 첫날밤이 이렇게 지나갔다. 분명 여름휴가인데, 왜 PCT보다 더 힘든 거지?

우리는 여름휴가 중

주차장에 쳐놓은 텐트에서 아침을 맞이했다. 샌프란시스코의 해변에서 맞는 아침은 달콤했다. 그 현장을 남기려고 영상을 찍고 애들을 깨웠다. 재밌는 휴가를 보내자고! 창빈이는 서핑을 하고 싶어 했는데 생각보다 날씨가 추웠다. 일단 바닷가 모래사장으로 가서 상황을 살피며 하늘이가 보내준 커피를 한 잔 했다. 창빈이가 서핑보드 렌탈샵을 알아보기로 했고, 희남이와 나는 해변에 누워 조금 쉬기로 했다. 따뜻한 햇살과 함께 잠깐 잠이 들었고, 얼마 후 창빈이가 돌아왔다. 렌탈샵이 이 주위엔 없다고 한다. 그리고 오늘은 파도도 그리 좋지 않아 다음을 기약하기로 했다.

이제 우리의 미션은 삼겹살을 처리하는 것이었다. 희남이 컨디션이 며칠째 계속 좋지 않아 그렇게 먹고 싶어 하는 삼겹살이라도 먹여야 할 것 같았다. 나는 주변 공원 바비큐 시설을 검색했고, 도시 한편에 있는 골든게이트브리지 파크에 바비큐 시설이 있다는 것을 알아냈다. 그리고 그곳으로 향했다. 조금 지저분하긴 했지만 몇몇 장비들을 활용하여 멋지게 삼겹살을 구웠다. 희남이는 너무 적을 것 같다며 투덜댔지만, 두껍게 썰려 있어서 배부르게 먹을 수 있는 양이었다. 얼마나 오랜만에 먹는 삼겹살인지. 쌈장에, 상추에, 고추 그리고 김치까지…. 정말 눈물 나게 맛있었다. 저녁이었으면 소주까지 한 잔 했을 텐데 아쉬웠다. 역시 셋이 먹기에 충분한 양이었다.

정리를 한 후 예약해 놓은 호텔로 향했다. 차이나타운에 있는 호텔이었는데, 위치가 좋았다. 그런데 호텔에 도착하여 한 가지 일이 생겼다. 내 소중한 하늘색 두건과 희남이의 고어재킷이 보이지 않는 것이었다. 혹시 차에 두고 왔나 싶어 찾아보았지만 없었다. 어젯밤과 오늘 아침 정신없는 틈에 잃어버린 것 같았다. 2008년부터 여행 때마다 써왔던 두건인데 정말 속상했다. 하지만 잊어버리고 오늘은 샌프란시스코를 즐기기로 했다. 골든게이트브리지와 샌프란시스코의 명물 케이블카, 그리고 피어(Pier) 39에서 만나는 바다사자들과 맛있는 크랩 요리까지. 마지막은 골든게이트브리지 사이로 지는 아름다운 노을과 함께 마무리했다. 호텔로 돌아와 창빈이와 라면을 안주 삼아 남은 소주 두 병을 마셨다. 오랜만에 취했다. 먹다가 창빈이는 뻗었다. 그렇게 휴가 둘째 날이 지나갔다. 나중에 안 사실 하나. 창빈이는 취해서 새벽에 화장실을 찾다가 방문 밖으로 나갔고, 문이 잠겨 희남이가 열어줄 때까지 밖에서 떨어야 했다고 한다.

08. 06. PCT +113
Central City(PCT 2,830.97km)

속도위반 딱지를 떼다

창빈이를 떠나보내는 날이다. 그렇게 기다렸던 시간인데, 제대로 즐기지도 못하고 빠르게 지나간 듯했다. 아침에 일어나 짐정리를 하고 체크아웃을 했다. 그리고 창빈이 비행시간에 맞춰 점심을 먹고 공항으로 향하기로 했다. 잠깐 REI에 들러 필요한 물품을 사고, 희남이가 한식을 먹고 싶다고 하여 주변 한식당으로 향했다. 나는 순댓국을 시켰고 희남이는 제육덮밥, 그리고 창빈이는 우리 먹고 싶은 거 하나 더 시키라고 하여 쟁반짜장과 양념치킨을 시켰다. 그렇게 먹고 싶던 순댓국이었는데 그렇게 맛있진 않았다. 그나마 양념치킨이 먹을 만했는데, 어제 소주를 마셔서인지 속이 편하진 않았다. 희남이는 속이 좋지 않다면서도 양념치킨을 다 먹었다.

창빈이와 헤어질 시간이 되었다. 공항까진 내비상 10분도 안 걸린다 했는데, 시내교통이 복잡하고 공사하는 구간들이 많아 거의 한 시간은 걸린 듯했다. 그래서 제대로 배웅도 못하고 차에서 헤어졌다. 공항 출국심사대 들어가는 곳까지 배웅을 했어야 하는데, 후회가 된다. 아쉬운 이별을 하고 우리도 먼 길을 떠나야 했다. 차량 반납시간에 맞추려면 시간이 빠듯했다. 내비엔 도착예정시간이 밤 9시 20분이라고 떴지만 밤 11시 30분이 넘어서야 메드포드 공항에 도착하여 반납할 수 있었다. 시내에서 엄청 막히기도 했지만 호텔에 먼저 들러 체크인하고 짐을 두고 오느라(호텔과 공항 사이의 거리가 2km 정도), 더 큰일은 오는 중 경찰에게 속도위반 딱지를 떼이느라 늦어진 것이다.

70마일이 규정 속도였는데, 도착을 한 시간 남겨두고 반납시간에 맞추려고 100마일로 달린 것이 화근이었다. 뒤에서 사이렌을 울리며 경찰차가 따라 붙었다. 나는 설마하며 속도를 줄여갔지만, 계속 따라오며 헤드라이트를 깜빡거렸다. 갓길로 차를 세우니 경찰이 속도위반 했다며 면허증을 요구했다. 그리고는 개인정보와 차량정보를 적더니 집으로 티켓이 발부될 거며 한 달 뒤에 캘리포니아 법정에 출두하라고 했다. 일단 알았다고는 했는데, 여행자 신분이면 다른 방법이 있을 것도 같았다. 억울하거나 변론할 게 있으면 법정에서 이야기하는 방식이란 것을 어디선가 얼핏 들은 것 같기도 하다. 한국에서도 안 하던 속도위반을 미국까지 와서 하다니. 그래봤자 10분 일찍 도착하는 거였는데, 그 10분 때문에 경찰에게 걸린 것이었다. 가뜩이나 창빈이가 떠나서 씁쓸했는데, 이런 일까지 생겨 기분이 착잡했다.

08. 07. PCT +114

Central City(PCT 2,830.97km)

나쁜 일은 한꺼번에 온다

아무것도 하기 싫었다. 분명 즐거운 휴가였는데, 끝이 좋지 않았다. 샌프란시스코의 시내 교통상황은 나를 패닉으로 몰았고, 정신없는 상태에서 배웅도 제대로 못하고 창빈이를 떠나보냈다. 약 500마일을 운전해 돌아가야 한다는 압박감도 컸다. 창빈이와 함께 했던 시간들은 행복했지만 그 후에 뒤따라올 아쉬움과 허전함을 이겨내야 한다. 돌아오는 길에 경찰에게 속도위반 딱지를 끊고 한 달 뒤에 캘리포니아 법정으로 출두하라는 요청을 받았다. 7시간의 기나긴 운전 끝에 밤 10시가 다 되어가는 시간에, 목적지를 1시간 남겨두고. 누구를 탓하겠는가. 조금 더 빨리 가고 싶은 욕심에서 나온 나의 잘못이었으니. 벌금도 어마어마할 것이다. 늦은 시각 렌터카 반납시간을 1시간 넘겨 반납했다. 피곤한 마음에 차 확인이나 마일리지 영수증 등을 메일로 보내 달라 하고는 숙소로 돌아왔다.

아침에 일어나 렌터카 청구내역을 확인하니 예상한 금액의 두 배가 넘게 청구되어 있었다. 거기에 대한 사유나 영수증도 없이. 이 역시 나의 불찰이다. 아무리 피곤해도 현장에서 확인했어야 했는데. 무엇이 더 청구된 건지 일단 확인요청 메일을 보내놓았다. 또 한 가지. 숙박비가 1분 간격으로 두 번 청구되어 있었다. 호텔 데스크에 가서 확인해보니 그들 쪽엔 문제가 없다며 확인 영수증을 보여줬다. 카드사의 시스템 에러 같다며 카드사에 확인을 해보라고 했다. 나는 또 카드사에 확인요청 메일을 보냈다. 어제와 오늘, 한숨이 푹푹 나오는 것을 몇 번이나 참아야 했다. 7년 넘게 써왔던 내 분신과 같던 아디다스 하늘색 수건도 휴가 중 잃어버렸다는 사실이 떠올랐다. 왜 이런 일이 한꺼번에 일어나는 거지?

08. 08. PCT +115
Medford(PCT 2,830.97km)

PCT로 돌아가고 싶다

PCT로 돌아가고 싶었다. 빨리 돌아가 다시 마음을 굳게 먹고 싱숭생숭한 것들을 정리하고 싶었다. 하지만 쉽진 않았다. 메드포드는 하이커들이 들르는 마을이 아니어서 히치하이킹이 쉽지 않았다. 한참을 시도해보았는데 차가 한 대도 서지 않았다. 버스를 타고 애쉬랜드로 돌아가서 히치를 해보려 했는데, 주말에는 버스운행도 하지 않았다. 택시를 알아보니 애쉬랜드까지는 40달러 정도였고, 우리가 가야 하는 곳까지는 150달러 정도라 했다. 결단을 내려야만 했다. 오후 다섯 시가 거의 다 되어 애쉬랜드로 간다 해도 너무 늦어질 것 같았다. 숙소도 알아봤는데 애쉬랜드가 이곳보다 3~4만 원 더 비싸게 나왔다. 그래서 하루 더 이곳에서 머물기로 했다. 대신 가장 저렴한 숙소를 찾아 7~8km를 걸어야 했다. 힘들긴 했지만 어차피 가는 방향이니 돈도 절약하고 좋을 것 같았다. 하지만 숙소 쪽으로 걸어가면서 숙소가 싼 이유를 알게 되었다. 주변에 노숙자나 약에 취한 듯한 사람들이 많이 보였다. 체크인을 하고 방에 들어가는데, 모텔에 머무는 사람들도 편안한 인상은 아니었다. 짐을 정리하고 저녁을 먹으러 나갔는데, 계속 불안했다. 다녀오면 배낭이 없어져 있을 것 같은 생각이 들었다.

일단 메드포드 다운타운 쪽으로 가 희남이가 가고 싶다던 한식당을 찾았다. '수라'라는 한식당이었는데 이런 마을에 한식당이 있다는 것도 놀라웠지만, 고급스럽게 꾸며놓은 한식당이어서 더욱 놀랐다. 지금까지 만나본 한식당은 90년대 분위기의 한식당이었는데, 이곳은 모던한 분위기의 한식당이었다. 그래서인지 가격은 조금 비쌌다. 나는 순두부찌개를 시켰고, 희남이는 삼계탕을 먹고 싶어 했지만 준비가 안 된다고 하여 갈비찜을 시켰다. 약간 기대를 했는데, 한국에서 먹던 그 맛은 아니었다. 그래도 외국인들은 너무 맛있다며 좋아하는 것 같았다. 외국인 입맛에 좀 더 맞춘 듯했다.

우연히 웨이터와 PCT 이야기를 하게 되었고, 그러다가 한국인 주인아저씨와 이야기를 나누게 되었다. 그분은 우리가 떠날 때 밥과 반찬을 싸주며 PCT를 응원해 주셨다. 고기반찬 등을 기대했는데, 모텔에 와서 열어보니 밑반찬들이었다. 하지만 그것도 감사할 뿐이었다. 내일 아침 라면과 함께 먹으면 좋을 것 같았다. 숙소에 돌아왔는데, 문고리가 쇠자물쇠로 잠겨 있었다. 드디어 우려하던 일이 벌어졌나 싶어 프런트로 갔다. 알고 보니 아저씨가 우리 방을 예약된 방과 다르게 줘서 잠가놓은 거였다. 그래도 그렇지, 아무런 말도 없이 잠가놓으면 어떡하라고. 제발 아무 일 없이 이 모텔에서 체크아웃 했으면 좋겠다.

08. 09. PCT +116
Medford(PCT 2,830.97km)

이별에 대해서

오늘도 PCT로 돌아가지 못했다. 솔직히 말하면 시도조차 하지 않았다. 아침에 모텔에서 나와 히치를 하기 위해 큰길로 나섰다. 점심시간이 거의 다 되어 웬디스버거로 들어가 햄버거를 먹으며 희남이와 상의를 했다. 불확실한 히치를 계속 시도할 것인가, 아니면 아예 오늘까지 쉬고 월요일인 내일은 버스가 다니니까 버스를 타고 애쉬랜드로 가서 그곳에서 히치를 하여 PCT로 돌아갈 것인가. 희남이는 고민하더니 오늘까지 푹 쉬고 내일 돌아가는 것으로 하자고 했다. 그래서 이곳에서 하루 더 머물기로 했다. 일요일이라 숙소 가격도 많이 떨어져 있었다. 어제 머물렀던 플라자모텔이 가장 저렴했지만, 그냥 조금 더 주고 나은 곳에서 자는 게 나을 것 같아서 티키모텔로 옮기기로 했다. 만 원 차이인데 시설도 훨씬 깔끔하고 친절하며 아침식사도 포함되어 있었다.

잠깐 쉬다가 인터넷이 너무 느려 스타벅스에 가서 와이파이를 좀 하려고 나왔다. 시원한 아이스커피와 머핀 하나를 시켜놓고 편안한 소파에 앉아 와이파이로 창빈이가 추천한 「오, 나의 귀신님」을 보기 시작했다. 박보영에게 점점 빠지기 시작했다. 봉선이와 순애, 두 명을 연기하는데 둘 다 매력적이었다. 나에게도 박보영 같은 귀여운 여자 친구가 있으면 좋겠다고 생각하다가 내가 떠나보낸 여자 친구들을 떠올렸다.

이별이란 것. 나의 첫 번째 이별은 대학교 진학과 함께 자연스레 이루어졌다. 두 번째 이별은 나의 잘못으로 한 여자를 슬프게 했고, 세 번째 이별은 군대에서 겪게 되었다. 그 세 번째 이별은 나에게 조금 특별했다. 군인이라는 특수한 환경 때문에 그랬던 것 같다. 제대 후 사랑이란 것을 함부로 하기 싫었다. 오늘 사랑한다 말하고 돌아서면 다른 사람을 사랑한다고 하는 그 사랑이란 감정을 믿을 수 없었다. 그러던 중 한 여자를 만나게 되었고, 그 두려움을 조금씩 떨쳐 버릴 수 있었다. 오랜 만남 끝에 이별이 찾아왔는데 지금 돌이켜 생각해 보면 내가 참 못났던 거 같다. 사소한 일로 다투게 되었고, 난 여느 때와 마찬가지로 침묵으로 일관했다. 그리고 연락이 끊겼다. 아마 그녀는 몇 번의 연락을 했을 것이다. 직접 물어보지 않아 확인하지 못한 사실이지만 몇 번인가 모르는 번호로 연락이 왔었다. 뒷번호만 같은. 나는 그녀의 부모님이 다시 잘해보라고 전화하시는 줄 알고 계속해서 무시했다. 나중에 알고 보니 그녀가 전화번호를 변경한 것 같았다.

PCT 출국을 하루 앞두고 이번에도 모르는 번호로 전화가 왔다. 귀에 익은 목소리가 "나야." 하는데도 "누구세요?"라고 물었다. 전화기 속으로 들려오는 그녀의 목소리가 젖어 있었다. 그 후로도 몇 번의 이별을 더 경험했다. 어느 노래 가사 중에 이러한 구절이 있다.

'사랑한다는 고백보다 힘든 게 이별의 말인 것 같아.'

나는 지치면 늘 그들을 찾았던 것 같다. 하지만 그들이 나를 찾을 때 과연 나는 무엇을 하고 있었을까? 내가 어리고 미숙해서 하지 못했던 일들을 새 여자 친구가 생기면 다 해줄 것 같다. 이제는 정말 잘 해줄 자신이 있는데. 준비가 된 것 같은데….

08. 10. PCT +117
RD1749~WA1771(19.17km/2,850.14km/1,524m)

내 집 같은 PCT로 돌아오다

드디어 PCT로 돌아왔다. 일주일 정도 떠나 있었던 것 같다. 오늘 역시 쉽지만은 않은 여정이었다. 아침 9시쯤 모텔에서 나오기로 했는데 체크아웃 시간까지 쉬다가 나왔다. 11시에 나와 메드포드 중심에 있는 버스정류장까지 걸어간 뒤 애쉬랜드 행 버스에 올랐다. 애쉬랜드는 벌써 세 번째 방문이다. 애쉬랜드에 도착하여 히치하이킹을 시도했다. 희남이가 들고 있는 박스에 PCT라고 크게 쓴 뒤 손을 들고 있었는데, 뒤에서 한 중년여성이 어디로 가느냐고 물었다. PCT라고 대답하니 일행과 상의를 하는 듯했다. 그리고는 자신들이 데려다주겠다며 차를 빼온다고 잠깐 기다리라 했다. 히치를 시도한 지 5분도 안 되어 얻은 행운이었다. 우리는 차가 나오는 곳 한켠에서 기다렸다. 그런데 한참이 지나도 차가 나오지 않는 것이었다. 차가 있던 자리에 가 보니 이미 차는 떠나고 없었다. 분명 그쪽에서 먼저 태워준다 했고, 기다리라고까지 했는데 커뮤니케이션이 잘못된 건가? 실망스러웠다. 한참 뒤에 차 한 대가 와서 트레일 10마일 전까지 태워다 주었다. 아무래도 우리가 돌아가야 하는 곳이 보통 사람들이 가는 곳이 아니라 어려운 듯했다.

　PCT를 10마일 남겨두고 다시 히치를 시도했다. 몇 대의 차를 보낸 후 차 한 대가 섰고, 드디어 우리는 PCT로 복귀할 수 있게 되었다. 조라는 친구가 태워줬는데, 그는 소방관이었다가 지금은 중고등학교 역사 선생님이 되기 위해 공부를 하고 있다고 했다. 펜실베이니아에서 태어나고 자라 AT 구간하이킹은 많이 해보았고, 내년에 다시 AT에 도전해 볼 생각이라고 했다. 차를 타고 가는 짧은 시간 동안 많은 이야기를 나누었다. 애쉬랜드에 온천이 있는데 그곳에 가면 여자들이 옷을 벗고 온천욕을 즐긴다는 이야기, 옷은 옵션이라고 그가 웃으며 말했다. 그의 친구가 군인이었는데, 한국에 잠깐 있었다는 이야기. 산불 이야기 등. 그가 나에게 발음도 좋고 영어도 잘한다고 말해줘서 기분이 좋았다. PCT에서 하는 말들이 비슷한 표현의 반복이니 그럴 수도 있겠다.

　PCT로 돌아오니 집에 돌아온 것처럼 마음이 편안해졌다. 오늘은 20km를 걷기로 했다. 걸으며 3~4명의 하이커들을 만났는데, 모두 낯선 사람들이었다. 일주일 정도 늦어지다 보니 새로운 하이커들을 만나는 것 같다. 함께 걷던 친구들이 그리웠다. 빨리 새로운 환경에 적응해야겠다.

08. 11. PCT +118

WA1771~WACS1797(41.70km/2,891.67km/2,059m)

다시 길에 익숙해지기

　오랜만에 걸어서 그런지 오전 내내 힘들었다. 그렇다고 속도가 안 나온 건 아니지만 뭔가 불편한 느낌이었다. 짐도 생각보다 무겁게 느껴졌다. 배낭 허리 벨트 한쪽이 뜯어져서 하중을 분산시켜주지 못해 더 그런 듯했다. 양쪽 어깨가 너무 아팠다. 물도 12km마다 있어서 더 힘들었다. 그래도 오랜만에 40km 이상을 걸었다. 평속도 5km 정도 나와 목적지에 일찍 도착할 수 있었다. 매일 저녁 6시 넘어서 도착해 밥 먹고 잠들면 하루가 끝이 났는데, 오늘은 4시에 도착하여 밥도 여유롭게 먹고 풍경도 즐기고 여유를 부릴 수 있었다. 오랜만에 섹션 하이커도 만났다. 이틀 정도 하이킹을 하는 남녀였는데, 남자가 너무 젊어보여서 처음엔 부부 사이인 줄 알았다. 이야기를 나누다가 손녀딸이 토끼 인형을 주어서 배낭에 달고 다녀 래빗(Rabbit)이라고 불린다고 하여 깜짝 놀랐다. 손녀딸이라니. 함께 걷는 여자는 딸이라고 했다. 딸은 뮬란 인형을 달고 있었는데, 그녀의 딸이 뮬란을 너무 좋아한다고 했다. 래빗이 술을 한 잔 주었는데, 200ml에 60달러 정도 하는 위스키(버번)라고 했다. 향이 너무 좋고 달콤했다.

　내일은 드디어 크레이터레이크국립공원에 들어간다. 창빈이와 함께하고 싶었던 곳이라 창빈이 생각이 났다. 나 때문에 일부러 휴가를 내고 여기까지 와줬는데, 잘해주지 못한 것 같아 미안한 마음이 들었다. 이것저것 많이도 생각했었는데. 지나고 나면 늘 후회막심이다.

08. 12. PCT +119

WACS1797~Mazama Village(34.81km/2,926.48km/1,883m)

여덟 번째 선물박스

크레이터레이크국립공원에 들어왔다. 백두산 천지같이 화산이 폭발하여 생긴 호수라고 하는데, 기대가 되는 곳이었다. 오늘은 크레이터레이크 남쪽에 위치한 마자마빌리지란 곳에서 머물기로 했다. 스토어도 있고 레스토랑도 있고 캠핑장도 있어 머물기 좋은 장소였다. 하이커들에게는 인당 5달러의 캠핑 사용료를 받고 있었다. 오랜만에 베어리도 만났다. 너무 반가웠다. 베어리 역시 애쉬랜드에서 여자 친구와 시간을 보내다가 조금 늦어진 상태였다. 어제 오늘 만난 하이커들은 처음 보는 친구들이 많아 조금 어색했는데, 역시 오랜 친구가 좋은 것 같다. 베어리와 함께 점심을 먹고 우린 캠핑사이트를 찾아갔고, 베어리는 조금 더 갈 거라고 하며 떠났다. 내일이나 모레 다시 만날 수 있을 것 같다.

진성이가 보내준 소포를 드디어 받았다. 원래 둔스뮤어에서 받기로 했던 건데 타이밍이 어긋나 이쪽에서 다시 받기로 한 소포였다. 박스를 열어보니 어마어마한 양의 라면과 짜파게티, 비빔면, 둥지냉면 등이 들어있었다. PCT 남은 기간 동안 충분히 먹을 만한 양이었다. 그리고 보니 PCT에서 받은 여덟 번째 선물박스다. 감동이 밀려왔다. 해외로 물건을 보내주는 일이 말처럼 쉬운 일은 아니었을 텐데, 내가 정말 인복이 많은 사람이구나 생각했다.

저녁은 트레일엔젤이 준비해준 과일들과 타코 샐러드를 먹었다. 많은 하이커들을 만났는데, 역시 처음 보는 하이커들이다. 오랜만에 파르3를 만났다. 워낙 천천히 가는 친구라서 만날 만했다. 처음에 함께 했던 하이커들이 지금 여기에 함께 있다면 훨씬 즐거울 텐데 하는 생각이 들었다. 하지만 이제는 새로운 친구들을 사귀어야 한다. 맛있는 저녁을 먹고 스토어에 가서 조금 쉬다가 다시 텐트로 돌아왔다.

돌아오는 길에 올려다본 밤하늘은 황홀했다. 밤하늘을 촘촘히 수놓은 별들과 은하수가 선명하게 보였다. 마치 3D 영화를 보는 듯한 착각에 빠질 정도로. 이 순간을 담아 누군가에게 보여주지 못한다는 게 아쉬웠다. 크레이터레이크가 계속되는 화재 때문에 닫힐 수도 있다는 소식이 들렸다. 내일 아침에 결정된다고 하는데 제발 아무 일 없기를.

08. 13. PCT +120
Mazama Village~Crater Lake(10km/2,935.94km/2,180m)

헤드램프를 켜고 걷는 하이커들

요즘 PCT는 산불 때문에 정신이 없다. 매일매일 산불에 관련된 새로운 정보를 체크해야 하며, 트레일이 열렸는지 닫혔는지도 신경 써야 한다. 어제 드디어 크레이터레이크국립공원에 들어왔다. 그렇게도 아름답다고 들었던 크레이터레이크. 하지만 산불 때문에 닫힐 수도 있다는 소식이 있어 아침까지 기다려 보기로 했다. 어제 몇몇 하이커들이 갔다가 연기와 재 때문에 눈앞이 안보여 헤드램프를 켜고 걸었다는 이야기도 있었다. 오늘 아침 하이커들은 정보를 얻기 위해 스토어 앞으로 모여들었고, 일부 구간이 닫혔다는 소식을 들었다. 다이아몬드레이크까지 약 16마일. 이제 방법을 찾아봐야 한다. 조금 더 기다려볼 것인지, 아니면 돌아갈 것인지. 크레이터레이크는 꼭 보고 싶었는데. 다행히 앞으로 나갈 수 있는 길이 열려 있었다.

아침에 일어나 스토어 앞에서 정보를 얻으려 기다리고 있는데, 스토어 매니저 아저씨가 PCT가 산불로 인해 점심때 닫힐 예정이라고 했다. 다른 하이커들에게 더 확인해 보니 오피셜 PCT 루트는 닫혔지만 하이커 PCT라고 불리는 우회 루트는 열렸다고 했다. 크레이터레이크의 림 트레일을 따라 걷는 루트였다. 호수 주변을 따라 걸을 수 있기 때문에 대부분의 하이커들이 그 길로 간다고 한다. 우리 역시 원래 그 길로 가기로 했기 때문에 큰 문제는 없었다.

이제 진성이에게 받은 보급품들을 처리해야만 했다. 다행히 우체국을 지나가는 셔틀이 공원 내에 운행하고 있어 가는 길은 어렵지 않았다. 우체국에서 물품을 보내고 난 후 7km 정도를 다시 걸어와야 했다. 그리고 둥지냉면 한 개와 비빔면 한 개를 끓여 먹은 뒤 출발했다. 얼터네이트 트레일을 따라 7km 정도를 걸어 올라가니 눈앞에 믿을 수 없는 광경이 펼쳐졌다.

크레이터레이크가 한눈에 담을 수 없는 크기로 다가온 것이었다. 바다처럼 새파랗고 맑은 호수, 약 7,700년 전 화산폭발로 생긴 호수라고 한다. 미국에서 가장 깊은 호수이며(약 500m), 세계에서 9번째로 깊다고 한다. 게다가 물이 들어오거나 밖으로 나가는 길이 없어 가장 맑은 호수라고 했다. 오직 눈과 비로만 이루어진 호수였다. 백두산 천지를 가보진 않았지만 아마도 이런 감동이지 않을까? 한라산과 후지산도 가보았지만 이만큼의 감동은 없었던 것 같다. 이곳에서 바라보는 일몰과 밤하늘의 별 또한 예술이라고 하니, 오늘의 운행을 여기서 멈추고 호수 주변에서 카우보이캠핑을 하기로 했다. 호수 위로 은하수가 흐른다고 하니 정말 기대가 된다.

아름다운 크레이터레이크

어젯밤 크레이터레이크에서 카우보이캠핑을 한 것은 탁월한 선택이었다. 호수 위 밤하늘을 수놓은 수많은 별들과 이따금씩 밤하늘을 사선으로 그으며 떨어지는 별똥별들은 정말 아름다웠다. 그렇게 선명한 별똥별들을 본 것은 처음이었다. 별똥별을 보며 소원을 빌면 이루어진다고 해서 나는 무사히 PCT를 완주할 수 있게 해 달라고 빌었다.

아침에 호수 저편에서 떠오르는 태양이 밤새 얼어있던 몸을 따스하게 감싸주었다. 한여름이라지만 호수 옆이고, 해발 2,000m가 넘는 곳이라 날씨가 꽤 쌀쌀했다. 아침에 일어나 워치맨전망대(Watchman

Lookout)로 올라갔다. 크레이터레이크를 한눈에 볼 수 있는 곳이었다. 아직 오전이라 그런지 호수 주변에 물안개가 살짝 드리워져 있었고 호수 물은 태양 빛을 받아 반짝반짝 빛나고 있었다. 더 좋은 카메라를 가져올 걸 하는 후회가 계속 들었다. 그냥 막 쓰기 편한 미러리스를 가져왔는데, 너무 함부로 써서 그런지 셔터도 잘 안 눌러지고 큰일이다. 멋진 풍경을 감상하고 있는데, 서쪽에서 심상치 않은 바람이 불어왔다. 그리고는 순식간에 연기가 주변을 가득 채웠다. 산불로 발생한 연기가 이곳까지 도달한 듯했다. 조금 불안해졌다. 어제 서쪽에 위치한 오피셜 PCT가 닫혔었는데, 이런 상황이라면 오늘 얼터네이트 트레일도 닫힐 가능성이 있었다.

배낭을 메고 서둘러 운행을 시작했다. 일단 안전한 하이웨이까지는 빨리 가는 게 좋을 것 같았다. 약 25km 떨어진 곳이었는데 속도를 내서 걸었다. 다행히 트레일이 닫히진 않았다. 아니면 이미 입구 쪽은 닫혔는데, 모르고 지나온 것일 수도 있다. 오늘 밤은 비구름이 조금 몰려올 것 같다. 계곡 옆에 텐트를 쳐서 춥긴 하지만, 그래도 시원하게 비가 한번 내려 연기를 깨끗이 씻어줬으면 좋겠다. 과자가 먹고 싶다. 라면만 신경 쓰느라 행동식이나 군것질거리를 챙기지 못했다.

08. 15. PCT +122
Thielsen Creek~OSPOND(41.13km/3,016.73km/1,660m)

네 달째, 그리고 3,000km를 지나며
PCT를 시작한 지 정확히 네 달째 되는 날이다. 처음에 시작할 때는 오늘 하루만 버티자, 오늘 하루만 열심히 걷자, 하는 생각이었는데 나도 모르는 사이 PCT에 익숙해져 있었다. 오전 10시 32분에 3,000km를 넘어섰다. 앞으로 남은 거리는 1,300km. 지루한 군생활처럼 끝이 보이지 않았던 PCT도 끝을 보이기 시작한다. 이제 슬슬 마지막을 생각하며 정리해야 할 시간이 온 것 같다. 처음 한 달을 돌이켜보면 아무것도 모른 채 그냥 걸었다. PCT가 뭔지, Long Thru Distance Trail이 뭔지, 보급이 뭔지도 모른 채 엄청난 열기와 싸워야 했고, 나 자신과도 싸워야 했다. 그렇게 사막을 건너고, 둘째 달에는 눈에 그리던 하이시에라와 존뮤어 트레일, 그리고 요세미티를 만났다. 지금 생각해 보면 참 즐거웠다. 이제 PCT가 뭔지 알 것 같고, 괴롭히던 물집도, 갈증도 적응이 되었다. 눈앞에 펼쳐진 멋진 풍경들은 내가 이곳을 왜 걷고 있는지를 깨닫게 해주었다. 셋째 달에는 조금씩 회의감이 들기 시작했다. 내가 왜 이 길을 계속 걸어야 하는지, 도대체 무엇을 위한 여정인지, 여기까지 하는 것과 더 하는 것의 큰 차이가 무엇인지 등 지금까지와는 조금 다른 생각들이 나를 다른 방향으로 몰아세우고 있었다. 하지만 한국에서 나를 위해 여름휴가를 내서 찾아오는 창빈이를 생각하며 이겨내려 노력했다. 결국 창빈이를 만났고 즐거운 시간을 보냈다. 하지만 그 후 찾아온 상실감은 또 다시 이겨내기 힘들었다. 사람이 그리운 게 가장 힘들었는데, 지금까지 잘 참고 있던 것이 창빈이의 방문으로 폭발한 것 같았다. 게다가 나쁜 일들이 한꺼번에 몰려와 나를 더욱 힘들게 했다.

다시 PCT로 복귀하고 일주일이 흘렀다. 그리고 네 달이 된 오늘, 나는 3,000km를 지나고 있다. 지금의 나는 어떠한가? 또 다른 변화가 있었을까? 아직 성장하고 있을까? 반복되는 하루는 어찌 보면 지루함에 빠져들기 십상이다. 아침에 일어나 간단히 허기를 때우고 텐트를 걷은 후 배낭을 싸고 트레일을 걷는다. 뭇 좋은 곳에서 점심을 먹고, 다시 걷고, 그러다 사이트를 찾아 다시 텐트를 치고 저녁을 먹는다. 하루 일과를 정리한 후 잠에 든다. 반복되는 일상. 하지만 한 달 뒤 돌이켜보면 이 순간이 미치도록 그리워질 것이다. 왜 그 순간을 더 즐기지 못했나? 왜 그렇게 빨리 지나가기를 바랐나? 지루함도 즐거움이 될 수 있다는 것을. 조금은 아쉬워지기도 한다. 영원할 거라 생각했던 이 길도 끝이 있다. 그 끝에 하루 빨리 도달하고 싶기도 하지만 반대로 하루라도 더 늦게 도달하고 싶기도 하다. 처음엔 이런 생각을 했었다. 후회는 이 길의 끝에서 하겠노라고. 이제 그 시간이 다가오고 있다.

단백질 보충제를 마시는 게 도움이 되는 것 같다. 희남이가 사서 조금 나눠준 보충제를 물에 타먹고 있는데, 맛도 괜찮고 체력보충도 잘 된다. 우유 파우더보다 좋은 것 같다. 나도 다음 마을에 가면 알아봐야겠다. 물이 귀한 하루였다. 25km를 걸어서야 작은 약수터를 만날 수 있었다. 오늘은 44km를 가기로 해서 저녁에 먹을 물도 챙겨야 했다. 물을 뜨고 점심으로 비빔면을 먹은 후 오후 운행을 시작했다. 그런데 이상하게도 졸음이 쏟아졌다. 몽롱하고 붕 뜬 것 같은 느낌이 들었다. 졸음운행을 한 것 같다. 그래도 예상시간에 맞춰 잘 도착을 했다. 이제 1,200km만 더 가면 된다. 40km씩만 가도 한 달 정도 걸리는 거리다. 9월 20일 목표로 가고 있는데, 이제 조금 여유가 생긴 듯하다. 조금만 더 힘을 내자!

순탄한 오리건 하이웨이

쉘터코브(Shelter Cove)에서 점심을 먹기 위해 아침 일찍 출발했다. 크레센트레이크(Crescent Lake)를 잠시 들렀다 갔는데, 아침에 바라보는 호수는 매우 아름다웠다. 많은 캠퍼들이 캠핑을 즐기고 있었다. 물을 보충하고 사진을 몇 장 찍은 뒤 서둘러 쉘터코브로 향했다. 오리건은 호수가 많고, 크고 작은 리조트가 트레일과 가까이에 위치해 있어 좋다. 하이커들은 우스갯소리로 오리건 하이웨이라고도 부른다. 오리건 주에 위치한 PCT가 캘리포니아나 워싱턴에 비해 완만하고 중간 중간 리조트도 많이 있기 때문이다. 그렇다고 완전 완만한 것도 아니다. 다른 곳에 비해 완만하다는 것이지 오리건 역시 PCT의 한 부분이기에 오르막과 내리막이 상당부분 존재한다.

2~3일에 한번씩 만나는 리조트에서 음식을 보충하고 콜라나 맥주도 마실 수 있었다. 오늘도 사흘 만에 리조트를 만나 마시고 싶던 콜라와 냉동 피자를 먹었다. 이곳은 오델레이크(Odell Lake)에 위치한 리조트인데, 보트도 타고 낚시도 많이 하는 것 같았다. 간단히 요기를 한 후 10km를 더 운행하기로 했다. 페이스북을 보니 제로그램 클래식을 잘 마친 것 같았다. 한국에도 장거리 트레킹 문화가 번지고 있다고 생각하니 뿌듯했다. 제로그램에서 온 몇몇 분들이 PCT 거의 끝 지점에 있는 노스캐스케이드(North Cascade) 쪽에서 75km 정도 하이킹을 했다고 하는데, 거기 어딘가에 우리를 위해 작은 선물을 남겨두었다고 했다. 이번 달 말엔 캐스케이드록(Cascade Rock)이라는

곳에서 PCT Days라는 행사를 하는데, 거기에 제로그램도 참여하니 만날 수 있으면 만나자고 하셨다. 아마 우린 26일 정도 도착 예상이라 좀 더 운행하고 히치하이킹이나 픽업 등을 활용하여 돌아가 참여하게 될 것 같다.

처음으로 벌 같은 것에 다리를 쏘였다. 정확히 보진 못했는데 갑자기 왼쪽 다리가 뭐에 쏘인 듯 너무 따가워 소리를 지를 뻔했다. 순간 겁이 났다. 혹시 말벌 같은 거면 어떡하지? 다리를 털고 물린 부분을 손으로 피가 나올 때까지 짰다. 한동안 부풀어 오르더니 곧 가라앉았다. 그래도 계속해서 뻐근할 정도로 아팠다. 쇼크로 쓰러지거나 하지 않아서 천만다행이다.

08. 17. PCT +124
Rosary Lake~WA1936(43.87km/3,115.31km/1,732m)

새싹에게 기회를 주세요
오늘은 44km 정도 운행을 했는데, 날씨가 더워서 너무 힘들었다. 특히 중간에 산불이 나 벌거숭이산처럼 된 구간이 있었는데, 그곳에서 체력소모가 엄청 심했다. 게다가 신발도 거의 두 달째 신고 있는데, 쿠션이 다 닳아서 며칠째 발이 너무 아파왔다. 내일 점심 즈음 엘크레이크(Elk Lake) 리조트에 도착할 것 같은데, 체력보충이 필요했다. 먹을 것도 거의 떨어져서 더 힘이 드는 것 같았다.

'새싹에게 자랄 기회를 주세요.'

산불로 인해 망가졌다 새롭게 살아나고 있는 수풀이나 이제 막 피기 시작한 꽃밭을 지날 때면 쉽게 볼 수 있는 푯말이다. 이 푯말을 보고 예전에 EBS '시네마천국'이라는 프로그램에 인터뷰 스틸 사진을 찍을 때 만났던 배우 신민아가 떠올랐다. 그녀는 연기와 인생에 대해 깊은 생각을 가지고 있었다. 비디오 스타는 생각이 깊지 않을 것 같다는 나의 편견을 깨게 해준 이야기이다. 관객과 평단의 극찬을 받았던 김지운 감독의 영화 「달콤한 인생」에서 한 가지 옥의 티가 '신민아 미스캐스팅'이었다는 이야기를 듣고 그녀는 너무 슬퍼 한동안 힘들었다고 했다.

"왜 자라나는 새싹에게 잘 자라라고 물은 주지 못할망정 짓밟으려고 하는지 모르겠어요."

그녀의 진심어린 목소리를 듣고 한동안 많은 생각을 했다. 나 역시도 그녀에게 핀잔을 주지는 않았을까? 우리는 어린아이의 부족함에 크게 화를 내지 않는다. 그 경험과 부족함을 바탕으로 더욱 커갈 것을 알기에. 칭찬은 고래도 춤추게 한다고 한다. 그녀가 그때 듣고자 했던 것은 "지금은 부족한 점이 많지만, 앞으로는 더욱 잘할 수 있을 거야."라는 작은 칭찬이 아니었을까? 물론 냉정한 프로의 세계에서 언제까지 루키로만 있을 순 없지만 조금은 기다리며 지켜봐줘야 할 필요가 있다고 생각했다.

08. 18. PCT +125

WA1936~WA1960(39.63km/3,155.04km/1,740m)

다시 코피를 흘리다

운행을 마치고 물가에 앉아 발을 씻고 간단하게 세수를 하였는데, 조금 후에 왼쪽 코에서 코피가 흘러 내렸다. PCT에서의 두 번째 코피였다. 세수하며 코를 푼 게 화근이었나 싶었지만 내가 무리한 탓도 있었다. 오늘도 40km를 걸었고, 거기에 엘크레이크 리조트에 들어갔다 나온 것까지 합하면 45km 정도를 걸었다. 일주일 넘게 하루 40km씩 운행했다. 내일이면 드디어 시스터즈(Sisters)라는 마을에 도착한다. 내일도 35km 정도 가서 히치를 해야 하지만, 거의 열흘 만에 샤워도 하고, 옷도 세탁하고, 모텔 침대에도 누워 쉴 수 있다.

잠깐 들른 리조트에서 캐나다에 계신 이남기 선배님과 연락이 닿았는데, 워싱턴 주에 도착하면 응원을 와주신다고 했다. 삼겹살을 들고! 그 힘을 받아서 열심히 걸어봐야겠다. 오늘 마지막 구간에 저 멀리 사우스시스터즈(Mt. South Sisters)라는 산이 보였는데, 평원과 함께 어우러지는 풍경이 너무 멋졌다. 땡볕에 걸었다면 힘들었겠지만, 운 좋게도 노을녘에 걸어서 풍경을 만끽할 수 있었다. 자기 전에 아스피린 한 알을 먹고 자야겠다.

08. 19. PCT +126
WA1960~Sisters(33.47km/3,188.51km/1,618m)

지긋지긋한 너덜지대

육체적으로 가장 힘들었던 날들 중 하루였다. 아침에 출발할 때만 해도 35km만 가면 마을에 도착할 테니 쉽게 갈 수 있을 거라 생각했다. 하지만 큰 착각이었다. 1,000m를 올라가야 했는데, 그 오르막이 조금씩 오르는 게 아니라 급경사였다. 초반에는 물이 조금 있었는데, 오르막부터는 사막지대가 시작되고 모래에 발이 푹푹 빠졌다. 날씨는 왜 그리도 화창한지, 뜨거운 햇볕이 머리 위로 사정없이 쏟아져 내렸다. 더위와 갈증 속에 사막지대를 통과하자, 이번엔 엄청난 너덜지대가 시작되었다. 갈증에, 모래에, 오르막에, 너덜지대까지…. 가히 종합선물세트라 할 만했다. 특히 마지막 너덜지대는 욕이 턱 밑까지 차오르게 했다. 가뜩이나 신발 상태가 안 좋아 발이 아픈데 너덜들이 더 힘들게 만들었다. 스틱도 너덜바위 사이로 계속 끼어 들어가 속을 썩였다. 몇 번이나 소리를 지르며 하이웨이에 도착했다.

다행히 그곳엔 트레일엔젤이 시원한 물과 음료를 가지고 기다리고 있었다. 사막의 단비 같은 음료를 마시고 기운을 조금 차린 뒤 시스터즈로 히치하이킹을 했다. 시스터즈는 아기자기한 마을이었다. 오래된 것들과 새로운 것들이 묘하게 섞이고 있어 부흥을 꿈꾸는 관광도시 같은 느낌이었다. 문제는 숙박시설이 별로 없다는 것이었다. 어쩔 수 없이 조금 비싼 롯지를 빌릴 수밖에 없었다. 방에 들어가 쉬고 있을 때 마마팅크에게서 연락이 왔다. 그들도 지금 시스터즈라며 주변 별장에 머물고 있으니 초대하고 싶다고 했다. 조금만 일찍 연락이 닿았으면 좋았을 걸.

"오늘은 여기서 쉬고 내일 가도 될까요?"

"당연하지. 내일 픽업할 테니 점심 즈음에 마을 중심부에서 보자."

마마팅크와 파파팅크는 PCT에서 만난 팅크의 부모님인데, 팅크와 함께 저녁을 먹게 된 인연으로 그녀의 부모님과도 페이스북 친구가 되어 계속 연락을 주고받고 있었다. 이곳을 지나갈 때 만나자고 하여 연락을 드렸더니 이렇게 또 기회가 닿게 되었다. 내일이 기대된다.

08. 20. PCT +127
Camp Sherman(PCT 3,188.51km/1,618m)

마마팅크와 파파팅크

시스터즈에서 약 10마일 떨어진 캠프셔먼이라는 곳이 있는데, 그곳에서 가장 오래된 별장, 거의 100년 전에 지어진 건물이라고 했다. 낮 12시에 마마팅크와 파파팅크가 픽업을 나와 주셨다. 따뜻한 포옹과 함께 안부를 묻고 맛있는 저녁을 해 주신다며 함께 장을 보러 갔다. 그리고 드디어 별장에 도착했다. 고풍스러움이 느껴지는 공간이었다. 통나무로 단단히 지어져 있고, 오래된 건물이라 그런지 천정이 조금 낮았다. 2층도 있는데, 아늑하고 따뜻한 느낌이었다. 마마팅크가 별장을 한 바퀴 돌며 구경시켜주셨다.

"여기가 머물 침대고 여기가 화장실, 여기는 거실, 여기는 부엌. 집처럼 편안하게 쉬다 가렴. 배고프지? 점심 만들어줄게. 조금만 기다리렴."

아주머니와 아저씨는 일주일 전에 이 별장으로 와 외부 페인트칠을 새로 하고 있다고 했다. 너무 오래 되어 보수를 하는 듯했다. 도와드리겠다고 하자 괜찮다며 쉬라고 하셨다. 잠시 후 맛있는 샌드위치를 만들어 주셔서 앞마당에 함께 둘러 앉아 점심을 먹었다. 나는 별장 옆으로 흐르는 강가에 앉아 그림을 그렸다. 그분들의 호의에 대한 보답으로 작은 선물을 하고 싶었다. 내일 떠나기 전에 엽서와 함께 드려야겠다고 생각했다. 따뜻함을 느끼게 해주셔서 정말 감사하다고. 점심을 먹고 잠시 낮잠을 청했다. 한두 시간이 지났을까? 시끌시끌한 소리에 밖을 내다보니 팅크의 가족들이 앞마당에 앉아 와인과 맥주를 마시며 이야기를 나누고 있었다. 나는 세수를 하고 나가 인사를 했다.

"안녕하세요. 저는 한국에서 온 Heejong Spontaneous Yang입니다. PCT를 걷다가 이곳에 초대받아 행복한 하루를 보내고 있답니다."

알고 보니 그들은 마마팅크의 부모님과 가족들이었다. 우리가 이곳에 온 김에 저녁을 함께 하려고 초대한 것이었다. 우리는 토마토

파스타와 샐러드, 와인과 데킬라, 그리고 내가 조금 챙겨 놓은 소주까지 곁들여 맛있는 저녁식사를 하고 즐거운 시간을 보냈다. 지난번 VVR에서 잠깐 만났던 팅크의 사촌 크리스와 그의 여자 친구도 만나 이야기를 나누었다. 크리스는 한국 오디션 스타 한 명을 잘 알고 있다고 했다. 그리고 그에 대한 재밌는 비밀도 하나 알려줬다. 단, 절대 비밀로 하라고 했다.

마마팅크의 가족들은 네덜란드 출신인데, 한국의 '오빠'와 비슷한 발음을 가진 단어가 있었다. '오빠, 옴마'라는 단어인데, '할아버지, 할머니'라는 뜻이었다. 그래서 나는 한국에도 '오빠'라는 단어가 있다며 많은 남자들이 여자들에게 그 말을 듣고 싶어 한다고 이야기해 주었다. 그러자 마마팅크의 아버지인 할아버지가, "네덜란드어 오빠가 내가 바로 그 오빠"라며 모두에게 큰 웃음을 주었다. 크리스는 혹시 '강남스타일'에 나오는 '오빠'가 그 '오빠'냐고 물었다. '강남스타일'이 정말 유명한가 보았다.

삼대가 함께 있다 보니 다양한 이야기들을 나눌 수 있었다. 할아버지가 처음 미국에 왔던 이야기, 홀란드와 네덜란드의 차이, 엄마, 아빠라는 뜻을 가진 각 나라의 단어의 발음이 비슷하다는 점 등등. 아름다운 밤이 그렇게 지나가고 있었다. 나는 분위기에 취해 내일 드리려고 했던 엽서를 먼저 전해드렸다. 마마팅크는 엽서를 읽고 너무 감동이라며 고맙다고 했다. 나중에 여자 친구나 와이프와 함께 이곳 캐빈 말고 진짜 집으로 찾아오라고 했다. 맛있는 와인을 마음껏 마시게 해준다며. 잊지 못할 밤이었다. 밤하늘엔 내 마음속 행복만큼이나 많은 별들이 반짝이고 있었다.

네 번째 신발

푹 잤다. 어제 마신 약간의 술도 숙면에 도움이 된 것 같았고, 포근한 분위기의 캐빈도 한 몫 한 것 같았다. 보통 5~6시면 눈이 떠지는데 오늘은 8시가 다 되어서야 눈을 떴다. 아무도 일어나지 않은 것 같아 조용히 밖으로 나와 아침공기를 마시며 산책을 했다. 캐빈으로 돌아오니 파파팅크 아저씨가 모닝커피 어떠냐며 준비해 주셨다. 맛있는 아침식사와 함께. 아침을 먹으며 알게 된 사실인데, 식탁에는 미국인과 네덜란드 출신 미국인, 그리고 두 명의 한국인이 앉아 아메리칸 커피와 이탈리안 소시지, 프렌치토스트, 그리고 코리안 김치를 함께 먹고 있었다. 다국적 사람들과 다국적 음식의 조합이라니. 참 재밌는 광경이었다. 후식으로 오리건 지역 복숭아를 먹고 떠날 준비를 했다. 여행 중 누군가의 집에 초대된다는 것은 정말 좋은 경험인 것 같다. 맛있는 음식과 잠자리, 샤워 등이 제공되어 좋기도 하지만 더 좋은 것은 사람간의 따뜻한 정을 느낄 수 있다는 것이다. 오랫동안 집을 떠나와 여행을 하다 보면 그만큼 외로워질 수도 있는데, 이런 기회는 외로움을 덜어주고 마음을 따뜻하게 해준다. 11시에 그들은 우리를 다시 PCT로 데려다 주셨다. 곧 또 보자며 멀리까지 손을 흔들어 배웅을 해주셨다.

이제 다음 목적지인 캐스케이드록까지 부지런히 가야 했다. 약 260km인데, 오늘은 20km 정도 뒤에 있는 빅레이크 유스캠프(Big Lake Youth Camp)까지 왔다. 오는 중 남쪽 방향으로 걷는 한국인

하이커를 만났다. 김기준 씨라는 분이었는데, 배낭이 너무 무겁다고 해서 투머치(Too Much)라는 트레일네임을 가지고 있었다. 뉴욕에서 왔고 몇 년 전 사우스바운드(South Bound)로 AT도 완주하셨다고 한다. 한참동안 멈춰 서서 이야기를 나눴다. 그리고 연락처를 주고받으며 계속 연락하자고 하셨다. 나중에 AT에 오게 되면 많은 도움을 주겠다고 약속하셨다. 이렇게 해서 PCT를 걷고 있는 한국인 하이커는 나와 희남이를 합쳐 모두 다섯 명이었다. 써모미터 아저씨와 사운스바운더 투머치 아저씨, 그리고 PCT를 걷고 있다는데 한 번도 보지 못한 쿨케이 형까지. 그 외 몇몇 구간하이커들을 보긴 했지만 풀코스를 도전하고 있는 사람은 다섯 명인 듯했다. 다섯 명 모두 끝까지 무사히 완주할 수 있기를 기원했다. 한국인들에게는 아직 낯선 곳이라 정보가 부족하여 어려움이 많았지만 이러한 도전으로 앞으로 이 길을 걸을 사람들에게 도움이 될 수 있다고 생각하니 그것만으로도 기분이 좋아졌다. 투머치 아저씨도 헤어지기 전 그런 말을 했다.

"우리 일단 무사히 잘 마치도록 합시다. 그리고 여기서 느낀 점들을 잘 정리해서 공유하자구요. 한국에서 또 도전하는 사람들이 많이 나올 수 있게, 이런 문화를 잘 전파할 수 있도록 노력해 봅시다."

오후 늦게 BLYC에 도착하여 체크인을 하고 저녁을 먹었다. 이곳은 기독교단체에서 운영하는 수련원 같은 곳인데, 하이커들에게 무료숙소와 샤워, 그리고 음식을 제공해주고 있었다. 비록 채식주의자 위주의 식단이었지만 감자스프와 갓 구운 빵, 그리고 수박만으로도 행복했다. 내일부터는 조금 속도를 내야 할 것 같다. 거의 두 달 만에 신발과 양말도 새로 바꿨으니 기분 좋게 배낭을 잘 꾸려 걸어야겠다. 아디스타 레이븐 부스트란 신발로 바꿨는데, "역시 아디스타"라는 말이 나올 정도로 지금까지의 신발 중 최고인 것 같았다. 아무래도 러닝 쪽에 조금 더 가까워서 외피가 조금 약해보이긴 하지만, 정말 편하고 발을 잘 감싸주는 것 같다. 쿠셔닝은 말할 것도 없다. 아무튼 발이 편하니 너무 기분이 좋다.

언젠가 TV에서 시계 장인 관련 다큐를 보던 중 이러한 말을 들었다. "가능하면 잘 만들어라. 그리고 그것은 항상 가능하다."

시계 장인이었는지, 시계 회사 대표였는지 잘 기억은 나지 않지만 뇌리에 박히는 말이었다. 나는 프랑스 아웃도어 브랜드 밀레에서 약 4년여를 일한 적이 있었다. 그 전에도 스포츠나 아웃도어를 즐겨했기 때문에 제품이나 장비에 대해 남들보다 관심이 많은 편이었다. PCT를 걸으며 여러 하이커들을 만나고 그들을 보면서 자연스럽게 그런 쪽으로 눈이 가게 되고 제품이나 장비에 대한 이야기를 나눌 기회가 많았다. 한 가지 재미있는 사실은 한국에선 알아주는 유러피언 브랜드들을 이곳에서는 거의 볼 수 없다는 것이었다. PCT뿐만 아니라 가장 유명하다는 아웃도어 멀티샵 REI에서도 밀레를 비롯 마무트, 잭울프스킨, 라푸마, 아이더, 버그하우스, 하글로프스, 피엘라벤 등 유러피언 브랜드는 전무했다. 하이커들에게 물어봐도 잘 모르는 듯했다. 이곳 친구들이 가장 많이 입는 브랜드 중 의류는 마모트, 파타고니아, 아크테릭스 순이었고, 의외로 노스페이스나 컬럼비아는 거의 보이지 않았다. 신발은 호카나 브룩스, 알트라 등이 많이 보였다. 배낭은 지팩이라는 초경량 백팩이 강세였고, 텐트도 역시 지팩이나 빅 아그네스라는 브랜드가 가장 많았다. MSR도 종종 보였다. 나는 한 하이커에게 물었다.

"미국 사람들은 유러피언 브랜드를 안 좋아하는 것 같아."

"우리는 좋은 제품을 좋아해. 어디 거냐보다 좋은지 안 좋은지가 중요해."

예전에 보았던 시계 장인의 말이 떠올랐다. 과연 지금 우리나라의 브랜드들은, 혹은 소비자들은 이러한 마음가짐을 가지고 있을지. 예전에 회사 다닐 때 독일의 ISPO나 미국의 OR Show 같은 아웃도어 박람회에 한번도 가보지 못한 것이 조금은 아쉽다. 만약 가봤더라면 더욱 많은 것을 배울 수 있었을 텐데. 지금이라도 늦지 않았으니 시간이 되면 개인적으로라도 꼭 가보고 싶다.

오늘 특별한 경험을 했다. 유스캠프에 블롭점프? 정확한 명칭은 모르겠지만 호수나 바다에 커다란 튜브를 설치하고 한쪽 끝에 누워 있으면 다른쪽 끝으로 누군가가 점프를 해 그 반동으로 날아가는 놀이기구가 있다며 하이커들을 위해 체험하게 해준다고 했다. '사고 나도 내 책임'이라는 동의서를 하나 작성하고 호수로 가서 뛰었다. 저녁이라 추웠지만 PCT에서 블롭점프라니! 멋진 추억 하나를 또 만들었다.

08. 22. PCT +129
Big Lake~TR2018(42.99km/3,248.44km/1,804m)

2,000마일을 돌파하다!

드디어 2,000마일을 돌파했다. 3,200km를 지난 거니 이제 1,100km밖에 남지 않았다. 처음 100마일 마커가 있을 때 기념사진을 찍으며 25번만 이렇게 더 가면 된다고 했던 게 불과 엊그제 같은데, 어느새 2,000마일 지점을 통과했다.

오늘의 운행은 그리 힘들진 않았는데 시간이 엄청 느리게 간 것 같았다. 생각해보니 바람이 많이 불어 쌀쌀했다. 만약 바람이 불지 않았다면 엄청 힘들었을 것이다. 물도 거의 없는 사막지대에 나무들도 오래전 산불에 다 타버려 가지만 남아 있었다. 걷는 도중에 하이커들이 무언가를 따먹고 있기에 봤더니 베리를 따고 있었다. 허클베리라고 했다. 몇 개 줘서 먹어봤는데 달고 맛있었다. 저녁을 해먹는데 연료가 다 떨어졌다. 큰일이다. 지난번 마을에서 샀어야 했는데, 깜빡하고 못 샀다. 다행히 내일 저녁 리조트에 들를 것 같아 그곳에서 꼭 구입해야 할 것 같다. 점심때는 잠깐 빌리던지 대충 때우고 빨리 가서 사던지 어떻게든 해결해야겠다.

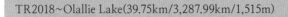

08. 23. PCT +130
TR2018~Olallie Lake(39.75km/3,287.99km/1,515m)

유별난 콜라 사랑

나를 오랫동안 봐온 사람들은 알겠지만 나의 콜라 사랑은 그 누구보다 특별하다. 누군가에게는 콜라가 그냥 탄산음료 중 하나이겠지만 나에게는 가장 맛있는 음식중 하나이다. 심지어 누군가 가장 좋아하는 음식을 물으면 콜라라고 답하기까지 한다. 그냥 콜라도 아니다. 빨간색 코카콜라-코크 오리지널이어야 한다. 좀 달달한 콜라가 땡길 때 펩시콜라도 마시긴 하지만 그래도 코카콜라-코크가 최고이다. 그

중에서도 시원한 캔콜라를 좋아한다. 스뎅의 차가움과 콜라의 청량
감이 섞이면 환상적인 조화를 보여준다. 가장 맛있게 콜라를 마시는
방법은 스테인리스나 티타늄 등 금속성분의 컵에 얼음을 가득 채운
후 콜라를 따라 마시는 것이다. 그 맛은 말로 표현할 수가 없다. 콜라
와 함께 마시는 술도 좋아한다. 콜라와 잭다니엘의 궁합도 환상적이
다. 특히 3:1의 조합. 소주와도 잘 맞고 예거나 보드카도 잘 맞는다.
그래도 잭다니엘이 최고인 것 같다. 가끔 치킨 등 기름진 음식을 먹
을 때 콜라를 많이 마시는데, 그럴 때 사람들이 나에게 너무 많이 마
신다며 뭐라 한다. 그러면서 그들은 맥주 500리터 잔을 계속 들이킨
다. 과연 뭐가 다를까?

　PCT에 와서도 나의 콜라 사랑은 계속된다. 하이시에라 구간을 지
나기 전에는 항상 6개들이 캔콜라 팩을 짊어지고 다녔고, 하이시에
라 구간에서는 2~3개씩 짊어지고 다녔다. 요즘에는 3~4개씩 짊어
지고 다니며 힘들 때마다 한 캔씩 마신다. 물론 콜라후원으로 응원
해주시는 분들을 생각하며. 콜라후원을 생각한 것은 어찌 보면 콜
라가 필요해서라기보다는 그들의 관심과 응원이 더 필요했기 때문
인지도 모른다. 화두후원, 음악후원과 달리 재미요소를 주며 나를
한번 더 생각하게 만들고 싶었다. 생각보다 많은 분들께서 콜라후
원을 해주셨고, 계속 해주고 계신다. 주기적으로 해주시는 분들도
있고, 한번에 많이 해주신 분들도 있다. 다시 한 번 그분들께 고맙
다는 말씀을 전하고 싶다. 코카콜라에서 무한정 콜라를 쏴주면 좋
겠다. 콜라가 너무 좋아서 코카콜라에 취직하고 싶은 생각도 했었
는데. 아무튼 콜라가 난 너무 좋다.

　올라리레이크(Olallie Lake)까지 오는 길은 멋졌다. 특히 제퍼슨파

크(Jefferson Park)에서부터 시작된 멋진 풍경은 피로를 한번에 날려 주었다. 저 멀리 멋진 설산이 보이고, 산 위의 눈이 녹아 시원한 계곡을 형성하고 있었다. 제퍼슨파크를 지나 다시 한 고개를 넘어가니 또 한번 멋진 풍광이 눈을 사로잡았다. 너덜지대 위로 트레일이 쭈욱 나 있었다. 오늘 길은 비록 힘들긴 했지만, 이러한 풍경들을 보는 재미에 지겹지가 않았다. 게다가 약간 흐린 날이어서 햇볕도 그리 뜨겁지 않고 바람도 불어주어 딱 좋았다.

약 40km를 걸어 올라리레이크 앞에 있는 스토어에 도착했다. 일찍 닫을까봐 걱정했는데, 다행히 저녁 8시까지 연다고 한다. 도착하자마자 콜라 한 캔과 맥주 한 캔, 그리고 과자를 집어 들었다. 물론 이건 에피타이저. 다 먹고 나서 천천히 스토어를 돌며 운행 중 필요한 식품들을 구입했다. 콜라 다섯 캔과 핫초코, 참치, 그리고 어젯밤에 다 쓴 연료까지. 이틀 뒤에 팀버라인롯지(Timberline Lodge)에 도착하니 그렇게 많이 필요할 것 같진 않았다. 역시 오리건은 좋은 곳이다. 너무 많다 싶을 정도로 리조트를 자주 만난다.

08. 24. PCT +131

Olallie Lake~Trailside Springs(46.77km/3,334.57km/1,005m)

맨발의 하이커

오랜만에 46km를 걸었다. 다시는 40km를 넘기지 말자고 생각했었는데, 지도를 보니 코스도 쉽고 내리막길이 많아서 그렇게 하기로 했다. 아무래도 물 주변에 머무는 것이 더 좋을 것 같았다. 속도도 꽤

찮았고 몸 상태도 큰 문제는 없었다. 걷는데 배드캠퍼(Badcamper)가 발자국 하나를 가리키며 맨발자국이 있다고 의아해 했다. 짐승 발자국은 아니었고 사람 발자국이 확실했다. 여러 가지 상상을 했다. 정글북에 나오는 그런 야생소년인가? 전설 속의 빅풋? 사람과 비슷한 형태의 동물? 비밀은 목적지에 거의 다다라서야 밝혀졌다. 저 앞에 어떤 하이커가 걸어가고 있었는데, 맨발로 걷고 있었다. 나는 그에게 다가가 인사를 건네고 괜찮냐고 물었다. 그는 괜찮다며 맨발로 약 900마일을 걸었다고 했다. 멕시코 국경에서부터 맨발로 시작했으며, 구간구간 가능할 때마다 맨발로 걸었다고 했다. 내가 발바닥 좀 볼 수 있겠냐고 물었더니 흔쾌히 보여주었다. 생각보다 작은 발에 굳은 살이 빽빽이 박혀있었다. 많은 하이커들을 만났지만 맨발로 걷는 하이커는 처음이었다. 가끔 쉬다가 슬리퍼를 신고 트레일을 걸을 때가 있다. 그렇게만 해도 발이 너무 아픈데 900마일을 맨발로 걸었다니 정말 대단하다. '생활의 달인'이나 '세상에 이런 일이'에 나가도 될 것 같다.

08. 25. PCT +132
Trailside Springs~Timberline Lodge(36.28km/3,370.73km/1,843m)

후드산을 바라보며 카우보이캠핑을

후드산(Mt. Hood)이 눈에 들어왔다. 봉우리가 눈으로 덮인 설산이었다. 잿빛 모래와 흙으로 이루어져 조금은 차가워 보이는 산이었다. 모래언덕을 만났다. 오늘의 목적지인 팀버라인롯지가 건너편에 보이는데, 그곳에 가기 위해선 험난한 모래언덕을 넘어야 했다. 발이 푹 푹 빠지고 계속 미끄러졌다. 신발과 양말 사이사이로 모래가 계속 밀려 들어왔다. 태양 볕은 아랑곳없이 뜨겁게 내리쬐고 있었다. 마지막 언덕을 넘자 후드산에서 흘러 내려오는 계곡물을 만났다. 탁한 계곡물이 세차게 흘러내려오고 있었다. 마치 초코우유처럼. 눈이 녹은 물과 석회가루 등이 섞여 흐르는 것 같았다. 드디어 팀버라인롯지에 도착했다. 평범한 롯지인 줄 알았는데 알고 보니 별 5개짜리의 미국에서도 헤리티지한 호텔로 손꼽히는 명소였다. PCT와는 조금 어울리지 않는 느낌이었다. 하룻밤 숙박비도 비싸고 레스토랑이나 바의 음식들도 비쌌다. 기본적인 음료나 과자 등을 살 수 있는 스토어는 없었으며, 하이커들을 위한 별도의 공간도 없었다.

그나마 지하에 있는 저렴한 음식점의 피자가 지금까지 미국에서 먹었던 피자 중 최고였단 정도? 화덕피자였는데 쓰리치즈피자가 일품이었다. 점심과 저녁을 모두 피자로 해결했다. 그리고는 2층 라운지에서 쉬었다. 다른 하이커들이 하나 둘씩 롯지 주변 트레일로 캠핑을 하러 갈 때 나는 라운지 소파에서 버텨보자는 심사로 새벽 1시까지 버텨보았다. 하지만 결국 관리인에게 쫓겨나고 말았다. 여기서 자면 안 되겠냐고 물었더니 안 된다고 단호하게 말했다. 할 수 없이 헤드랜턴에 의지한 채 주변 트레일 한쪽에서 카우보이캠핑을 했다. 별을 보고 싶었는데, 롯지의 불이 너무 환해 많이 보이지 않았다. 머리 뒤편에 펼쳐진 후드산을 바라보는 것으로 만족해야 했다.

Timberline Lodge~Salvation Springs(35.17km/3,405.60km/1,245m)

카메라가 계곡물에 빠지다

팀버라인롯지의 아침식사가 맛있다고 소문나서 먹고 가기로 했다. 새벽에 카우보이캠핑에서 깨어 침낭을 정리하고 다시 롯지로 돌아왔다. 모닝커피 한 잔을 하며 기다렸다. 레스토랑에서 하는 아침식사인데 15달러만 내면 맛있는 것을 마음껏 먹을 수 있는 뷔페식이라고 했다. 7시 30분이 되자 식당 문이 열렸다. 여러 명의 하이커들과 함께 테이블에 앉았다. 이탈리안소시지, 스크램블, 스모크햄, 팬케이크, 와플, 크루아상, 스콘, 요거트, 과일, 스무디 등 아메리칸 스타일 아침식사였다. 맛도 괜찮았다. 네 접시나 먹었다. 희남이도 너무 좋아했다. 그도 그럴 것이 희남이 스타일의 음식들이었으므로. 나보다 많이 먹은 것 같은데 조금 뒤 점심때 비빔면과 오트밀을 또 먹었다. 오후 운행 중 나는 목구멍까지 음식이 차오른 것 같은 느낌 때문에 속이 답답했다. 도저히 먹을 수 없을 것 같아 점심을 건너뛰었다.

중간에 거친 계곡물을 만났는데, 물이 불어 건너기 힘들었다. 천천히 건넜으면 괜찮았을 텐데, 물에 안 닿겠다고 악을 쓰다가 물살에 쓸려 넘어졌다. 다행히 스틱으로 무게중심을 잡아 크게 다치진 않았지만 카메라가 물에 완전히 침수가 되어 켜지지 않았다. 빨리 대안을 찾아야겠다.

운행 중 멋진 폭포를 만났다. 라모나폭포(Ramona Falls)라고. 정확히 PCT에 있는 것은 아니고 우회 구간에 있었다. 하지만 PCT로 이어지는 루프 구간이어서 쉽게 만날 수 있는 곳이었다. 저 위에서부터 떨어지는 물줄기를 보며 시원함을 느꼈다. 이제 내일이면 오리건도 끝이다. PCT 하이커들을 위한 축제인 PCT Days 행사가 열리는 캐스케이드록스에 도착하고 '신들의 다리'를 건넌다. 워싱턴 주가 현재 산불로 비상이라고 하지만, 일단은 가봐야 할 것 같다. 너무 많은 이야기들이 돌고 있다. 내일은 밴쿠버에서 이남기 선배님도 삼겹살을 들고 응원 와주신다고 했다. 한국에서 제로그램 팀도 올 것이다. 맛있는 거 실컷 먹고 좋은 사람들과 함께 할 생각을 하니 가슴이 설레었다.

08. 27. PCT +134
Salvation Springs~Cascade Locks(40.17km/3,450.73km/67m)

삼겹살과 김치를 사들고 오신 선배님

이글크릭(Eagle Creek)에 있는 터널폴스(Tunnel Falls)는 우와!! 탄성을 자아내게 하는 멋진 계곡과 폭포였다. 지금껏 경험해보지 못한 급경사를 헤치고 내려온 보람이 있었다. 특히 터널폴스는 유럽의 스위스에서 봤던 폭포와 비슷했는데, 폭포 뒤에 터널이 있어 내가 폭포를 뚫고 지나가는 듯한 느낌이었다. 보기만 해도 시원했고, 나중에 꼭 다시 와보고 싶은 곳이었다.

드디어 오리건 주의 마지막 캐스케이드록스에 도착을 했다. 영화 「와일드」에서도 나왔던 '신들의 다리'가 있는 곳. 내일부터 여기에서 PCT Days라는 행사가 열려 많은 하이커들이 속속 이곳으로 모여들고 있었다. 오는 길에 세스와 그의 여자 친구를 만났다. 트레일 초반에 만나고 거의 세 달 만에 본 것이다. 우리는 반갑게 하이파이브

를 하고 포옹했다. 마을에 도착해 간단히 점심을 먹고 밴쿠버에서 오
는 이남기 선배님과 한국에서 오는 제로그램 팀을 기다렸다.

저녁 다섯 시 정도에 이남기 선배님이 도착하셔서 함께 캠핑을 했
다. 우리를 응원해주기 위해 삼겹살과 김치를 사들고 오셨다. 꿀맛
같은 삼겹살!

"이게 삼겹살이라고 하는 거야."

"삼곱쌀?"

"삼겹살, 우리는 이걸 이렇게 야채에 싸서 먹어."

"타코처럼?"

"그래. 일종의 타코 같은 거지. 자 봐봐, 이렇게 상추를 손에 올리
고."

"상추를 올리고."

"고기와 밥을 올리고 쌈장을 찍어서 놓는 거야. 그리고 상추로 싸
서 먹으면 돼. 쉽지?"

"우와! 정말 맛있어!"

베어리와 세스, 그의 여자 친구, 그리고 선샤인도 함께 삼겹살을
즐겼다. 한국식 삼겹살은 처음이라고 해서 상추와 깻잎쌈을 알려줬
는데, 다들 "어메이징!"을 외치며 좋아했다.

제로그램 팀이 포틀랜드 공항에 도착했다고 연락이 왔다. 내일이
면 만날 것 같았다. 내일은 이남기 선배님과 함께 멋진 이글크릭 트
레일을 가볍게 걷기로 했다. 그리고 오후에는 PCT Days를 즐기기로
했다. 그런데 아무리 만져도 카메라가 켜지지 않았다. 큰일이다.

08. 28. PCT +135
Cascade Locks(PCT 3,450.73km/67m)

PCT Days

아침으로 북어 떡국을 먹었다. PCT에서 떡국이라니!! 이남기 선배님께서 영양보충 하라며 직접 끓여주신 건데, 눈물 나게 맛있었다. 대충 짐을 정리하고 이글크릭에 있는 터널폴스로 향했다. 왕복 20km의 조금 긴 트레일이지만 선배님께 보여드리고 싶었고, 오랜만에 함께 걸으며 이런저런 이야기도 나누고 싶었다. 트레일을 걸으며 캐스케이드록스를 향해 오는 하이커들과 자주 마주쳤다. 다들 PCT Days를 즐기러 가고 있었다. 우리가 터널폭포를 한번 더 보고 싶어 이 트레일을 걷고 있는 거라고 하자, 충분히 그럴 만한 가치가 있는 곳이라고 맞장구를 쳐줬다. 드디어 터널폭포에 도착했다. 약 50m의 높이에서 직선으로 떨어지는 것도 장관이었지만, 폭포 뒤에 터널을 뚫어 트레일이 나 있어 마치 폭포 뒤로 들어가는 듯한 느낌이었다. 선배님도 너무 환상적이라며 감탄하셨다. 우리는 사진 몇 장을 남긴 후 점심으로 간단히 베이글과 음료를 먹었다.

다시 트레일을 걸어 캐스케이드록스로 돌아왔다. 제로그램 팀이 와 있었다. 대표님을 포함한 제로그램 일행과 쿨케이(Cool K) 형님을 만났다. PCT에 많은 관심을 가지고 있는 제로그램은 답사 겸 PCT의 가장 큰 행사인 PCT Days에 맞춰 방문한 것이었고, 쿨케이 형님은 우리처럼 PCT를 걷고 있었는데, 그동안 서로 연락만 주고받다 오늘 처음 만난 것이었다. 간단히 인사를 나눈 뒤 저녁을 함께 먹기로 하고 PCT Days 행사 부스들을 돌아보았다. PCT Days는 PCT 하이커들을 위한 박람회라고 생각하면 이해하기 쉬울 듯하다. PCT를 관리하는 PCTA와 국립공원관리공단, LNT 등 여러 단체들도 참가하고 아웃도어 브랜드들도 부스를 차리고 하이커들을 맞이한다. 하지만 아직 초기이다 보니 눈에 띄는 것은 없었다.

어제 저녁을 대접해줘서 고맙다며 베어리가 아이스크림을 사겠다고 해서 이곳에서 유명하다는 아이스크림 가게로 갔다. 나는 셰이크를 먹고 이남기 선배님은 미디엄 사이즈 아이스크림을 드셨다. 희남이는 라지 사이즈 아이스크림을 시켰는데, 그 크기가 상상을 초월했다. 거짓말 안보태고 건장한 남자 팔뚝만 했다. 결국 다 먹지 못했다.

저녁엔 제로그램 팀과 다 같이 모여 다시 삼겹살 파티를 했다. 맥주와 와인도 마시고 삼겹살을 다 먹은 후 잭다니엘 립도 먹었다. 그걸로 끝내긴 아쉬워 2차로 남은 과자 등을 안주삼아 텐트 앞에 옹기종기 모여 앉아 남은 술을 마셨다. PCT 이야기, 인생 이야기, 랍스타 이야기 등 대화가 끊이지 않았다. 적당히 취기가 오르고 있었다.

08. 29. PCT +136

Cascade Locks(PCT 3,450.73km/67m)

신들의 다리

어젯밤 충전하려고 꽂아둔 희남이 아이패드를 누군가 훔쳐갔다. 지금까지 그런 일이 없었는데 아무래도 이곳은 하이커만 있는 게 아니라 다양한 사람들이 모여 있어 더 그런 것 같다. 점심 즈음 PCT로 떠나려

했는데, 아이패드 분실이라는 변수가 생겨 내일 출발하기로 했다. 아침에 PCT Days의 일환으로 신들의 다리(Bridge of the Gods) 걷기 행사가 열렸다. 차만 지나갈 수 있는 이곳을 한 시간 동안 교통을 차단하고 사람들이 건널 수 있게 한 것이다. 이남기 선배님과 함께 다리를 건넜다. 기분이 이상했다. 오리건 주와 워싱턴 주 경계의 다리. 드디어 워싱턴이 시작되는 것이다. 이름도 너무나 멋진 '신들의 다리'여서 그런 듯했다.

아메리칸 원주민들의 전설에 따르면 이곳엔 콜롬비아 강 남쪽과 북쪽을 이어주는 자연적인 댐이 있었다고 한다. 그리고 거기에 아주 아름다운 여인이 살고 있었는데, 신의 두 아들이 이 여인에게 사랑에 빠져 그녀를 얻기 위한 싸움을 벌였다고 한다. 이 싸움으로 인해 많은 사람들이 피해를 입자 보다 못한 신(Great Spirit이라 불리는 신)이 댐을 무너뜨리고 그들을 산으로 바꾸었다. 두 아들은 아담스산과 후드산이 되었고 여인은 세인트헬렌스산이 되었다. 훗날 이곳에 현대적인 다리가 지어지게 되고 그 전설에서 따와 신들의 다리라고 이름 붙였다고 한다.

하지만 이 다리는 영화 「와일드」 때문에 더욱 유명해졌다. 주인공이 이 다리를 건너며 여행을 끝내서 그런지 이곳이 PCT의 끝처럼 느껴지기도 했다.

신들의 다리를 건너 워싱턴에 발을 내디딘 후 다시 오리건으로 건너와 텐트를 정리했다. 선물용으로 제로그램에서 구입한 PCT Lover 티셔츠를 챙겨 이남기 선배님께 선물로 드렸다. 그리고 감사의 마음을 담아 엽서에 몇 마디 쓰고 친필사인을 해 드렸다. 선배님은 이제 돌아간다고 하셨다. PCT의 종착점인 매닝파크(Manning Park)에서 다시 보자는 말씀과 함께.

선배님이 돌아간 후 모닝스타와 쿠키몬스터를 만났다. 포틀랜드에서 조금 쉬다가 복귀했다고 했다. 트리맨과 헤지혹도 만나고 다니엘도 스코틀랜드도 만났다. 다들 너무 그리워했던 친구들이었다. 우리는 트레일에서 다시 만나자고 기약을 했다. 경찰에 아이패드 분실 관련하여 신고를 하고 리포트를 작성했다. 여행자보험으로 보상받기 위해 필요할 것 같았다. 그리고 제로그램 쪽으로 자리를 옮겨 텐트를 다시 쳤다. 간단히 먹을 것을 사와 맥주 한 잔을 마시며 이야기를 나눴다. 오후 늦게 즈음 LA에서 오신 이주영 선배님과 폴리(Paul Lee) 선배님의 비행기 시간이 되어 포틀랜드 공항으로 모셔다 드리고 돌아오는 길에 일식·한식집에 들러 맛있는 저녁을 먹었다. 그렇게 오늘 하루도 저물어 갔다. 하늘에선 오랜만에 시원한 비가 내려주었다. 기분 좋은 빗방울 소리를 들으며 텐트 안에 누워있었다. 산불에 대한 걱정도 시원하게 사라질 것 같았다.

08. 30. PCT +137
Cascade Locks(PCT 3,450.73km/67m)

비야, 멈춰라. 비야, 더 내려라

새벽부터 비가 세차게 쏟아지기 시작했다. 아침에 일어났는데도 그칠 기미가 보이지 않았다. 조금 걱정이 되었다. 운행 중에 비가 오는 건 크게 상관없지만 출발 전에 비가 오면 배낭 싸기도 힘들고 기운도 빠진다. 게다가 모든 게 다 젖어 무게도 더 나갈 뿐만 아니라 기분도 상쾌하지 않다. 오전 중에 떠나려고 했는데 이 정도 비면 출발해 봤자 얼마 못가고 고생만 할 것 같았다. 희남이와 상의를 하여 오늘 하루 더 쉬어 가기로 했다. 희남이 텐트와 침낭이 다 젖어 말리고 가야 할 것 같았다. 모텔을 잡고 그곳에서 쉬며 짐들을 말리기로 했다. 제로그램 팀도 이글크릭으로 2박 3일의 백패킹을 가려 했는데, 이 비에는 힘들 것 같아 함께 쉬고 내일 다 같이 헤어지기로 했다. 모텔의 2베드룸을 하나 잡고 함께 지내기로 했다.

텐트와 짐들을 다 꺼내 말리고 빨래도 했다. 그리고 마트에 가서 약간의 안주와 술을 사와 이야기를 하며 시간을 보냈다. 대표님이 제로그램을 시작하게 된 계기, 의미, 앞으로의 계획들, 그리고 우리가

PCT를 끝내고 나아가야 할 방향 등 발전적인 이야기들을 많이 나누었다. 곧 술이 떨어졌고 마트에 가서 술을 더 사왔다. 총 마신 술을 계산해보니 네 명이서 위스키 2병, 맥주 5캔을 마셨다. 2박 3일 동안 정말 잘 먹고 잘 마셨다. 살도 조금 오른 것 같았다. 역시 사람들과 함께 이야기를 나누고 술 한 잔 하는 것은 즐거운 일이다. 내일 다시 헤어지면 아쉽고 한동안 외로움을 느낄 것 같다. 비가 빨리 멈추기를 바랐지만 다른 한편으로는 비가 계속 내렸으면 하는 바람도 있었다. 이 비에 산불도 다 꺼졌으면 좋겠다.

04

워싱턴

Washington

이별은 언제나 익숙지 않아

드디어 이별을 하는 날이다. 날씨가 화창하진 않지만 다행히도 비가 그쳤고 바람도 선선하게 불고 있었다. 어제의 음주로 다들 피곤해하며 아침을 맞이했다. 코펠라면으로 해장을 한 후 배낭을 꾸렸다. 이제 떠나야 했다. 아쉬운 마음에 조금씩 느리게 움직였는지도 모르겠다. 모텔 체크아웃을 하고 주차장에 나와 모든 짐들을 정리했다. 그리고 카메라를 세워두고 두 명의 존뮤어 트레일 하이커와 세 명의 퍼시픽 크레스트 트레일 하이커들이 모여 사진을 찍었다. 어쩌면 훗날 역사의 한 장면이 될지도 모르는 사진을. 제로그램 대표님과 기환이 형이 이글크릭에 가기 전 신들의 다리 앞까지 배웅해준다며 따라와 주셨다. 그리고 신들의 다리 앞에서 따뜻한 포옹을 하고 악수를 하며 얼마 남지 않은 PCT를 응원해주셨다. 우리는 곧 한국에서 보자며 헤어졌다.

그들을 뒤로하고 걷는데 피곤함인지 아쉬움인지 모를 기분에 발걸음이 무거웠다. 오리건을 지나 워싱턴으로 들어가는 첫날인데 기쁜 마음이 들지 않았다. 이별하고 돌아가는 마음. 약간의 우울함. 음식들이 많아 배낭이 무겁기도 했지만 그만큼 마음도 무거웠다. 이제 20일 정도가 남았다.

어느새 9월?

벌써 9월의 첫날이다. 오랜만에 트레일에서 맞는 아침이어서 그런지 몰라도 일어나기 조금 힘들었다. 한숨 더 자고 나갈까? 하는 생각도 들었지만 그렇게 되면 한없이 게을러질 것 같아서 자리를 털고 일어났다. 지도상으로는 2,000m 이상의 오르막이 있어 조금 힘들 것 같았지만 걷다 보니 생각보다 컨디션도 좋고 괜찮았다. 이런저런 생각들을 하다 보니 어느덧 목적지에 다 와있었다. 워싱턴 주에 대한 첫 인상은 뭔가 촉촉한 느낌이다. 출발 전 비가 한 차례 내려서 그런지 몰라도 숲속을 걷는 내내 촉촉한 느낌이 들었다. 그리고 싱그러운 느낌이랄까? 초록 잎들이 싱그럽게 펼쳐져 있고, 이끼가 무성하게 껴 있었다. 나무들도 지금까지 보던 커다란 나무보단 기다랗거나, 아니면 휘어진 나무들이 많이 있었다. 시작이 좋다. 이 좋은 느낌을 간직하며 걷고 싶다.

진흙 속의 진주

밤새 비가 내렸다. 빗소리에 몇 번씩 잠에서 깼다. 날씨가 쌀쌀하기도 했고, 아침 걱정이 되기도 했다. 새벽에 일어나서도 빗줄기는 그칠 줄 몰랐다. 7시에 출발하려 했지만 조금 더 기다려보기로 했다. 희남이는 먼저 출발한다고 했다. 조금 더 기다리자 빗줄기가 조금씩 약해졌다. 이때다 싶어 텐트를 걷었다. 오랜만의 우중산행이었다. 처음엔 기분이 참 좋았다. 싱그러운 워싱턴과 잘 어울리는 느낌이었다. 하지만 점점 빗줄기가 굵어지면서 생각이 바뀌었다. 손발은 점점 얼어가고 배낭은 비에 젖어 무거워져만 갔다. 배가 고팠지만 계속되는 비로 쉴 수가 없어 행동식으로 대신해야 했다. 결국 40km를 걸어 목적지에 거의 다다랐다. 다행히도 비가 그치고 햇빛이 비쳤다. 빨리 텐트를 치고 근처 계곡물을 떠다 밥을 했다. 다시 비가 조금씩 내렸다. 너무 배가 고파 3분카레와 짜파게티를 둘 다 먹었다. 입가심으로 시리얼을 조금 먹었다.

　텐트에 떨어지는 빗소리를 들으며 이런 생각을 해 보았다. 진흙 속의 진주는 누군가 자신의 아름다움을 알아주길 바라며 수백 년, 수천 년 동안 그 자리에서 빛을 발하고 있을 것이다. 그것만이 자기 스스로 할 수 있는 가장 큰 노력이기 때문에. 하지만 누군가가 진흙 속의 진주를 발견하지 못하거나 혹은 발견한다 해도 그 참된 가치를 알지 못한다면, 그리고 진주를 찾지 못한 스스로를 질책하지 않고 진주가 자기를 드러내보이지 않아서라거나 진흙 속에 숨어 있어서라거나 하며 핑계를 댄다면. 과연 누구의 잘못일까? 진흙 속에서 수백 년, 수천 년 동안 자기를 알아달라며 빛을 발하고 있는 진주의 잘못일까? 아니면 발견을 못한, 혹은 발견하고도 참된 가치를 알지 못한 사람의 잘못일까?

09. 03. PCT +141

CS2216~Takhlakh Lake(41.31km/3,566.65km/1,190m)

타크라크레이크에서 만난 행운

어젯밤도 몇 번을 뒤척이며 자다 깨다를 반복했다. 주변 하이커들
의 소리에 깨기도 했고, 추워서 깨기도 했다. 확실히 9월의 날씨는
다른 것 같다. 북쪽으로 올라오기도 했지만, 여름이 거의 다 간 것 같
았다. 이제 타이즈와 장갑, 모자로 몸을 따뜻하게 해야 할 것 같다.
다행히 오전에 해가 나기 시작했다. 16km 정도 가서 Road 23을 만나
트라우트레이크에 잠깐 들를지 말지 결정하기로 했다. 식량은 아직
충분했지만 Road 23부터 산불로 인해 트레일이 닫혔다는 소식을 들
었기 때문이다. 이번에 내린 비로 열렸을지도 모르지만 일단 가보기
로 했다.

조금 이른 새벽에 일어나 출발했다. 도로에 도착하니 아쉽게도 아
직 트레일은 닫혀있었다. 어쩔 수 없이 23마일 정도를 도로를 따라
돌아가야 했다. 돌아가기 전에 히치를 해서 트라우트레이크에 잠시
들렀다 가기로 했다. 히치를 한 후 마을에 도착하여 햄버거를 먹었
다. 바비큐버거와 어니언링을 시켰는데 정말 맛있었다. 주인아주머
니가 눈앞에서 직접 고기를 굽고 양파를 튀기며 만들어 주셨는데, 장
인정신이 느껴졌다. 배가 불렀지만 하나 더 먹을 수 있을 것 같아 다
른 종류의 버거를 하나 더 시켜서 먹었다. 먹고 나서 후회를 했지만
그것도 맛있었다.

간단하게 장을 본 후 지난 며칠간 젖은 장비들을 햇빛에 말렸다.
두 시간 정도 휴식을 가진 후 트레일로 돌아가기로 했다. 곧 쿨케

이 형님과 그들의 일행도 도착했다. 그들도 간단히 충전을 한 후 트레일로 복귀한다고 했다. 다시 히치를 하여 트레일로 돌아갔다. 이제 오랜만에 로드워크를 해야 한다. 그래도 산길을 오르는 것보다는 쉽다. 뜨거운 열기가 가장 큰 적이지만, 다행인지 몰라도 조금씩 먹구름이 끼고 있었다. 15마일 정도를 걸어 타크라크레이크까지 가기로 했다. 신기하게도 걸어간 길에 비가 내린 흔적을 보았지만, 직접 비를 만나진 못했다. 레이크에 다 와 갈수록 트레일엔젤의 흔적이 보이기 시작했다. 왠지 캠프그라운드에 가면 트레일엔젤을 만날 수 있을 것 같았다.

캠프그라운드 입구에 도착했을 때 38번 사이트로 오라는 사인을 발견했다. 우리는 그곳으로 향했다. 그곳엔 클러치(Clutch)와 그의 삼촌으로 보이는 사람이 있었다. 늦은 밤이었지만 배고픈 하이커를 위해 브리또와 맥주, 그리고 엄청난 종류의 술을 제공해 주었다. 게다가 캠프사이트까지. 긴 하루였지만 마지막까지 즐거웠던 하루였다.

밤 10시가 다 되어서야 캠프파이어와 헤어져 텐트로 돌아왔다. 내일은 조금 늦잠을 잘 것 같다. 약 10마일 정도 더 로드워크를 한 후 다시 PCT로 복귀할 것 같다. 한 가지 문제는 산쪽에 눈이 내려 트레일 상태가 그리 좋지 않다고 한다. 조심해야 할 것 같다. 아, 아까 마을에서 인터넷을 잠깐 할 수 있어서 재혁이가 보내준 무한도전 영동고속도로가요제 노래들을 다운받아 들었는데, 상주나의 노래가 너무 좋았다. 특히 효린이 부르는 부분의 가사가 마음에 와 닿았다.

"잘해야 되는 것도, 잘하고 싶은 것도, 행복해지고 싶은 마음인 걸. 잘할 수 있다는 말도, 잘하고 있다는 말도 거짓말이었단 적 없단 걸."

희남이의 부상

일찍 떠나려고 했다. 텐트를 걷고 있을 때 클러치의 삼촌인 고든 아저씨가 일어나 나왔다. 그리고는 커피 한 잔 하겠냐고 물어봐서 몸도 녹일 겸 좋다고 했다. 커피를 마시며 이런저런 이야기를 나누었다. 그러자 이번엔 스크램블드에그를 할 건데 괜찮겠냐고 물어봤다. 당연히 좋다고 하였고, 그동안 도와드릴 것 없냐고 물어보자 따뜻하게 불을 피워달라고 하셨다. 아저씨는 아침을 준비하고 나는 장작에 불을 붙였다. 장작불 옆에서 아침을 간단히 먹고 나자 클러치와 스웨스(Swes)가 일어났다. 이번엔 아저씨가 빵 좀 먹을 거냐고 묻더니 빵과 치즈를 꺼내주며 먹으라고 했다. 주스도 우유도 나중엔 싸가고 싶은 거 가져가라며 챙겨주었다. 술도 많으니 담아가라 하셔서 위스키를 휴대용 용기에 담아 챙겼다. 어느덧 11시가 되어 있었다. 이젠 정말 가야 했다. 날씨가 상당히 쌀쌀했지만 조금씩 하늘이 열리고 있어 괜찮을 것 같았다. 고든 아저씨는 이틀정도 이곳에서 캠핑을 더 하다 가겠다고 했다. 선물로 엽서를 한 장 드리고 계속 연락하자고 했다.

남은 우회길을 걸었다. 16km 정도 되는 것 같았다. 출발한 지 얼마 안 되어 비가 조금씩 쏟아지다가 급기야 우박 같은 것이 내렸다. 산 위에는 눈이 내리고 있을 것 같았다. 왠지 모르지만 희남이가 속도를 못내는 것 같았다. 생각해보니 요 며칠 속도를 못 내고 있었다. PCT 합류지점에 먼저 도착하여 쉬고 있을 때 희남이 모습이 보이기 시작했다. 천천히 걸어오는데, 자세히 보니 약간 절뚝거리는 듯했다. 희남이에게 괜찮으냐고 물어보니 신발이 발에 맞지 않아 발이 아프다고 했다. 캐스케이드록스를 지나면서부터 계속 아파왔는데 참고 참다가 점점 심각해진 것 같았다. 나는 희남이에게 말했다.

"내려가자. 네 고집으로는 걸을 수 있겠지만 지금 상태로 봐서는 나중에 더 힘들어질 거야. 그렇게 되면 PCT가 끝나고 네가 좋아하는 마라톤도 망칠지 몰라. 그러니 일단 마을로 내려가 쉬자."

희남이는 고민하더니 알겠다고 했다. 나는 안다. 희남이가 얼마나 자존심이 상했을지. 스스로에게 얼마나 화가 났을지. 그래서 나에게 피해 끼치는 것은 하나도 없으니 걱정하지 말라고 했다. 나는 오늘 가도 되고 내일 가도 되는 사람이라고. 하지만 이제부터가 문제였다. 여기서 가장 가까운 마을은 이틀 전 들렀던 트라우트레이크인데, 이곳에서 약 40마일 정도 떨어져 있었다. 히치를 하면 좋겠지만 워낙 차가 없었고, 날씨도 안 좋아 계속 비가 내렸다. 일단 히치를 시도하며 걸어가기로 했다.

운 좋게도 얼마 안 있어 차 한 대가 섰다. 하지만 약 7마일 정도밖에 못 가준다고 했다. 그거라도 감사하다고 말하며 트럭 뒤에 탔다. 비는 계속 오고 기온은 점점 떨어져 갔다. 트럭에서 내려 계속 걸었다. 일단 어제 머물렀던 타클라크레이크로 가기로 했다. 그곳엔 아무래도 캠핑 온 사람들이 많을 거고 혹시 고든 아저씨가 아직 계시다면 부탁을 드려보려 했다. 희남이는 계속 절뚝거리며 걸었다. 처음엔 희남이 속도에 맞춰주다가 차가 한 대도 지나가지 않아 차라리 내가 먼저 가 차를 잡아 돌아오는 것이 낫다고 생각해 속도를 냈다. 호수 캠핑장으로 가 어제 머물렀던 38번 사이트로 갔다. 고든 아저씨께서 장작을 패고 계셨다. 아저씨에게 인사를 드리고 자초지종을 말씀드리자 걱정해주시며 마을까지 데려다 주겠다고 했다. 그리고 차를 타고 희남이를 데리러 갔다.

희남이를 태우고 트라우트레이크 마을로 갔는데, 숙소가 남아있는 게 없었다. 날씨도 안 좋고 노동절 연휴도 끼어서 그런 것 같았다. 아저씨는 옆 마을에 가서 알아보자고 했다. 너무 귀찮게 해드리는 것 같아 미안해 하자 아저씨는 괜찮다며 데려다 주겠다고 하셨다. 희남이는 몸도 안 좋고 비를 너무 많이 맞아 계속 떨고 있었다. 약 15마일 떨어진 화이트새먼(White Salmon)이라는 옆 마을에 갔는데, 그곳에도 방은 없었다. 결국 다리를 건너 오리건 주의 후드리버라는 도시까지 오게 되었다. 바로 눈앞에 보이는 베스트웨스턴(Best Western)에 들어갔다. 가격은 조금 비쌌지만 방이 남아 있어 그곳에서 머물기로 했다. 나는 너무 고마워서 아저씨에게 저녁식사를 하고 가시라고 말씀드렸지만, 아저씨는 괜찮다며 캠핑장 가서 드신다고 했다. 그리고 이틀 정도 더 있을 테니 돌아갈 때 지나가면 들르라고 해 주셨다. 일단 몸도 녹이고 푹 쉬며 컨디션을 올려야 할 것 같다. 며칠 더 쉬어야 희남이에게 좋을 것 같다는 생각이 들었다.

09. 05. PCT +143
Hood River~Husum(PCT 3,621.84km/1,372m)

울긋불긋 꽃대궐 차린 동네
아침에 일어나 희남이에게 상태를 물었다. 아직 나아지지 않은 것 같았다. 그래서 하루 정도 더 쉬며 상태를 보자고 말했다. 하지만 큰

일인 게 노동절 연휴라 주변 숙박시설이 모두 꽉 차 있었다. 이곳에서라도 연장을 할 수 있나 확인해 보았는데, 이곳도 모두 예약이 되어있다고 했다. 일단 체크아웃시간까지 쉬다가 나와 주변 맥도날드로 갔다. 와이파이를 이용하여 주변에 머물 수 있는 곳을 찾아보았다. 그러다 어제 오는 길에 작은 마을 하나를 본 기억이 나 구글맵으로 그곳을 찾아보았다. 역시 마을이 있었고, 그곳에 Bed&Breakfast가 있었다. 그곳에 연락하여 방이 있냐고 묻자 있다고 했다. 게다가 픽업서비스도 가능하다고 했다. 우리는 그곳에서 하루 머물기로 했다. 도착해보니 가정집을 개조하여 만든 듯한 아담한 곳이었다. 한쪽은 방들이 있는 건물이 있고, 다른 한쪽은 카페 겸 레스토랑이 있었다. 주인이 셰프도 겸하고 있다고 했다. 방도 아주 깔끔하고 예뻤다. 영화 「그랜드 부다페스트 호텔」에서 영감을 받아 꾸몄다고 했다. 나도 재미있게 보았던 영화인데, 벽지 색감이나 소품들의 느낌이 비슷했다. 저녁은 레스토랑에서 먹었는데, 양은 적었지만 맛있었다. 인심도 좋고 느낌도 좋았다. 미국에서 이런 작은 마을을 만나게 되는 것도 즐거움 중의 하나였다.

　나는 꽤 행복한 시대를 살고 있다고 생각한다. 물론 누군가는 가장 힘든 시대를 살고 있다고 말할지도 모른다. 우리나라 경제부흥기라 할 수 있는 80~90년대에 태어나 황금세대의 끝을 이어 받아 거품을 걷어야만 하는 세대라고도 한다. 하지만 난 지금 이 시대에 태어난 것이 행운이라고 생각한다. 혁명세대라고 해야 할까. 디지털혁명, 정보화혁명이라고 불리는 역사적 시대에 태어난, 아날로그와 디지털이 묘하게 겹쳐있는 세대. 어렸을 때 버스 안내양이 안내해주는 버스도 타봤고, 집에 돌아가는 길 옆 무밭에서 무서리도 했었다. 화염병을

든 형들과 경찰 아저씨들이 싸우고 있을 땐 봉고차 아저씨가 사이렌을 지붕 위에 얹고 달렸다. 얼음판 위에서 팽이도 돌려봤으며, 정월대보름이면 개천가에 나가 쥐불도 돌려봤다. 동네 뒷산에 올라가 설탕물로 사슴벌레를 잡으러 다니기도 하고 구슬치기, 딱지치기를 하며 잃기도 많이 잃었다. 아폴로 빨대 과자를 깨끗이 먹을 줄도 알며, PC통신을 할 땐 집전화를 쓸 수 없다는 사실도 알고 있다.

가끔 지금 우리가 쓰고 있는 컴퓨터가 986, 1086, 1186 정도 되지 않았을까 생각해보기도 했다. IDSL, ADSL, VDSL 등의 단어도 2G, 3G, 4G만큼 많이 듣고 자랐으며, 한때 스타크래프트에 우윳빛 피가 흘러 내리기도 했고, 동네 PC방 접근금지령이 떨어지기도 했다. 지금의 영어학원처럼 웅변학원이나 주산학원이 엄청 많았던 적이 있었다. 아, 롤러장도 있었다. 콜라텍도 있었고. 기차를 타고 강촌으로 대학 MT를 갔으며 비둘기호, 제비호도 어렴풋이 기억난다. 아직도 '과수원길'이나 '고향의 봄' 등의 동요를 들으면 울컥해지기도 한다. 실향에 대한 슬픔은 아니지만 내 어린 시절에 대한 향수라고 해야 할까? '과수원길'은 독고탁이 기억을 잃었을 때 설거지를 하며 부르던 버전이 가장 좋았다. '고향의 봄' 역시 역사적인 아픔을 담고 있는 노래이지만 나에게도 울긋불긋 꽃대궐 차린 동네는 아직 마음속 어딘가에 존재하고 있다. 이런 내가 이런 글을 미국 워싱턴 주 어딘가에서 소셜미디어를 통해 공유하고 있다. 더 재밌는 건 어찌 보면 나는 시대를 역행하는 행위를 하고 있다. 4,300km를 걷는다는 것. 누군가 이런 나에게 그랬다. 오빠, 참 변태 같다고, 아날로그 변태.

실수에 대한 외면

한 열흘 전 후드산에서 내려오는 급류를 건너는 중이었다. 꼭대기에 눈이 덮여 있던 산답게 눈이 녹은 탁한 물이 가파른 계곡을 지나 세차게 내려오는 중이었고, 그러한 이유로 건너기가 쉽지 않았다. 지도나 GPS 상에도 위험하니 조심하라는 경보가 있던 곳이었다. 나중에 신발을 말린다는 생각으로 안전하게 건넜으면 됐을 텐데 굳이 안 적시겠다는 욕심으로 무리하게 되었고, 결국 그 욕심은 화를 불러왔다. 가뜩이나 거친 물살에 돌까지 미끄러워져 있어 계곡물에 빠진 것이었다. 불행 중 다행으로 크게 다칠 뻔한 상황을 스틱을 사용하여 최대한 몸을 돌려 약간의 타박상과 찰과상으로 끝낼 수가 있었지만, 그때 가지고 다니던 카메라가 침수되고 말았다. 지금까지 비나 눈 속에서도 잘 버텨주었던 카메라여서 크게 이상이 없을 줄 알았는데, 다음날 전원이 들어오지 않았다. 배터리를 교체하고 여러 가지 방법을 써봤지만 결국 돌아오지 않았다. 나의 욕심과 오기로 더 큰 것을 잃고 만 것이다.

사실 그 며칠 전에도 욕심을 내다 물에 빠진 적이 있었는데, 똑같은 실수를 반복한 것이었다. 잘난 척은 혼자 다하고 세상을 다 아는 척하면서 정작 스스로는 작은 욕심 하나도 못 다스리고 있다는 것을 깨달았다. 항상 경험을 우선시하고 경험을 통해 배우고 더 나아가 발전시킨다고 입버릇처럼 말을 해왔는데, 부족한 부분을 알면서도 그걸 인정하기 싫어하고 때론 부정해버린다. 좋은 점은 있는 대로 부각

시키고 내보이려 하면서 부족한 점은 고치려 하기보다 숨기고 외면하려 한다. 비슷한 순간이 오면 나는 또 무리를 해서 건너려고 할 것이다. 때론 성공을 할지도 모르지만 실패를 한 순간, 오늘과 비슷한 생각을 할 것이다. 인간이기에 같은 실수를 되풀이할 수 있지만, 앞으론 실수를 외면하지 않고 싶다. 눈앞에 펼쳐진 감동적인 순간들을 많은 사람들과 나누고 싶었으나, 카메라는 고장 나고 가져온 필름, 카메라 필름도 다 떨어졌다. 아이폰 카메라는 이미 사막 모래로 흠집이 나 어쩔 수 없이 정면 카메라로 대충 감을 잡아 찍어야 하는 답답함이 다시 한 번 나를 돌아보게 했다. 눈 덮인 아담스산은 저리도 눈부시게 아름다운데….

　아침을 먹으러 레스토랑으로 갔다. 홈메이드 아침식사를 제공한다고 하여 기대를 하긴 했지만, 기대 이상의 아침식사였다. 직접 구운 빵과 딸기 잼, 신선한 과일들과 치즈, 소시지, 베이컨, 커피 등 기본적인 미국식 아침 메뉴였지만 정말 맛있었다. 알고 보니 이곳은 패밀리 비즈니스를 하고 있는 것 같았다. 주인의 부모님이 계셨는데, 어머님이 직접 빵과 잼 등을 만든다고 했다. 우리가 이곳에 방문한 첫 한국인이라며 사진도 함께 찍고 여러 이야기를 나누었다. 그리고 원하는 시간에 트레일로 데려다 주겠다고 했다. 그런데 희남이 상태를 보니 오늘 하루 더 쉬어야 할 것 같아 트라우트레이크 마을까지만 데려다 달라고 부탁을 드렸다. 마을에 다시 도착하여 숙소를 찾았는데 아직도 빈 방이 없다고 했다. 그래서 주변의 다른 숙소를 추천받았고, 약 2마일 떨어진 애비(Abbey)라는 곳에 머물기로 했다. 전화로 예약을 하고 픽업서비스를 받았다.

　숙소에 도착하니 이 또한 너무 멋진 곳이었다. 저 멀리 앞쪽으로 아담스산이 우뚝 솟아 있었고, 건물 앞에는 정원이 아름답게 꾸며져 있었다. 바로 옆에는 절이 있었는데, 알고 보니 이곳 주인 중 한 분이 스님이셨다. 서양에서 절은 처음 보는 거라 조금 낯설었지만 신기했다. 숙소는 특이하게도 신발을 벗고 실내에 들어가야 했다. 동양적인 스타일의 숙소였다. 도미토리룸에서 묵었는데, 우리 말고 다른 하이커가 한 명만 있어서 조용하고 좋았다. 침대에 누워 창문 밖을 쳐다보면 아담스산이 멋진 위용을 자랑하고 있었다. 점점 구름이 걷히고 오후 늦게 파란 하늘을 보여주었다. 내일은 날씨가 좋을 것 같다. 이제 슬슬 트레일로 복귀할 때가 된 것 같다.

09. 07. PCT +145
Trout Lake&RD2251~WACS2258(12.38km/3,634.22km/1,571m)

아까운 태극기 셔츠

애비의 아침식사도 정말 좋았다. 직접 구운 비스킷과 신선한 과일, 해쉬브라운과 스크램블드에그, 머핀, 도넛츠, 그리고 소시지까지 배부르게 먹었다. 희남이 상태를 물어보니 아직 불편하긴 하지만 더 쉬는 것보다는 조금씩이라도 천천히 가자고 했다. 나는 더 쉬어도 된다고 했지만 결국 트레일로 복귀하기로 했다. 떠나려고 짐을 싸는데, 내 셔츠를 어제 머문 곳에 두고 온 것을 알았다. 찾으러 가기엔 너무 멀고 그렇다고 그냥 버리기엔 너무 정이 든 옷인데. 솔직히 셔츠는 다시 사도 되지만 거기에 바느질해서 단 태극기가 너무 아까웠다. 일단 주인에게 메시지를 하나 남겨두었다. 있다면 나중에 우편으로 받던지 해야 할 것 같다. 하이커들이 많이 모이는 스토어에 앉아 트레일로 복귀하는 방법을 찾아보았다. 때마침 징크스가 자기도 오늘 오후에 복귀할 거라며 함께 트레일엔젤 연료비를 부담하자고 했다. 그렇게 하기로 하고 연료비 20달러를 나누어 내기로 했다.

4일 만에 다시 PCT로 돌아왔다. 희남이 상태가 아직 좋지 않아 오늘은 13km 정도만 가서 쉬기로 했다. 다음 보급지인 화이트패스까지 약 67km가 남아 이틀에 갈 수 있는 거리지만 사흘에 나누어 천천히 가기로 했다. 그래도 걱정된다. 오래 쉬지 않는 이상 나아지지 않을 텐데. 희남이 성격상 계속 가려고 할 테고, 어찌 어찌 버텨서 PCT를 끝낸다고 해도 그 후에 마라톤은 무리일 수 있다. 마라톤도 엄청 기대하고 있던 거였는데, 희남이가 상처를 받지 않았으면 좋겠다.

09. 08. PCT +146
WACS2258~Cispus River(19.85km/3,654.07km/1,832m)

PCT에도 가을이 찾아오다

희남이의 상태가 많이 안 좋은 것 같았다. 계속 희남이 속도에 맞춰서 갔는데, 오늘은 20km 정도를 운행하고 쉬기로 했다. 웬만해서는 더 가자고 했을 텐데 정말 힘든가 보았다. 발은 계속 부어있었고, 절뚝이며 걷고 있었다. 내일 화이트패스까지 약 35km가 남았는데 갈 수 있을지 모르겠다. 상태를 봐서 내가 희남이 짐을 나눠 들고 가야겠다. 분명 안 주려고 하겠지만 잘 설득해 봐야겠다. 오랜만에 패스 하나를 넘었다. 시스퍼스패스(Cispus Pass)라는 곳인데, 1,800m

정도였다. 드디어 고트락스윌더니스(Goat Rocks Wilderness)이라는 지역에 들어왔는데, 풍경이 정말 멋있었다. 저 높이 멋진 바위들이 병풍처럼 펼쳐져 있고 아래로는 계곡물이 힘차게 흘렀다. 저 멀리에는 지나온 아담스산도 보이고 가을이 오는지 울긋불긋한 잎들이 보였다. 그렇다. PCT에도 가을이 찾아오고 있었다. 9월도 거의 열흘이 지나고 있으니 한국에서도 슬슬 가을 맞을 준비를 하고 있을 것 같다. 단풍이 붉게 물든 PCT도 참 멋질 것 같다는 생각이 들었다. 오랜만에 일찍 텐트에 누워 쉬니 참 좋았다. 바람소리도 듣고 폭포 소리도 들으며 밀린 엽서나 써야겠다.

09. 09. PCT +147

Cispus River~White Pass(35.44km/3,689.23km/1,344m)

베어리에게서 온 문자메시지

지루한 하루였다. 마을에 도착하는 날이고, 35km 정도만 운행하면 되는 거리였다. 평소대로라면 늦어도 오후 3시 전에는 도착할 수 있는 거리였다. 하지만 열 시간이 넘게 걸려 5시가 넘어서야 도착할 수 있었다. 희남이가 속도를 못 내고 있어서였다. 너무 힘들어 하는 것 같아서 짐을 나눠 들어주려 했지만 자존심 때문인지 끝까지 괜찮다고 했다. 처음엔 두 시간 정도 걷고 쉬다가 나중엔 한 시간마다 쉬었다. 아무래도 마을에서 좀 더 쉬는 게 나을 것 같았다. 처음에는 페이스를 맞춰 걸었는데, 내 페이스도 흐트러지고 시간도 많이 걸려 나도 점점 힘들어져 갔다. 그래도 혼자 두고 갈 순 없었다. 함께 하기로 한 거고, 지금까지 잘 걸어왔는데 끝에서 포기하기 싫었다. 이제 희남이와 함께 비자가 만료되기 전에 완주하는 게 목표가 되었다. 아무래도 알래스카는 이번에 못갈 듯하다. 아쉽긴 하지만 나중에 또 기회가 있을 테니. 마을에 도착할 때쯤 베어리에게서 문자가 왔다. 어디쯤인지 안부를 묻는 문자였다. 나는 자초지종을 설명했다. 그랬더니 걱정 말라며 응원해 주었다. 그리고 이렇게 답했다.

'기억해. 아리조나 투썬과 멕시코 할리스코에 너를 위한 따뜻한 집이 있단 걸.'

내가 PCT를 끝낸 후 자전거를 타고 남미까지 갈 거라고 하자 가는 길에 언제든 들르라고 했던 말이었다. 화이트패스에 도착했는데, 마을이 아니라 그냥 스키장이었다. 하지만 시즌이 아니어서 작은 마트가 딸린 주유소와 숙소만 여는 것 같았다. 주유소 마트에서 우편물을 받아주었는데, 미리 보내놓았던 보급품과 수진이에게 온 카메라와 팀홀튼 프렌치 바닐라, 그리고 승철이에게 온 엽서가 있었다. 고마운 동생들! 이렇게 감동을 주다니. 희남이에게는 주현이가 라면과 과자 등을 보내주었는데, 고맙게도 내 것까지 챙겨주었다. 희남이도 조금씩 힘이 나는 듯했다.

09. 10. PCT +148
White Pass&Packwood(PCT 3,689.23km/1,344m)

속도는 무의미하다
군대시절 빼고 가장 장시간 동안 여자 친구 없이 혼자 보내고 있는 것 같다. 거의 8개월이 지난 거 같은데 외롭다는 생각이 들었다. 요즘엔 누군가에게 기대고 싶은 생각이 든다. 힘들다고 투정도 부려보고, 보고 싶다고 애교도 부리고, 누군가 온전히 나를 위해서 바라봐 주는 사람이 있으면 좋겠다는 생각이 든다. 물론 멀리 있어 만나거나 곁에서 잘해주진 못하지만 마음만으로도 든든할 수 있는 그런 사람. 친구들에게 말했더니 욕심이란다. 그런 것 같다. 내가 필요로 하니까 이렇게 욕심을 부리는 것 같다.

희남이는 이틀 정도 더 쉬고 싶다고 했다. 아무것도 없는 이곳에서 쉬는 것보다 마을에 가서 쉬는 게 나을 것 같아 히치를 하여 35km 떨어져 있는 팩우드란 곳으로 갔다. 먼저 우체국에 가서 짐 보낼 것을 정리하고 점심을 먹기로 했다. 우체국 직원에게 추천을 해달라고 했더니 이 작은 마을에서 추천까지 할 곳은 없다고 웃으며 말했다. 그래도 저쪽에 클리프드라퍼(Cliff Dropper)라는 버거 가게가 괜찮으니 가보라고 했다. 가격은 조금 비쌌지만 맛있는 버거였다. 내가 좋아하는 어니언링도 맛있었다. 숙소를 잡으려다가 마을 중심에 RV 파크가 있어서 그곳에서 머무르기로 했다. 텐트 사이트가 20달러 정도 되고 샤워에 와이파이도 되는 곳이었다. 빨리 희남이가 나아졌으면 좋겠다. 희남이에게 말했다.

"난 너에게 맞춰 함께 가기로 결정했으니 너무 미안해하거나 신경 쓰지 마라. 그래도 너의 컨디션이나 그때그때 상황을 미리미리 말해줘. 얼마나 걸을 수 있는지, 어디쯤에서 휴식을 취할 건지, 얼마나 쉴 건지. 그래야 내가 내 페이스를 맞춰 힘이 덜 들 것 같으니까."

이제 정말 속도는 무의미해졌다.

내 인생 최초의 기억은 4살 때부터 시작되었다. 그때 했던 생각들이 지금도 기억난다. 초등학교에 입학해서 전학 가기 전 5학년 때까지 반에서 항상 반장을 맡았으며, 공부도 반에서 일등이었다. 5학년 2학기 때 전학을 가게 되었는데, 전학 간 학교의 담임선생님이 우리 학교에 천재가 왔다고 소개를 했다. 어떤 담임선생님은 내 별명을 286컴퓨터라고 지어주었으며, 중학교에 들어가 처음 만난 담임선생님은 나를 아이디어뱅크라고 불렀다.

만화책, 게임, 축구 등 노는 것을 너무 좋아해서 공부를 거의 하지 않았다. 시험기간이 되면 부모님 눈치를 보아가며 공부하는 척했지만 딴생각을 하기 일쑤였다. 그러다가 시험 하루 전날 벼락치기를 했다. 그래도 점수가 잘 나왔다. 중학교 때는 시험기간에 친구들과 독서실을 다녔는데, 그때 역시 공부하러 가기보단 친구들이 있으니 함께 있고 싶어 간 것이었다. 처음에 친구들은 내가 벼락치기한다는 것을 믿지 않았다. 말로는 안 한다 하지만 혼자 숨어서 엄청 열심히 할 거라고 생각했다. 하지만 독서실을 함께 다니며 진짜 공부를 안 하고도 점수가 잘 나오는 나를 신기해했다. 몇몇 친구들은 자격지심을 느껴 나와 함께 독서실을 다니지 않으려 했다.

중학교까지는 벼락치기가 통했다. 하지만 고등학교는 달랐다. 하루만 공부해서 따라잡기에는 무리가 있었다. 과목도 워낙 많고 공부의 깊이도 중학교 때와 달랐다. 하지만 이제 와서 공부 스타일이 달라질 리 없었다. 나는 계속 벼락치기를 했고 성적은 점점 떨어졌다. 특히 수학은 엄청난 시련이었다. 신기하게도 국어나 문학은 잘 나왔다. 드디어 고3이 되었다. 고3 첫 모의고사를 치렀는데, 400점 만점에 200점 정도가 나왔고 그중 수학은 10점대였다. 담임선생님과 첫 진학상담을 하던 날 어디를 가고 싶냐는 물음에 나는 한양대 건축학과를 가고 싶다고 했다. 담임선생님은 내 성적을 보시더니 이 성적 가지곤 수도권 내 학교도 어렵다고 하셨다. 충격이었다. 그날 나는 결심했다. 공부란 것을 제대로 한번 해보자고. 그리고 스스로와 약속을 했다. 수업시간이든, 쉬는 시간이든, 야자시간이든 학교에서 한숨도 자지 않겠다고. 이것이 바로 '독한 양군'의 시작이었다.

　나는 자신과의 약속을 친구들에게 모두 알렸으며, 친구들은 절대지킬 수 없을 거라고 했다. 결론부터 말하자면 난 약속을 지켜냈다. 미친놈 소리, 독하다는 소리를 들어가며 고3을 버텼다. 7시 30분에 시작되는 아침자율학습 시간부터 밤 10시 야간자율학습이 끝나는 시간까지 학교에서 한숨도 자지 않았다. 한 가지 문제는 수학이었다. 다른 과목은 학교에서 배우는 것과 스스로 공부하며 어느 정도 맞출 수 있었는데, 수학은 기초가 없었기 때문에 도저히 따라갈 수가 없었다. 그래서 수학 과외를 받기로 했다. 하지만 대충 받기는 싫었다. 과외 커뮤니티에 과외 선생님을 구하는 공고를 올렸다.

　'나는 수학을 하나도 모르지만 정말 열심히 할 자신이 있습니다. 하라는 대로 다 하겠습니다. 하지만 내 수능 수학점수가 60점을 못 넘기게 된다면 그동안 낸 과외비의 절반을 돌려주셔야 합니다.'

　말도 안 되는 공고였을 것이다. 하지만 난 대충 과외비만 벌고자 하는 선생님이 필요치 않았다. 사명감이 있는 사람이 필요했던 것이다. 내 인생을 좌지우지할 순간이니까.

　결국 이력서를 보고 최종 두 명을 고르게 되었고, 수원역에서 만나 보았다. 고3 수험생이 대학생 2명을 상대로 면접을 본 것이다. 한 명은 시립대생이었고, 다른 한 명은 성균관대생이었다. 면접 후 성대생 과외 선생님과 공부를 시작하게 되었다. 『개념원리 수학』과

『수학의 정석』을 활용하여 정말 잘 가르쳐 주었다. 생각보다 진도를 빨리 빼서 수2까지 여름방학 때 모두 끝내게 되었는데, 그 다음에 한 수학공부가 또 가관이었다. 과외 선생님이 이제 문제를 많이 풀어 익숙해지는 게 좋다고 하여 서점에서 가장 어려워 보이는 수학책 한 권을 사라고 했다. 그리고 일주일 동안 다른 것은 하지 말고 그 문제집을 다 풀어보라 했다. 나는 이름도 딱딱해 보이는 『본수학』이라는 책을 샀고 일주일 만에 다 풀어버렸다. 그 이후로 수학에 자신감이 붙었고 성적이 바짝 올랐다. 고3 마지막 모의고사 때 400점 만점에 360점 정도까지 올렸다. 1년도 안 되어 100점 넘게 올린 것이었다. 담임선생님도, 반 친구들도 모두 신기해했다. 그러나 수능 때 영어 점수가 너무 안 나와 310점 정도가 나왔다. 하지만 과외비 절반을 돌려주지 않아도 되었다.

대학교에 와서도 버릇은 잘 고쳐지지 않았다. 더 어려운 대학교 공부 역시 벼락치기였다. 머리가 좋다는 이야기는 많이 들었지만 게을렀다. 그리고 싫증을 잘 냈다. 조금만 해도 금방 따라갈 수 있었기에 별로 재미를 못 느꼈다. 하지만 흥미를 갖게 되는 것들에 있어선 엄청난 집중력을 발휘해 빨리 성과를 내곤 했다. 만일 내가 게으르지 않았다면 뭔가 다른 일을 하고 있을지도 모른다. 하지만 내 삶에서 속도는 큰 의미가 없다. 조금 게으르긴 하지만 그래도 지금의 내 자신이 좋다. 인간적일 수 있어서.

09. 11. PCT +149

White Pass&Packwood(PCT 3,689.23km/1,344m)

한여름 밤의 꿈

당연한 이야기지만 어렸을 때 나는 참 어렸다. 유치원 때 첫 프러포즈를 했고, 더 발전되지 못한 후 오랫동안 혼자였던 것 같다. 물론 호감이 가는 친구들도 있었고 고백 같은 것도 받은 적이 있었지만 아직 준비가 안 되었던 것 같다. 물론 결정적인 것은 내가 정말 원하던 사람이 아니었을 수도 있다. 중학교도 남녀공학에 합반에 남녀짝꿍이었고, 고등학교는 분반이었지만 역시 남녀공학이어서 여자에 대한 환상이나 신비감이 덜했던 것 같다. 물론 두려움이나 거부감도. 오히려 사춘기 때 남녀가 자연스럽게 지내며 더 좋았다고 생각한다.

지금 기억나는 그때는 중학교 시절 어느 무더운 여름날이었다. 학교에서 이천으로 도자기 체험을 하러 가는 프로그램이 있어 신청을 했는데, 우리 반에서 남자는 나밖에 없었던 것 같다. 친했던 두 명의 여자아이도 함께였다. 지금 생각해보면 그리 친하진 않았었는데, 이 프로그램을 통해 친해졌던 것 같다. 버스를 타고 약 2시간 정도를 달려 이천의 한 도자기 체험장으로 향했다. 마치 소풍을 가는 듯한 느낌이었다. 중간에 휴게소도 잠깐 들르고 버스에서 수다도 떨었다. 두 명의 여자아이에겐 나름 호감이 있었지만, 그 이상도 이하도 아니었다. 하지만 사랑은 마치 길을 걷다 돌부리에 걸려 넘어지는 것처럼 그렇게 갑자기 찾아온다고 했던가? 그 순간이 내게도 찾아온 것 같았다.

그때도 역시 콜라에 대한 사랑은 지금과 같았는데, 목을 축이기 위해 콜라 한 캔을 사서 마시고 있었다. 그 모습을 본 두 명 중 한 여자아이가 자기도 한 모금 마시고 싶다며 달라고 했다. 나는 그 아이에게 콜라 캔을 건네주었는데, 아무 거리낌 없이 입을 대고 마시는 것이었다. 나름 간접키스를 하게 되는 순간이었다. 주변에서 둘이 간접키스 했다고 놀려댔지만, 그 아이는 대수롭지 않다는 듯이 웃어 넘겼다. 그 순간이었던 것 같다. 그 아이, 아니 그녀라는 돌부리에 걸려 넘어진 순간이. 나는 그녀의 털털한 모습에 조금씩 빠져들게 되었다. 물론 아무도 모르게 혼자. 도자기 체험을 다녀와서 그녀와 조금 더 가까워지게 되었다. 왜인지 모르겠지만 서로 집 전화번호를 교환하였고, 학교를 마치고 집에 돌아가서 전화통화를 했다. (휴대폰이 그리 많이 보급되지 않았었고, 수첩에는 친구들 집 전화번호가 가득히 적혀 있었던 시절이었다.) 그날 이후로 학교가 빨리 끝났으면 좋겠다고 생각했다. 그래야 그녀와 전화통화를 할 수 있으니까. 우리 집은 학교 바로 5분 거리에 있었고, 그녀의 집은 버스로 한 시간 정도 거리에 있었다. 학교가 끝나자마자 빨리 집으로 뛰어가 그녀의 전화를 기다리는 게 낙이었다. 거실에 앉아 전화기를 바라보며 기다리는 그 한 시간이 왜 그리도 설레었는지. 무슨 이야기를 나누었는지는 잘 기억이 안 난다. 학교 이야기, 친구 이야기 등을 했던 것 같다. 우린 어렸으니까.

어느 날은 전화가 올 시간이 되었는데도 전화기가 울리지 않는 것이었다. 이런 생각, 저런 생각을 하다가 내가 먼저 걸어볼까도 했지만 왠지 그녀가 걸어주는 전화에 더 익숙해 했었기에, 그리고 그녀가 선택권을 가지고 있다고 생각했었기에 먼저 용기 내어 전화를 걸진 못했다. 하지만 그냥 그녀가 잠깐 깜빡하고 있을 것 같거나 피곤해서 잠든 거라 생각을 하여, 잘못 걸려온 전화인 척 전화를 걸어 그녀가 받기 전에 끊곤 했다. 그럴 땐 신기하게도 잠시 후 전화가 왔는데, 받기 전에 끊겼던 전화 이야기를 꺼내면 나는 끝까지 모르는 척 시치미를 뗐다.

며칠 동안 전화통화는 계속되었고, 그녀에 대한 내 마음은 점점 더 커져만 갔다. 그녀의 마음도 나와 같을 거란 믿음도 역시. 결국 그녀에게 고백을 하기로 결심을 했다. 하지만 말로 할 용기는 조금 부족했다. 그래서 마음을 담아 편지로 고백하기로 결심했다. 그 편지는 조심스레 그녀에게 전해졌고, 15년이 지난 지금까지도 그 편지에 대한 답장은 받지 못했다. 알고 보니 그녀는 사귀던 남자친구가 있었고, 나를 편한 친구로 생각했는데 내가 오해를 했던 거 같았다. 나 혼자만의 꿈이었다. 달콤한 꿈속을 나 혼자 걷고 있었던 것이다. (나중에 다른 친구에게 들었는데, 그 당시 그 남자친구와 사이가 좋지 않았고 얼마 후 헤어졌다고 한다.) 솔직히 말해 그녀가 잘못한 것은 없었다. 같은 반 친구로서 친해지고 가끔 전화하고 했던 것뿐인데, 내가 오해하고 고백하고 차였다고 생각하여 그 후로 그녀의 눈도 마주치지 않았다. 고개를 돌리면 바로 옆에 있는 친구인데 한마디도 하지 못했다. 전화통화를 하며 수다를 떨었던 친구였는데, 그 후로 중학교 졸업하는 순간까지 그녀를 없는 사람처럼 대했다. 눈길을 피했고 어쩌다 마주쳐도 아닌 척했다.

어쩌면 처음 꿔보는 꿈이어서 너무 내 생각만 했는지도 모르겠다. 그녀에게 생각할 시간을 고민할 시간을, 아니 예스, 노우, 대답할 시간도 주지 못한 것 같았다. 참 어렸다. 영화나 드라마에서 나오는 것처럼 딱딱 맞춰 돌아갈 줄 알았나 보다. 앞뒤 지루할 수 있는 부분을 자르고 고백한 장면이 나온 후 바로 손잡고 데이트하는 장면이 나오는 것처럼. 삼 년 내내 그래도 마음속 한켠엔 그녀가 있었다. 바보처럼 앞에 서진 못하지만 멀리서 지켜보고 있었다. 한번은 그녀가 누군가와 심하게 싸우다 넘어진 걸 보았는데, 달려가 그녀를 일으켜 세워주고 싸움을 말린 후 또 아무 일 없었다는 듯 사라진 적이 있었다. 그때도 바보처럼 그녀에게 고맙다는 말 한마디 할 시간도 주지 않았다. 이런 꿈을 또 한 번 꾼다면 이번엔 잘할 수 있을까? 한여름 밤의 꿈을 또 꾸게 된다면.

09. 12. PCT +150
White Pass&Packwood(PCT 3,689.23km/1,344m)

외모와 성격, 무엇이 더 중요할까

심심했다. 이 마을은 정말 작아서 삼십 분이면 다 돌아볼 수 있고 그렇다고 구경할 데가 있는 것도 아니었다. 겨울시즌에는 사람이 많을 것 같은데, 아직 시즌 전이라 그런지 한산했다. 텐트에 누워 있다가 찌뿌둥해지면 나와 한 바퀴 돌고 더우면 찬물에 샤워하고 다시 뒹굴거렸다. 그나마 와이파이가 잡히니 다행이었다. 오랜만에 친구들 안부 카톡도 남기고 밀린 드라마나 TV 프로들을 보았다. 요즘 「오, 나의 귀신님」을 보고 있는데 참 재미있다. 박보영도 너무 좋고, 조정석도 너무 좋다. 게다가 조연들 캐릭터도 흥미롭고 결정적인 것은, 단순한 멜로물이 아니라 약간의 스릴러가 섞여 있어서 보는 중간 중간 긴장을 하게 만든다. 한번 더 생각하게 만드는 대사들도 있고, 철학적인 질문을 하게 만드는 내용들도 있었다. 특히 "사람이 어긋나는 게 아니라 시간이 어긋나는 거"라는 대사는 나도 요즘 생각하고 있던 거라 공감이 되었다. 그리고 외모와 성격 두 가지 중 무엇이 사람을 나타내는 데 큰 요인인지 생각해보게 되었다. 지난번 시각장애인이 사랑하는 내용의 영화를 볼 때는 사람을 사랑할 때 외모가 없어도 되겠구나 라는 생각을 했는데, 이 드라마에서는 반대로 외모가 더 크게 작용을 할 수도 있겠다는 생각을 했다. 극 중 박보영에게 귀신이 씌어 어떻게 보면 이중인격인 셈인데, 조정석은 알아채지 못한다. 과연 그는 원래의 박보영을 좋아한 건지, 귀신이 씌인 박보영을 좋아한 건지. 아니면 외모를 좋아한 건지.

09. 13. PCT +151
White Pass&Packwood(PCT 3,689.23km/1,344m)

착한 호텔에서 하루 더

PCT로 복귀하기로 한 날이었다. 아침에 일어나 짐을 다 싸고 희남이의 상태를 살폈더니 오전까지 쉬어보고 결정을 하겠다고 했다. 나는 텐트 안이 답답하여 밖으로 나와 도로변 카페에 앉아 달달한 민트모카와 시나몬롤을 먹었다. 점심 즈음 희남이에게 연락이 왔다. 하루 더 쉬고 싶다고. 나는 알았다고 했다. 이왕 하루 더 쉬는 김에 텐트 말고 옆에 있는 작은 호텔에서 쉬기로 했다. 호텔 팩우드는 오래된 호텔 같았다. 솔직히 호텔이라기보다 여관에 가까웠는데, 가격이 너무 착했다. 침대 2개가 있는 방 하나에 45달러. 화장실과 샤워실이 공용이긴 했지만, 주인아주머니도 친절하고 깔끔했다. 바리스타에게 연락을 해야 했다. 수진이가 보내준 카메라가 한국에서 쓰던 거라 앞에 110V로 바꿔주는 플러그가 필요했는데 마을엔 팔지 않았다. 인터넷으로 주문하려고 했더니 배송시간도 오래 걸리고 배송료가 물품 가격보다 더 비쌌다. 혹시나 해서 PCT 커뮤니티에 올렸는데, 시애틀에 사는 바리스타가 연락이 온 것이었다. 자기가 직접 사서 가져다준다는 것이었다. 그래서 다음 보급지인 스노퀼미패스에서 만나기로 했다. 만나면 어떻게 고마움을 표현해야 할지 모르겠다. 대략 5일 후에 도착할 것 같다고 약속을 잡았었는데, 하루를 더 미뤄야겠다.

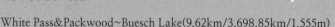

09. 14. PCT +152
White Pass&Packwood~Buesch Lake(9.62km/3,698.85km/1,555m)

비자만료일까지 20일

아침부터 날씨가 엄청 흐렸다. 저 멀리 산에는 구름이 잔뜩 끼어있었다. 어제부터 바람이 불어 심상치 않다고 느꼈었는데, 역시 날씨가 안 좋아지고 있었다. 기상정보를 보니 눈 올 확률도 높고 한 주 내내 날씨가 안 좋다고 한다. 마음의 준비를 단단히 해야 할 것 같다. 호텔 체크아웃을 한 후 햄버거로 점심을 때우고 히치를 시도했다. 그런데 곧 비가 쏟아졌다. 일단 나무 밑으로 피해 히치를 다시 시도했다. 쉽게 성공할 거라 생각했는데 비가 와서 그런지 한 시간 넘게 성공하지 못했다. 일단 카페로 가서 몸을 조금 녹이기로 했다. 따뜻한 핫초코 한 잔을 하며 몸을 녹이고 다시 나오니 비는 조금 그쳐있었다. 하지만 아직 구름이 잔뜩 끼어있어 언제 다시 내릴지 모르는 상황이었다. 다행히 삼십 분 만에 히치를 성공하여 트레일로 복귀할 수 있었다. 정말 오랜만에 걷는 PCT였다. 하지만 희남이 컨디션도 있고, 시간도 늦어서 10km만 가서 쉬기로 했다. 다시 내일부터 부지런히 걸어야 할 것 같다. 이제 정말 시간이 없다. 비자만료일까지 약 20일 정도 남았고 PCT는 약 600km 남았는데, 하루에 적어도 30km는 가야 도착할 수 있다. 게다가 날씨도 점점 추워지고 오르막도 많고 눈도 올지 모른다. 마지막까지 긴장을 늦추면 안 될 것 같다.

09. 15. PCT +153
Buesch Lake~WA2317C(30.69km/3,729.54km/1,604m)

끝날 때까지 끝난 게 아니다

PCT를 걸은 지 다섯 달이 지났다. 그리고 500km 남짓 남았다. 이 쯤이면 이 길의 끝에 서 있을 줄 알았는데, 생각보다 늦어지고 있었다. 중간 중간 이곳저곳을 돌아다니기도 했고, 여름휴가로 샌프란시스코도 다녀오다 보니 그렇게 된 것 같다. 초반에 함께 했던 친구들이 캐나다에 도착했다고 소식을 전해오고 있다. 한편으로 부럽기도 하고 아쉽기도 했다. 친했던 하이커들과 함께 마무리를 했으면 좋았을 걸 하는 아쉬움. 그래도 어쩔 수 없다. 이제 주어진 상황에서 최선을 다해야 한다. 이제 가장 큰 목표는 희남이를 이끌고 비자가 만료되기 전 이 길의 끝에 서는 것이다. 처음과 비교하면 완전 바뀐 목표이다. 처음엔 일주일 만에도 그만둘 수 있다고 생각했는데, 이제는 완주를 목표에 두고 있다. 희남이 상태가 생각보다 안 좋지만 그렇다고 혼자 두고 갈 순 없다. 희남이를 생각해서도 그렇지만 혼자 두고 먼저 완주해봤자 행복할 것 같지 않았다. 각자의 여행이라고 하지만 함께 시작했으니 끝도 함께이면 더 행복한 마무리가 될 것 같다.

'끝날 때까지 끝난 게 아니다.'란 말이 있는데 공감이 간다. 지금까지와는 달리 반대편의 의미에서. 어찌 보면 이미 다 끝났다고 안일하게 생각하고 있었는지도 모르겠다. 벌써부터 끝나고 나서 할 일들을 계획하고 걱정하고 있었으니.

이런 옛날이야기가 있다. 어느 농부가 쌀농사를 짓고 있는 것을 본 선비가 "어휴, 이제 곧 쌀밥을 드실 수 있겠네요." 하고 너스레를 떨자 농부는 "가봐야 알겠지요."라고 대답을 했다. 시간이 지나 농부가 쌀을 추수하는 것을 본 선비가 다시 "이제 진짜 쌀밥을 드실 수 있겠네요." 했지만 농부는 "가봐야 알겠지요." 하고 또 대답했다. 선비는 자기를 놀리는 건가 약간 화가 났지만 참고 넘겼다. 어느 날 선비가 농부의 집을 찾아갔는데, 때마침 농부가 이번에 추수한 쌀로 밥을 지어 한 술 뜨려 하고 있었다. 선비는 "이제 진짜로 쌀밥을 드시네요." 하고 비아냥거리는 투로 말하자 농부는 웃으며 "아직 모르지요. 끝까지 가봐야…." 그 순간 선비는 "무슨 지금 쌀밥을 먹고 있으면서 나를 놀리는 거요?" 버럭 화를 내며 밥상을 엎어 버렸다. 그러자 농부는 배시시 웃으며 이렇게 말을 했다. "보시오. 끝까지 가봐야 안다고 하지 않았소."

끝날 때까지 끝난 게 아니다. 끝날 때까지 절대 포기하지 말고 절대 방심하지 말자. 원래 계획보다는 조금 늦어졌지만 그러면 어떤가. 순리대로 하면 되는 것을, 끝날 때까지 끝난 게 아니란 것을 다시 한번 되새겼다.

오늘은 희남이가 30km를 가보겠다고 하여 천천히 30km를 걸었다. 다행히 그리 어려운 코스는 아니어서 큰 무리는 아니었던 거 같다. 하지만 내일부터 40km씩 걷겠다고 하는데 조금 걱정이다. 신발을 바꿔 신자고 했는데, 괜찮다고 한다. 그냥 팩우드에서 기다렸다가 신발을 받고 출발할 걸 그랬다. 마운트레이니에국립공원(Mt.Rainier National Park)에 진입했다. 저 멀리서 보이던 레이니에산이 눈앞에 펼쳐져 있었다. 구름이 많이 껴서 조금 아쉬웠지만 그래도 정말 멋진 풍경이었다. 카메라가 안 되는 게 계속 마음에 걸렸다. 사흘만 참으면 카메라를 쓸 수 있을 것이다. 하지만 만약 충전을 해도 안 되면 어떡할까 걱정이 된다. 너무 오랫동안 내 손을 떠나있던 카메라다. 거기다 수진이가 잘 썼는지도 모르겠다. 이미 렌즈 앞 커버는 부서져 있었고 어디가 잘못된 건지 몰라도 카메라 한쪽 부분이 테이프로 고정이 되어 있었다. 거기다 충전기 코드 부분도 충격이 있는지 약간 어긋나 있었다. 일단 바리스타가 가져다주는 110V 플러그로 충전을 해서 작동이 되는지 확인해봐야 할 것 같다. 그때에도 작동이 안 된다면 문제는 커진다. 카메라 하나를 사던가 필름이라도 구해야 할 것 같다. 조금씩 살이 오르는 것 같다. 마을에서 오래 쉬고 계속 먹고 자고 했으니 그도 그럴 것이다. 다섯 달이 지난 만큼 다시 마음을 먹고 시작해야겠다.

09. 16. PCT +154
WA2317C~Arch Rock Springs(35.21km/3,764.75km/1,695m)

날은 춥고, 옷도 없고, 어깨는 결리고

날씨가 부쩍 추워져서 그런지 계속 밤잠을 설쳤다. 한 시간마다 깨는 것 같다. 추워서 그런 것 같기도 하고, 어깨가 결려서 그러는 것 같기도 하다. 큰일이다. 점점 더 추워지는데, 긴 바지도 없고 긴팔도 없다. 하이시에라에서 입던 옷들은 더는 필요 없을 것 같아 캐나다 쪽으로 다 보내 놓았었다. 일단 있는 것들을 껴입고 버텨보기로 했다. 어깨 결림도 더 심해지고 희남이 페이스에 맞추다 보니 피로도 심한 것 같았다. 오늘은 왼쪽 발바닥이 너무 아파왔다. 잠깐 쉬니 다시 괜찮아졌지만, 나도 어디 한 곳이 아파올 수 있다고 생각하니 두려워지기 시작했다. 일단은 내 몸부터 챙겨야 할 것 같다. 마지막 5km를 남겨두고는 허리 통증도 오기 시작했다. 디스크가 있어 허리가 가장 무서운데, 만일 그곳에 무리가 가면 정말 답이 없다. 따뜻한 라면과 커피로 몸을 녹이고 온몸에 파스를 붙였다. 자기 전에 아스피린 한 알을 먹고 자야겠다. 이틀만 더 버티면 희남이 새 신발이 기다리고 있다. 내 카메라의 배터리를 살릴 110V 플러그도.

09. 17. PCT +155
Arch Rock Springs~CS2365(40.81km/3,805.55km/1,375m)

따뜻하고 행복한 상상

오전 9시가 넘어서 출발을 했다. 희남이가 내가 계속 자기 페이스에 맞춰주니 신경 쓰이고 미안했는지 조금 일찍 출발하겠다고 했다. 그래서 도착시간에 맞추려고 9시 정도에 출발했다. 하지만 생각보다 일찍 희남이를 만났다. 희남이가 나보다 적어도 2시간은 앞서 있으니 오후 3시 넘어서 만날 줄 알았는데 1시 정도에 만났다. 같이 가려 했는데 희남이가 먼저 가서 기다리라고 했다. 아무래도 내가 계속 뒤따라가니 신경이 쓰이는 것 같았다. 알았다고 하고 오늘의 목적지에 먼저 가서 기다리겠다고 했다.

오늘 운행은 초반엔 정말 좋았다. 구름 사이로 햇빛도 조금씩 비추는 듯했고, 배낭도 음식이 많이 줄어 가벼웠다. 하지만 마지막 10km 정도를 남기고 상황이 뒤바뀌었다. 갑자기 비가 세차게 내리기 시작하고, 몸의 온도도 떨어져 피로도가 높아진 것이다. 손발이 얼고 속도도 현저히 떨어졌다. 가장 큰 문제는 배가 너무 고팠다. 갑자기 추워져서 그런지 어지러울 정도로 허기가 졌다. 하지만 행동식은 다 떨어졌고 건조 쌀과 라면 몇 개밖에 남지 않았다. 비가 너무 와서 불을 쓸 수는 없었다.

가다가 텐트를 하나 보았는데, 헌팅하러 온 사람의 텐트 같았다. 비도 피하고 혹시 먹을 걸 얻을 수 있나 가까이 가봤지만 아무도 없었다. 사냥을 하러 나간 듯했다. 캠핑테이블에는 콜라와 잭다니엘, 빵, 스낵바, 바나나 등 먹을 것이 엄청 많이 있었다. 정말 많이 고민했다. 아무도 안 보는데 바나나 하나만 가져갈까? 트레일매직인 줄 알고 먹었다고 할까? 쪽지를 하나 써둘까? 돈을 두고 먹을 것을 가져갈까? 온갖 유혹들이 머릿속을 스쳐갔다. 하지만 정신을 차리고 그냥 가기로 했다. 아무리 그래도 도둑질은 안 되는 것이니까.

캠핑사이트 2km 전 계곡물에서 물을 뜬 후 마지막 오르막을 올랐는데 힘이 나지 않아 죽는 줄 알았다. 바람도 엄청 불고 비도 계속 내리 퍼붓고, 캠핑사이트에 도착해서 보니 비를 피할 곳이 없었다. 비바람에 노출된 사이트였다. 좀 더 갈까 했지만 희남이는 이곳만 바라보고 버텼을 텐데 내가 없다면 너무 힘들어할 것 같았다. 오늘밤에는 마음을 단단히 먹어야 할 것 같았다. 밤새 비도 계속 올 것 같고, 더 추워지면 눈이 올지도 모른다. 일단 따뜻한 차로 몸을 녹인 후 라면을 끓여먹었다. 내일 40km 정도만 더 가면 작은 마을을 만날 수 있다. 마을이라고 하기엔 뭐하고 그냥 작은 주유소와 여관. 아무튼 하루만 더 고생하고 푹 쉬어야겠다. 온몸이 다 젖고 내 몸도 조금씩 말을 안 듣기 시작했다. 그나저나 희남이가 여기까지 올 수 있을까 걱정이 되었다. 나도 너무 힘들었는데, 지금 희남이는 죽을 맛일지도 모른다. 그래도 절대 포기하지 않을 거란 걸 안다. 끝까지 함께 가기로 했으니. 다행히 어두워지기 시작할 무렵 희남이의 발걸음 소리가 들렸다.

오늘 하루도 무사히 마쳤다고 안도하며 혼자서 따뜻한 상상을 한다. 눈이 소복이 쌓인 날이었으면 좋겠다. 하얀 눈이 아직 조금씩 내리고 있다면 더 좋을 것 같다. 금요일 저녁 그녀와 만나기로 했다. 조명이 은은하게 비추는 서울의 거리, 많은 사람들이 각자의 리듬에 맞춰 걸어가고 있다. 혼자인 사람도, 함께인 사람들도 있다. 금요일 저녁이라 그런지 표정엔 은근한 어떤 설렘이 보이는 듯하다. 그녀보다 조금 일찍 도착하여 기다린다. 회사를 마치고 서둘렀을 그녀를 생각하며 편의점에서 따뜻한 병음료를 사둔다. 커피를 좋아하는 그녀지만 공복엔 좀 쓸 수도 있어 베지밀을 샀다. 잠시 후 그녀가 환하게 웃으며 이쪽으로 걸어온다. 나도 미소를 지으며 다가가 그녀의 머리를 쓰다듬고 한쪽 손을 잡아 내 주머니에 쏘옥 넣는다. 곧 두 손이 만나 따뜻한 온기를 내뿜는다. 사랑스런 눈빛으로 서로의 안부를 묻고 금요일 밤거리를 조금 걷는다. 다른 거리에 비해 조금은 한산한 골목으로 향한다. 골목 한켠에 불빛이 보인다. 작은 선술집이다. 화려하진 않지만 따뜻한 공간이다. 주인아저씨와 반갑게 인사를 나눈 뒤 언제나처럼 점원이 건네준 따뜻한 차를 마시며 무엇을 먹을지 고민한다. 창밖으로는 아직 눈이 내리고 있다. 사람들도 간간히 지나간다. 간단한 요리와 따뜻하게 데워진 청주가 테이블에 놓여진다. 우리는 서로를 바라보며 따뜻한 청주로 손과 입술을 녹인다. 가게의 붉은 조명이 우리의 볼을 붉게 물들여간다. 시간은 조금은 느린 듯, 조금은 빠른 듯 흘러간다. 가게를 나와 버스를 타고 그녀의 집까지 데려다준다. 그녀의 집 앞 가로등도 우리를 붉게 물들여 주고 있다. 집에 잘 들어가라며 그녀를 꼬옥 안아준다. 그녀가 내 외투 안으로 쏘옥 들어온다. 조금이라도 그녀의 온기를 더 간직하고 싶어 품속에 담아둔다. 아쉬움을 뒤로한 채 그녀의 뒷모습을 바라본다. 집에 들어가는 것까지 바라본 후 돌아선다. 그리고 살짝 미소를 짓는다. 그렇게 따뜻한 금요일 저녁이 붉게 물들어 간다. 행복하네, 참.

09. 18. PCT +156

CS2365~Snoqualmie Pass(41.83km/3,847.39km/912m)

천사 친구 바리스타

아침부터 먹을 것 생각뿐이었다. 스노퀄미패스에 도착하면 뭘 먹을지 계속 상상하며 걸었다. 빵도 먹고 싶고, 과자도 먹고 싶고, 초콜릿도 먹고 싶었다. 물론 콜라도 땡겼다. 도착하면 먹을 수 있을 거라는 상상을 하며 한 걸음 한 걸음 내디뎠다. 희남이는 새벽 6시에 출발했고, 나는 7시 반에 출발했다. 먹을 생각에 속도를 내어 평속이

6km에 가깝게 나왔다. 희남이보다 먼저 도착하여 숙소와 우편물 등을 확인하기로 했다. 그리고 시애틀에서 오는 바리스타와도 만나야 했다. 110V 플러그를 전해주러 먼 길을 오는 천사 친구 바리스타. 포카리스웨트 분말과 화이트초콜릿 하나로 버티며 40km 이상을 걸어 드디어 스노퀼미패스에 도착을 했다.

일단 희남이를 쉬게 해야 하기 때문에 숙소를 먼저 알아보았다. 그곳에는 서미트인(Summit Inn)이라는 숙박시설이 있었는데, 신기하게도 주인이 한국분이셨다. 한국에서 왔다고 하자 이것저것 잘 챙겨 주셨다. 나는 희남이가 주문해 놓은 신발도 찾고 미리 보내놓은 보급품도 찾았다. 스노퀼미패스에 있는 주유소 앞에는 작은 포장마차 가게가 하나 있는데, 이곳 주인도 한국계 혼혈이었다. 인천에서 태어났고 심 씨라고 했다. 메뉴 중 비밥(비빔밥)과 김치스프(김치찌개)가 있어 김치스프를 시켰다. 컵에 밥을 담고 그 위에 끓여 놓은 김치찌개를 부어주는 식이었는데, 생각보다 맛이 괜찮았다. 햄버거는 특이하게 바게트 빵에 만들어 주었는데, 그것 역시 맛있었다.

오후 5시 반 정도가 되자 바리스타가 도착했다. 기다리던 110V 플러그, 그리고 직접 만든 파이와 페이스트리와 함께! 정말 감동이었다. 플러그를 사서 가져다준 것도 고마운데 음식까지 만들어 가져오다니. 나는 저녁이라도 한 끼 사주고 보내려 했지만, 8시까지 돌아가야 한다고 해서 나중에 시애틀에서 꼭 만나기로 했다. PCT를 완주한 줄 알았는데 알고 보니 바리스타는 오리건에서 발을 다쳐 포기했다고 했다. 아쉬웠지만 나중을 위해 무리하지 않았다고 한다.

따뜻한 친구를 떠나보내고 숙소에서 쉬고 있을 때 희남이가 도착했다. 해는 이미 넘어가 깜깜해진 상태였지만 희남이의 얼굴은 환했다. 이제 400km 정도 남았다.

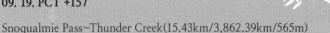

카메라가 고장 나서 돌아오다

어제 바리스타가 가져다준 110V 플러그를 이용해 카메라를 충전시켜봤다. 다행히 배터리 충전은 되었고, 카메라 전원도 들어왔다. 문제는 카메라 LCD 디스플레이가 안 나오는 것이었다. 디지털카메라에 디스플레이가 안 뜨다니. 순간 멍해졌다. 이 순간을 얼마나 기다려왔는데 중요한 화면이 안 뜨다니. 일단 수진이에게 연락을 해 보았다. 답이 없었다. 빌려줬던 카메라가 고장이 나서 돌아왔다. 생각해보니 수진이가 카메라에 무언가 문제가 있다고 했던 것 같은데, 급한 마음에 일단 보내달라고 했다. 지금은 신제품이 많이 나와 좋은 카메라는 아니었지만 그래도 나름 괜찮은 카메라인데. 순간 후회했다.

나는 장비에 대한 욕심이 그리 큰 편이 아니라 지금 당장 나에게 필요한 물건이 아니면 잘 빌려주는 편이다. 대가를 바라지도 않고 어찌 보면 공유경제의 개념에서 그냥 놔두는 것보다 누군가 필요로 하는 곳에서 쓰이는 게 더 효율적이라고 생각하기 때문이었다. 그러다 보니 이곳저곳에 내 물건들이 많이 흩어져 있고, 그러다 까먹기도 했다. 그래도 함부로 쓰거나 고장 내도 좋다고 한 적은 없었다. 다시 생각해보니 이러한 것까지 감안하고 빌려줬던 것 같다. 물론 빌려준 그대로 돌아온다면 최고겠지만, 내가 빌려줄 수 있다는 사실만으로 좋아서 빌려줬던 것 같다. 나는 그런 사람이었다. 나를 위해 무언가를 할 때보다 남을 위해 무언가를 할 때 내 스스로 즐거워지는 사람. 일단 뷰파인더와 감으로 사진을 찍어야 할 듯하다. 다행히 화면 외에는 정상 작동하는 것 같다. 숙소 체크아웃을 하고 주유소 앞 포장마차에서 점심을 해결한 후 오늘 운행을 시작했다.

골드미어트레일(Goldmyer Trail)이란 곳으로 우회하기로 했는데, 정보를 찾아보니 온천이 있는 곳이라고 했다. 하지만 미리 예약을 해야 하고 하루 이용인원 제한도 있고 비용도 발생한다고 했다. 일단 가보기로 했다. 밍기적거리다 조금 늦게 출발한 탓인지 15km만에 너무 어두워져 운행을 종료하기로 했다. 원래 17km 정도 가서 온천을 알아보기로 했는데, 내일 가는 길에 들러봐야 할 것 같다. 비가 내려서 그런지 안개인 듯 구름인 듯한 것들이 산속을 휘감고 있었다. 9월 30일 도착을 목표로 가고 있는데, 조금만 노력하면 가능할 것 같다. 이제 열흘 정도가 남았다.

09. 20. PCT +158
Thunder Creek~Thunder Creek Deep Lake(38.07km/3,914.44km/1,335m)

어디서 어긋난 걸까?

밤새 비가 내렸다. 빗소리에 몇 번 깼던 것 같다. 새벽에도 계속 내리고 있어서 희남이를 따라 일찍 출발할까 했지만 비가 좀 그치면 갈까 싶어 한숨 더 잤다. 그러다 너무 늦어버렸다. 좀 일찍 일어났으면 3km 정도 뒤에 있는 온천에 한번 들러볼까 했지만 시간이 없어 그냥 지나갔다. 비가 계속 내려 온몸이 다 젖어갔다. 게다가 계속 숲길을 지나가야 해서, 수풀에 묻은 빗물이 옷 속으로 스며들었다. 생각보다 속도가 나지 않았다. 저녁 6시 전에 도착할 줄 알았는데 조금 넘어서 도착했다. 그런데 희남이가 없었다. 분명 여기까지 오기로 했었고, 나보다 적어도 3시간은 먼저 출발했는데 없었다. 만약 내가 지나쳤다면 만날 수밖에 없었을 텐데, 오는 내내 한번도 보지 못했다. 조금 이상하다고는 생각했다. 분명 중간에 만날 것 같았는데, 못 만나서 오늘 컨디션이 좋아 속도가 나는가보다 했는데 걱정이다.

세 가지 정도로 추리를 해보면, 첫째. 이곳을 지나쳐서 더 갔다. 하지만 가장 확률이 낮다. 둘째. 온천에 들렀고, 그때 내가 그곳을 지나쳐서 못 만났다. 가능성은 있지만 온천에 간다는 말은 없었다. 그리고 예약이 필요하다고 알고 있다. 셋째. 중간에 몇 번의 갈림길에서 길을 잘못 들어 그때 내가 지나쳤다. 가장 가능성이 있는데, 잘 모르겠다. 어디서 어긋난 걸까.

09. 21. PCT +159
Deep Lake~CS2347(7.96km/3,922.40km/1,399m)

걱정 마, 너를 업고라도 갈게

역시 가장 가능성이 높은 추리가 맞았다. 어제 희남이가 길을 잘못 들었을 때 내가 지나친 듯했다. 밤 9시 반이 넘어서야 도착했다고 한다. 그래서인지 목은 쉬어 있었고, 몸도 많이 힘들어 보였다. 일단 30km 정도를 가보기로 했다. 하지만 희남이 상태를 보니 도저히 그릴 수 없었다. 만약 희남이를 못 만났으면 47km를 쏴서 마을로 바로 가려 했는데, 그를 혼자 두고 갈 수가 없었다. 그래서 천천히 같이 걷기로 했다. 하지만 희남이는 얼마 못가 이렇게 말했다.

"도저히 못갈 것 같아, 형. 이번 달 안에 마무리 짓는 것도 힘들 것 같고…. 어쩌면 포기해야 할지도 몰라. 그렇게 되면 형이라도 먼저 가."

"네가 지금 포기하고 싶으면 그렇게 해. 하지만 끝까지 완주하고 싶다면, 내가 업고라도 갈 테니 걱정 마라."

말은 이렇게 했지만 솔직히 나도 겁이 났다. 하루하루 늦어질수록 내 체력도 조금씩 떨어져가고 내 앞일도 알 수가 없었다. 하지만 최선을 다해보는 수밖에. 일단 마을까지 40km 정도가 남았는데, 이틀 정도에 나눠 가야 할 것 같다. 문제는 내 연료가 다 떨어졌다는 것이다. 희남이 연료도 간당간당하여 빌릴 수도 없는 상황이었다. 내일 다른 하이커를 만나면 상황 설명을 하고 얻어봐야겠다. 만약 안 되면 일단 마을로 먼저 가야 할 수도 있다.

뜻하지 않게 운행을 적게 하다 보니 오랜만에 시간이 남아 지금까지 썼던 일기와 글들을 주욱 읽어보았다. 하루하루 생각이 많이 바뀌고 있단 걸 느꼈다. 다행히 오늘은 해가 나서 텐트와 옷들을 조금 말릴 수 있었다. 그래도 너무 추웠다.

09. 22. PCT +160
CS2437~WACS2451(21.70km/3,944.10km/1,604m)

희남에게 마라톤은 무리

오늘도 날씨가 너무 좋았다. 따스한 햇볕 안에 있으면 기분이 좋았다. 희남이도 어제보다는 컨디션이 조금 나아진 듯했다. 그래도 무리하면 안 될 것 같아 오늘 20km만 가고 내일 나머지를 가서 마을에 들어가 하루 쉬기로 했다. 이 속도로 가면 10월 4일이면 도착할 듯싶다. 그 정도에 마무리하고 시애틀에서 사흘 정도 구경한 후 캐나다로 넘어가면 될 것 같다. 희남이에게 마라톤은 무리일 듯싶다. 아무래도 나 혼자 뛰어야 할 것 같다. 큰 욕심은 없지만 3시간 30분 내에 들어오는 것을 목표로 뛰고 싶다. Sub3를 하면 정말 좋겠지만 준비기간이 적어 무리일 듯싶다. 만약 그렇게 되면 내년에 보스턴마라톤에 도전할 수 있을 텐데. 일단 올해는 빅토리아마라톤을 뛰고 내년 10월에는 뉴욕마라톤에 도전해 볼까 한다. 예전부터 뛰어보고 싶은 대회였는데, 내년에 AT를 하게 된다면 완주하고 뛸 수 있을 것 같기도 하다. 일단은 PCT를 무사히 완주하는 것이 더 중요하니 여기에 더 집중해야겠다.

내일 마을에 가면 희남이 짐을 좀 줄여야겠다. 내가 조금 더 젊어지고 희남이 발에 무리를 좀 줄여줘야 할 것 같다. 먹을 것이 다 떨어졌다. 연료도 떨어졌다. 사흘 만에 올 수 있을 줄 알았는데, 닷새가 넘게 걸려 계획에 차질이 생겼다. 이런 경우가 앞으로 또 있을 수도 있으니 생각해서 잘 대비해야겠다. 오랜만에 급경사를 올라와 땀을 흠뻑 흘렸다. 오늘 하루 푹 자고 내일 마을에 가서 영양보충 좀 해야겠다. 한식까지는 아니라도 베트남 쌀국수나 일식이라도 있으면 좋겠다. 햄버거는 너무 지겹다.

뼛속까지 스며드는 추위와 희남이의 신음소리

지난밤은 너무 추웠다. 잠을 한숨도 못잔 것 같다. 나 역시 지쳐 있기도 했고 기온도 엄청 떨어져 뼛속까지 추위가 엄습했다. 게다가 희남이의 신음소리가 불안에 떨게 했다. 요즘 희남이는 걸을 때도 그렇고 잘 때도 신음소리를 낸다. 옆에서 불안할 정도로.

힘들게 힘들게 마을에 도착했다. 다행히도 스티븐스패스에서 바로 히치를 성공하여 어려움 없이 스카이코미쉬에 도착할 수 있었다. 마을은 정말 작았다. 조그마한 마트 하나와 주유소 하나, 그리고 모텔도 하나, 작은 펍 하나가 전부였다. 그래도 나름 느낌이 있는 곳이었다. 마을 한가운데로 기차가 지나가고 있었는데, 아마 초기에 철도산업에 관련하여 발전했던 마을 같았다. 일단 햄버거를 하나 먹고 숙소 체크인을 했다. 지겨운 햄버거…. 미국을 대표하는 음식은 햄버거밖에 없는 것 같다. 기본 메뉴가 햄버거이다. 처음엔 다양한 수제버거에 기뻐하며 먹었지만 이젠 그게 그거 같고 가격도 비싸 차라리 맥도날드 빅맥이 먹고 싶었다. 햄버거를 좋아했었는데, 지겨울 정도로 먹어서 한국에 돌아가면 안 찾을 것 같다.

희남이의 발 상태를 보니 정말 심각해 보였다. 발은 물에 불은 듯 퉁퉁 부어 있었고, 생기가 하나도 없어 보였다. 심한 동상에 걸린 것처럼 보였다. 요 며칠 사이에 더 심해진 것 같았다. 진통제 부작용인지 온몸에 붉은 반점도 많이 보였다. 병원에 가봤으면 좋겠는데 괜찮다며 조금 더 쉬면 될 거라고 했다. 지금은 완주가 목표가 아닐 수도 있는데 걱정이다.

09. 24. PCT +162

Stevens Pass&Skykomish(PCT 3,961.59km/1,235m)

300km 앞에서 제로데이를 갖다

제로데이를 갖기로 했다. 아침에 일어나 간단히 군것질로 배를 채운 후 예능프로 몇 개 다운받아 보다가 점심에 햄버거 먹고 잠깐 밖에 산책 나가 몸 좀 풀고 숙소로 다시 들어와 침대에 누워 뒤척였다. 책을 좀 읽을까 했지만 귀찮아 그냥 접고, 그림을 그릴까 했지만 감성이 떠오르지 않고 글을 써볼까 했지만 역시 마찬가지였다. 희남이 상태가 나에게도 많은 영향을 끼치고 있는 것 같다. 최대한 희남이에게 맞춰주려 하고 있는데, 그러다가도 답답하고 짜증나는 건 인간이라 어쩔 수 없는 것 같다. 끝까지 함께 하기로 했으니 참고 견디자 생각하다가도 어느 순간 내가 왜 그래야 하지? 그러다 나도 힘들어지는데? 하며 나를 먼저 생각할까 하다가, 다시 이조차 나를 위한 거야 하며 달래고 있다. 상황에 따라 나의 여러 가지 다른 얼굴들이 보인다.

이제 300km밖에 남지 않았다. 일주일이면 끝낼 수 있는 거리지만 솔직히 잘 모르겠다. 얼마나 걸릴지는. 비자기간 안에 도착할 수 있을지도 잘 모르겠다. 쿠키몬스터 아줌마와 모닝스타 아저씨가 완주했다고 연락이 왔다. 끝내기 전에 함께할 수 있을 줄 알았는데 아쉽다며. 선물로 종착지 매닝파크에 있는 롯지에 선물을 맡겨두었다고 도착하면 받아가라 했다. 뭘까? 편지? 먹을 거? 기대가 된다. 29일에 네덜란드로 돌아간다고 하니 만나진 못할 것 같다. 언젠가는 다시 만날 수 있을 것이다.

09. 25. PCT +163
Stevens Pass&Skykomish(PCT 3,961.59km/1,235m)

타국에서 보내는 추석

아침에 일어나 보니 비가 내리고 있었다. 희남이에게 상태를 물어보니 하루 더 쉬고 싶다고 했다. 그래서 숙소를 하루 더 연장했다. 하지만 워낙 작은 마을이라 할 게 없었다. 희남이는 움직이지 않는 게 좋을 것 같다며 침대에 누워 계속 쉬었다. 나는 너무 찌뿌둥해 잠깐 나가 바람도 쐬고 싶었지만, 비도 계속 오고 나가도 크게 할 일이 없었다. 카우치포테이토(coach potato)가 되었다. 초반에 마을에서 쉴 때는 너무 힘들어서 카우치포테이토가 되어도 행복했는데, 지금은 너무 늘어지고 게을러지는 느낌이었다. 역시 무엇이든 적당히 균형이 맞춰져야 하는데, 요즘은 그 균형이 깨진 듯하다.

한국은 추석 연휴 기간이었다. 명절을 예전만큼 좋아하진 않지만 이곳에 있으니 부모님 생각이 났다. 엄마가 해준 따뜻한 밥을 먹고 싶었다. 건조 쌀도, 라면도, 햄버거도, 감자칩도 너무 지겹다. 만두도 먹고 싶다. 김이 모락모락 나는 김치 만두. 고기만두라면 더 좋겠다. 토이 앨범 중 성시경이 부른 「딸에게 보내는 노래」가 있다. 멜로디도 좋지만 가사 또한 유희열답게 정말 좋다. 나는 아직 아버지가 되어본 적이 없지만 미래의 나의 감정과 공감이 될 정도로 너무 좋은 곡이다. 지금까지는 내가 아버지가 된 상상을 하며 이 노래를 들었었는데, 오늘은 조금 달랐다. 나의 부모님이 떠올랐다. 그분들이 처음 누나와 나를 만났을 때의 모습, 젊은 시절 우리를 위해 애쓰셨을 모습, 아무리 힘들어도 우리를 보며 행복한 미소를 지으셨을 모습들, 감정들이 상상되었다. 엄마와 함께 보았던 영화 「쎄시봉」은 이러한 말과 함께 시작된다.

"우리에게도 찬란한 20대가 있었다."

영화 「건축학개론」에서도 이런 말이 나온다.

"누구에게나 첫사랑은 있다."

생각해보면 당연한 일인데 나는 부모님에 대해서는 너무 당연하게만 생각하고 있었던 게 아니었을까? 나를 낳아주시고 길러주신 부모님의 역할로서만. 그들도 하나의 사람이고 하나의 인격체였을 텐데. 나처럼 똑같이 생각하고 경험하고 실수하고 감정에 휘둘리기도 하는. 하지만 부모님이란 완벽한 존재이길 바라서 그렇게 보려고만 했을지도 모른다. 내가 기억하는 부모님의 최초의 나이는 34~35세이다. 유치원이나 초등학교에서 가정환경을 조사했던 종이에 썼던 게 최초의 기억 같다. 지금 내가 한국 나이로 31살이고, 누나가 34살이니 내가 기억하는 부모님의 나이 즈음에 지금 내가 와있다. 그들도 나와 같이 사춘기를 보냈고, 청년시절과 찬란한 20대를 보내고 이제 한창 30대에 접어들어 사회를 경험하며 지내고 있을 때이다.

내가 생각하는 그 시절의 부모님은 언제나 완벽하고 든든하며 마치 슈퍼맨과 같은 존재였는데, 지금의 나를 빗대어 생각해보면 결혼도 처음이었고 아이를 기르는 것도 처음이었던 모든 게 익숙하지 않은, 어찌 보면 겁이 났을 초보였을 것이다. 삶과 인생이 무엇인지 계속 고민도 했을 것이고, 꿈과 현실에서 방황도 했을 것이다. 하지만 부모라는 역할에 최선을 다하기 위해 우리 앞에서는 최고의 모습만 보여주려 노력한, 적어도 나에게는 최고의 부모님이셨다. 점점 나이가 들어가며 커 보이기만 했던 부모님의 어깨가 나보다 작아지고 있다는 것이 느껴질 때가 있다. 그럴 때야말로 자식의 역할이 절실할 때인데 나는 내 인생 찾겠다고 이렇게 멀리 떠나와 있다. 항상 최고의 부모님으로서 자신감을 갖고 사실 수 있도록 건강하고 효도하며 행복하게 잘 사는 것, 말처럼 쉽진 않겠지만 그분들이 지금까지 노력한 거에 비해서는 훨씬 쉬울 것이다. 부모님 생각을 하다 보니 부모님이 더욱 그리워져서 인터넷 전화로나마 안부 인사를 드렸다.

09. 26. PCT +164

Stevens Pass&Skykomish~Lake Janus(15.69km/3,977.28km/1,264m)

이 식량으로 일주일을 버틸 수 있을까?

오늘은 출발을 해야 할 것 같아서 체크아웃 시간에 맞춰 짐을 챙겼다. 그리고 희남이를 깨우고 정리를 했다. 점심을 역시 햄버거로 때우고(햄버거나 샌드위치가 메뉴의 전부) 작은 마트에 가서 행동식도 좀 챙겼다. 다음 마을이 PCT 마지막 보급지인데, 그곳까지 약 175km가 남았다. 조금 걱정되는 게 희남이 상태로는 일주일 정도 걸릴 것 같은데, 식량이 그 정도 버텨줄지 미지수였다. 마트가 너무 작아 필요한 것들을 살 수 없었다. 건조 쌀이 가장 필요한데, 팔지 않아 라면으로 대체했다. 그래도 걱정이다. 만약 희남이 상태가 중간에 나빠진 다면 열흘 이상도 걸릴 수 있고, 더 문제는 중간에 빠질 수도 없다는 것이었다. 다시 이곳으로 돌아오든지 아니면 어떻게든 다음 마을까지 가야 했다. 제발 그런 일은 일어나지 않기를…. 무리하지 말고 조금씩 가야 할 것 같았다. 일단 오늘은 15km 정도 가서 하루를 마무리했다. 추석인데 하늘엔 구름이 끼어 보름달을 볼 수 없었다.

09. 27. PCT +165

Lake Janus~WACS2484(12.59km/3,997.87km/1,456m)

길 끝에서 드는 솔직한 심정

PCT에 와서 처음으로 집에 돌아가고 싶다는 생각을 했다. 몸이 힘들거나 문제가 있는 것도 아닌데, 내가 이렇게 걸어서 과연 얻은 게 무엇일까 하는 생각이 들었다. 집에 가면 따뜻한 이불도 있고 엄마가 해주는 밥도 있는데, 왜 내가 여기에 있을까 하는 생각. 300km도 남지 않은 시점에서 완주하는 게 무슨 의미일까 하는 생각들이 계속해서 들었다. PCT를 끝내고 남미로 자전거 여행을 하려 하는데, 그것도 과연 무슨 의미일까? 도대체 무슨 이유에서 내가 하려 하는 건지. 과연 잃는 것보다 얻는 것이 많은 도전일까? 돈은 계속 떨어져가서 마지막 보루였던 적금도 깨고 몸과 마음은 힘들고 나에게 남는 것은 과연 무엇일까? 페이스북에 사진 한 장 올려놓고 사람들이 반응할 때 기분이 좋아지는 그런 순간? 우쭐함? 거품? 이러면서도 이 글역시 페이스북에 올리고 스스로 위안을 찾을 것이다. 나는 아직 안

잊혔구나 위로하며. 스스로에게 답을 찾고 싶어 떠나왔는데, 결국 찾지 못하고 떠나는 건가 싶기도 했다. 어찌 보면 그럴 줄 알면서 애써 외면해왔나 싶기도 하다. 얼마 남지 않은 이 길의 끝에 섰을 때 무슨 생각이 떠오를까? 스스로를 계속 포장하고 있지는 않을까? 남들에게 내 본 모습을 보이기 싫어 그러는 것은 아닐까? 속마음은 아니면서 겉으로 괜찮은 척, 멋진 인생을 사는 척, 쿨한 척. 누군가 그랬다. 자신이 쿨하지 않다는 것을 인정하는 것이 가장 쿨한 것이라고. 생각이 많은 밤이다. 조금은 더 나만을 위해서 생각해 봐야겠다. 주위, 주변 신경 쓰지 말고 이기적으로. 원래 나는 이기적이니까.

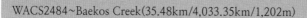

09. 28. PCT +166

WACS2484~Baekos Creek(35.48km/4,033.35km/1,202m)

꿈속에서의 응원

지난밤 꿈에 창빈이와 하늘이, 그리고 혜정이가 나왔다. 나 힘들어하는 거 어떻게 알고 꿈에 나타나 준 건지. 그래서인지 몰라도 아침부터 힘이 났다. 일단 희남이보다 먼저 속도를 내어 다음 마을에 들렀다가 나오기로 했다. 희남이는 자기 페이스대로 천천히 오고, 나는 마을에 들러 보급품을 찾아 나오는 계획. 계산상 하루에 35km씩 가면 4일 안에 도착할 수 있을 것 같았다. 45km씩 3일 안에 갈까도 생각했는데, 그러면 마을에 들렀다 나와도 희남이와 속도를 못 맞출 것 같았다. 그렇게 우리는 잠시 떨어져 걸은 후 5일 후 하이브릿지에서 만나기로 했다.

글래시어피크윌더니스(Glacier Peak Wilderness)에 들어왔는데 풍경이 너무 멋졌다. 오랜만에 뻥 뚫린 풍경을 보며 걸으니 기분도 한결 나아졌다. 해발 약 2,000m까지 올랐는데 뒤를 돌아보니 저 멀리 레이니어산(Mt. Rainier)이 보이고, 워싱턴 주에서 넘어온 산들이 주욱 펼쳐져 있었다. 햇살도 좋고 바람도 시원하게 불어주어 기분이 너무 좋았다. 마음 같아선 45km 이상 걸을 수 있을 것도 같았다. 속도도 좋고 기분도 컨디션도 좋아서 발걸음이 가벼웠다. 하지만 오르막을 한참 오르고 내리막이 시작되었을 때 약간의 문제가 생겼다. 오른쪽 무릎 뒤쪽 근육이 땡기기 시작한 것이다. 처음엔 대수롭지 않게 생각했는데, 시간이 지날수록 계속 신경이 쓰이더니, 결국 오르막에서 통증이 커졌다. 그래서 계획대로 35km만 가고 운행을 멈췄다. 내 몸도 지금쯤이면 거의 한계에 다다랐을지도 모른다. 어디 하나쯤 망가져도 이상할 것 없다. 일단 오늘밤에 파스 좀 바르고 약도 하나 먹고 자야 할 것 같다. 모두 마치고 자려 침낭 안에 누웠는데 쥐들이 텐트 주위를 서성였다. 제발 텐트 안으로 들어오지만 말아줘. 아, 오늘 오전에 4,000km를 돌파했다.

09. 29. PCT +167
Baekos Creek~CS2529(36.66km/4,070.01km/1,745m)

체력이 바닥나면 정신력으로
어젯밤 쥐들이 계속 식량을 탐내는 바람에 잠을 제대로 못 잤다. 오늘 하루는 아주 힘들 거란 예상은 했었다. 일단 지도상으로

2,000m 이상 오르막이 있었으며, 2,000m 가까이 되는 세 개의 봉우리를 올라야 했다. 게다가 식량도 라면밖에 없고 더 최악은 연료도 간당간당하여 점심을 해먹을 수 없을 것 같았다. 아침을 대충 컵스프로 해결하고 출발했다. 첫 번째 봉우리는 500m를 올라가 1,700m 정도였다. 그때까진 크게 힘들지 않았다. 다행히 어제부터 아파왔던 오른쪽 무릎 뒤편 근육도 괜찮았다. 하지만 그 후부터 시련은 시작되었다. 오르락 내리락을 반복하며 2,000m 정도에 다다랐을 때 점점 체력이 떨어지기 시작했다. 게다가 며칠 동안 계속 라면과 석회질이 들어있는 물을 마셔서인지 속도 계속 안 좋아 두 번이나 설사를 했다. 행동식으로 챙겨둔 초코바 두 개를 나눠 먹었지만 체력은 회복되지 않았다. 내리막이 시작되었다. 지도상으론 거의 1,000m를 내려가는 거였다. PCT를 걸으며 내리막에서 두려울 때가 있는데, 그것은 바로 내려가며 반대편에 보이는 봉우리가 내가 다시 올라가야 하는 곳이란 것을 알게 될 때이다. 신나게 내려가고 있지만 그만큼을 다시 미친 듯이 올라야 한다.

마지막 세 번째 봉우리를 오르기 시작할 때 이미 체력은 바닥이 나 있었다. 행동식도 다 떨어지고 연료가 없어 라면도 못 끓여먹고 인스턴트커피를 계곡물에 타 카페인의 힘을 빌려 악으로 올랐다. 몇 번이나 소리를 질렀는지 모른다. 거의 10km를 세 시간 넘게 올랐는데 체력의 한계에 부딪혔다. 그것은 나 자신과의 싸움이었다. 정신력으로 버틸 수밖에 없었다. 정상에 다다랐을 때 미친 듯이 소리치고 싶었지만, 그럴 기운도 나지 않았다. 해는 점점 저물고 있고 바람도 불어와 체온도 떨어져갔다. 다리 힘이 풀려 넘어질 뻔하기도 했다. 오늘 따라 왜 그렇게도 나무들이 많이 넘어져 있는지 스무 번도 넘게 나무를 넘었다. 나도 나무들 옆에 누워버리고 싶었다. 정상에서 물을 뜨고 지도상으로 계속 내리막이라 더 갈까도 했지만 도저히 체력이 안 되어 가까운 사이트에서 쉬기로 했다. PCT는 마지막까지 나를 쉽게 보내주지 않는 것 같았다. 희남이도 곧 이 길을 지나가게 될 텐데 혼자 여기를 오를 수 있을지 걱정이 되었다. 나도 이렇게 힘들었는데 지금 그의 몸 상태로 가능할지. 여기서 희남이를 기다릴까 생각하다가 일단 약속한대로 빨리 다음 마을에 가서 보급품을 찾아 가져다 주는 편이 낫다고 생각했다. 오늘은 제발 쥐들이 내 잠을 방해하지 않았으면 좋겠다. 오랜만에 귀여운 마모트 가족들도 봤는데, 걔네가 방해하진 않겠지?

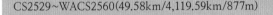

09. 30. PCT +168
CS2529~WACS2560(49.58km/4,119.59km/877m)

쥐들아, 제발 텐트는 갉아먹지 마라

어제 꾼 꿈 이야기를 먼저 해야겠다. PCT를 걷다가 예상치 못했던 마을을 만나게 되었다. 지도상에도 나오지 않아 있었고 누구도 모르던 마을 같았다. 신기한 건 마을이 우리나라 중고등학교 앞 풍경 같았다는 것이다. 분식집이 즐비해 있었고 학생들은 줄을 서가며 분식을 먹고 있었다. 나는 지친 몸을 이끌고 한 분식집에 들어가 튀김과 김밥을 먹었다. 떡볶이 국물에 튀김을 찍어먹으려고 떡볶이를 시켰는데, 그 집엔 떡볶이는 없다고 했다. 그러다가 꿈에서 깼다. 아쉬웠던 건 시키기만 하고 맛도 못보고 꿈에서 깼다는 것이다.

벌써부터 쥐들이 찍찍거리기 시작했다. 다행히 어제는 고도가 높아서 쥐가 없었는데, 여기는 쥐들의 천국이었다. 다 좋은데 제발 텐트 갉아먹고 안으로만 들어오지 않으면 좋겠다. 오늘은 준비를 단단히 했다. 오늘도 어제와 비슷한 2,000m를 올라야 하는 코스였는데, 어제처럼 힘들어하지 않기 위해 작전을 잘 세웠다. 일단 어젯밤 남은 라면 국물에 불려놓은 매쉬드포테이토를 아침으로 먹었다. 다 식고 비릿하여 별로였지만 그거라도 열량을 보충해야 했다. 그리고 오늘 하루 먹을 행동식을 챙겼다. 점심 대용으로 먹을 인스턴트 오트밀 하나와 초코바 2개, 그리고 인스턴트커피 1개, 물에 타먹는 주스 1개. 이렇게 준비하여 주머니에 장착하고 하루 운행을 시작했다.

코스는 15km 내리막에 20km 오르막이었다. 처음 내리막에서 최대한 체력을 아낀 후 오르막이 시작 전에 오트밀과 초코바 한 개를 커피와 함께 먹었다. 그리고 미친 듯이 오르기 시작했다. 15km 정도 오른 후 남은 초코바 한 개와 주스를 마시고 마지막 스퍼트를 냈다. 그리고 결국 다 올라왔다. 계획했던 35km를 오후 3시 반 정도에 마쳤다. 생각보다 힘도 남고 앞으로 내리막이 계속되어 조금 더 가보기로 했다. 그렇게 하면 내일 마을에 일찍 도착할 수 있어 여유가 생길 수 있기 때문이다. 그렇게 조금 더 조금 더 하며 15km 정도를 더 와 총 50km를 운행했다. 오랜만에 50km 운행이라 그런지 피곤하지만, 내일 15km만 더 가면 마을을 만날 수 있으니 마을에서 조금 쉬어야 할 것 같다. 그런데 쉴 새 없이 쥐들이 찍찍거리며 돌아다녔다. 오늘밤 잠은 다 잤다. 이제 100마일 남았다. 친구들이 보고 싶다. 희남이도.

5개월 만에 만난 친구

쥐들이 밤새 나의 잠을 방해했다. PCT에서 제일 무서운 것은 곰이 아니었다. 바로 쥐였다. 요세미티의 모기도 무서웠지만 쥐가 제일 무섭다. 텐트를 갉아먹고 들어오기까지 하니까. 벌써 10월의 첫날이 밝았다. 가을이 오고 있는 게 확연히 느껴진다. 푸르렀던 잎사귀들이 붉어지기 시작했고 벌써 떨어지기 시작한 것도 있었다. 계획대로라면 알래스카에 있어야 하는데….

드디어 마을이다. 마지막 보급지인 스테헤킨. 알고 보니 유명한 관광지였던 곳이었다. 레이크쉘란(Lake Chelan) 한쪽에 있는 리조트 같은 곳으로, 많은 사람들이 페리를 타고 휴양을 즐기러 오는 듯했다. 하이브릿지 레인저 스테이션에서 스테헤킨으로 운행하는 셔틀버스가 있다고 했는데, 10월부터 운행 스케줄이 변경된다고 하여 서둘렀다. 10시 조금 넘어 도착했는데, 버스는 10월 4일까지 3시간 텀으로 하루 4회 운행하고 있었다. 그 후에는 줄어든다고 했다. 일찍 온 보람도 없이 2시간을 넘게 기다려 버스를 타야 했다.

그곳에서 오랜 친구를 만났다. 거의 초반 워너스프링스 이전에 만났던 친구인데, 거의 5달 만에 재회하게 된 것이었다. 처음엔 서로 알아보지 못했다. 너무 초반이었고, 서로 모습이 조금씩 달라져 있어서였다. 그는 어제 마을에 들렀다가 아침 첫차를 타고 다시 나와 트레일로 돌아갈 준비를 하고 있었다. 나는 그에게 마을에 대한 정보를 이것저것 물었고 한참 이야기를 나눴다. 그러다 이름이 뭐냐고 물었더니 헨드릭스라고 대답을 하는 것이었다. 그래서 내가 다른 헨드릭스를 알고 있다고 하니, 아마 그 헨드릭스가 자기일 거라며 내 이름을 물었다. 그래서 스폰테니어스라고 말했더니 벌떡 일어나 하이파이브를 하며 잘 지냈냐고 했다. 놀라운 일이었다. 당연히 끝냈을 줄 알았는데 이곳에서 만나다니. 알고 보니 그는 발에 문제가 생겨 비숍에서 한동안 쉬었다고 한다. 우리는 그동안 있었던 이야기들을 나누고 마지막으로 만났던 날을 추억했다. 그러다 헨드릭스가 그 텐트 아직도 가지고 다니냐고 하며 자기가 사인한 날 비가 와서 다시 해준다고 약속했다고, 지금 그 약속을 지키고 싶다고 했다. 나는 텐트를 꺼내 보여주었다. 그는 무척 신기해하며 멋진 사인을 남겨주었다. '1st Oct. still hike'라는 문구와 함께. 셔틀버스가 도착하여 헤어질 시간이 되었다. 우린 서로 사진을 찍고 계속 연락하자며 연락처를 교환했다.

셔틀에 올라타 마을로 향했다. 편도 7달러. 11마일 정도 가는데 엄청 비싼 요금이다. 가는 길에 잠깐 베이커리에 들렀는데, 직접 구운 빵과 쿠키, 피자 등을 팔고 있었다. 희남이 생각이 났다. 참 좋아할 텐데. 내일 복귀할 때 사서 희남이에게 가져다주어야겠다고 생각했다. 마을에 도착하여 먼저 우체국에 들러 보급품을 정리했다. 그리고 나머지는 이제 더 이상 필요 없어 캐나다의 수진에게 보내놓기로 했다. 국제배송인 데다 무게도 꽤 되어 비용이 생각보다 많이 나왔다.

마을에 캠핑장이 있어 그곳에 묵을까도 했지만 요 며칠 사이 쥐들의 방문에 잠을 통 못자 피곤하기도 하고 몸도 좀 쉴 겸 숙소를 알아보기로 했다. 그리고 가장 급한 문제인 귀국 비행기 표를 연기해야 하는데, 인터넷을 하려면 숙소를 이용해야만 했다. 미국에 처음 들어

올 때 6개월 체류기간을 받기 위해 일단 10월 7일 귀국 비행기 표를 예약해 두었었는데, 이곳에서 변경이나 연기하지 못하면 앞으로 기회가 없을 것 같았다. 하지만 인터넷 속도가 너무 늦어 항공사 상담이 불가능했다. 그래서 한국에 있는 친구들에게 지금 컴퓨터를 할 수 있는 사람을 물어봤고, 다행히 일진이형이 할 수 있다고 하여 나와 희남이 정보를 알려준 후 연기했다.

이제 처리할 일들은 거의 마쳤고, 희남이 식량만 잘 챙겨서 가져다주면 될 것 같았다. 문제는 희남이가 어디쯤 오고 있는지 알아내는 일이었다. 일단 오늘은 쉬고 내일 아침 들어오는 하이커들을 통해 정보를 취합한 후 맞춰 움직이기로 했다. 아마 지금쯤 식량이 다 떨어졌을 것이다. 이곳에서 쌀은 못 구했지만 오트밀과 라면, 그리고 베이커리에서 빵과 우유를 좀 챙겨다 주어야겠다. 10월 7일 PCT의 종착점인 모뉴먼트 78을 목표로.

아까 헨드릭스에게 물어봐 알게 된 사실인데, 캐나다 매닝파크가 PCT의 끝이 아니라 미국/캐나다 국경인 모뉴먼트 78이 PCT의 끝이라고 했다. 매닝파크는 모뉴먼트 78에서 가장 가까운 문명세계였다. 그래서 미리 캐나다 국경 통과 퍼밋을 받아 바로 넘어가는 것이었고. 못 받은 사람은 모뉴먼트 78에서 다시 미국 쪽으로 내려오는 것이라고 했다. 아무튼 목표는 10월 7일에 모뉴먼트 78을 지나 PCT를 끝내고 매닝파크로 넘어가 밴쿠버로 향하는 것이다.

10. 02. PCT +170

Highbridge&Stehekin~Bridge Creek Camp(7.89km/4,142.97km/640m)

퇴근길 사가는 통닭 한 마리처럼

정말 오랜만에 침대에 푹 빠져 잠들었다. 아침 알람소리에도 일어나기 싫어 몇 번을 껐다. 쥐들 소리에 깨지 않아도 되고 딱딱한 매트에 뒤척이지 않아도 되었다. 게다가 따뜻하고 포근했다. 하루 더 쉬고 싶다는 생각을 잠깐 했지만, 열심히 걸어오고 있을 희남이를 생각하며 짐을 정리했다. 체크아웃을 하고 몇몇 필요 물품들을 구입한 뒤 셔틀로 들어오는 하이커들에게 희남이 정보를 물었다. 다들 못 봤다고 했다. 아직 이곳을 지나지 못한 것 같았다. 점심 즈음에 들어온 하이커들로부터 어제 희남이를 10마일 전에 보았다는 이야기를 들었고, 아마 오늘 통과할 것 같다고 했다. 대충 계산해 보니 2시 차를 타고 나가면 비슷하게 맞을 것 같았다. 짐을 챙겨 셔틀을 타고 하이브릿지로 향했다. 중간에 베이커리에 들러 희남이가 좋아하는 시나몬 롤과 베이컨 페이스트리, 그리고 우유도 하나 챙겼다. 퇴근길에 통닭 한 마리 사가지고 들어가는 기분이라고 할까? 엄청 힘들었을 텐데 맛있는 빵과 우유를 보면 얼마나 좋아할까 하는 생각에 배낭은 엄청 무거웠지만 발걸음은 가벼웠다.

역시! 하이브릿지에 희남이 도착해 있었다. 나는 손을 흔들며 달려가 바리바리 싸온 음식들을 전해줬다. 다행히 희남이 상태는 크게 나빠 보이지 않았다. 표정을 보니 절대 포기는 안할 듯했다. 어제 약 20km 전에 도착하여 자고 오늘 여기까지 왔다고 했다. 그래서 잠깐 쉬고 8km 정도 더 운행해 브릿지크릭 캠프까지 가기로 했다. 지난 제로그램 클래식 팀들이 우리를 위해 깜짝 선물을 두었다는 곳이다. 라면과 막걸리, 그리고 응원메시지를 담은 티셔츠일 거라 생각했다. 막걸리를 상상하며 희남이와 함께 천천히 걸었다.

구름이 잔뜩 몰려오더니 빗방울이 떨어지기 시작했다. 다행히 숲길이어서 나뭇잎들이 빗방울을 많이 막아주었다. 캠프에 도착하여 텐트를 치기 전 막걸리부터 찾았다. 하지만 보이지 않았다. 곰통에 넣어 푸드 스토리지에 넣어두었다고 했는데, 캠프에 있는 모든 스토리지를 뒤졌지만 보이지 않았다. 우리가 다른 곳으로 착각하고 있거나, 누군가 가져갔거나, 아님 우리가 너무 늦어 레인저가 치웠을 수도 있었다. 곰이 출몰하는 구역이라 경고문도 많이 쓰여 있고 해서. 내 생각엔 세 번째인 것 같았다. 막걸리를 기대했던 희남이는 실망한 눈치였다. 나도 무척 기대했었는데….

이제 130km 정도가 남았다. 무리하지 않고 하루에 27km 정도씩 가면 이 길의 끝에 설 수 있다. 오늘은 비가 와 쥐들이 안 나왔으면 좋겠다. 빨리 도착하여 삼겹살에 소주를 먹고 싶다. 수진이가 빅토리아에서 준비해 놓겠다고 했다. 많은 하이커 친구들로부터 연락이 왔다. PCT를 끝내고 만나서 회포를 풀 줄 알았는데, 우리가 너무 늦어져서 걱정이 되었나보다. 이제 거의 다 왔다며 힘내라고 다독여줬다. 참 멋진 친구들. 한 가지 아쉽다면 PCT에서 맛있는 한국음식을 해주기로 약속했었는데, 이번엔 지키지 못할 것 같다. 하지만 언젠가는 그 약속을 지킬 날이 올 것이다.

10. 03. PCT +171

Bridge Creek Camp~Rainy Pass&Golden Creek(23.03km/4,166.00km/1,480m)

우연히 들른 마을

하루에 27km씩 가면 7일에 도착할 수 있는 여정이었다. 오늘은 27km를 가고 내일부터는 30km씩 가보기로 했다. 희남이는 천천히 페이스를 맞춰 걸어오기로 했고 내가 먼저 가서 기다리기로 했다. 울긋불긋 물든 단풍을 구경하며 걷다 보니 어느덧 레이니패스였다. 지도에 따르면 동쪽으로 20마일 정도에 마자마(Mazama)라는 작은 마을이 있었다. 특별히 갈 이유는 없었지만, 시간도 널널하고 마을 구경도 할 겸 히치에 빨리 성공하면 잠깐 다녀와야겠단 생각을 했다. 그곳이 워낙 유명한 트레일 입구이고 또 주말이어서 그런지 하이킹 나온 차들이 많아 바로 성공했다.

마자마에 도착하니 정말 아무것도 없는 마을이었다. 마자마스토어라는 유기농 마트가 하나 있고, 레스토랑과 함께 하는 숙소(Inn) 하나가 있었는데, 점심식사는 하지 않았다. 마트에서 카페모카 하나 먹고 다시 큰길로 나와 돌아가려 하다가 PCT 하이커 보스턴을 만났다. 이틀 전에 마자마에 잠깐 들러 하루 쉬고 아무것도 없어 15마일 더 가면 있는 윈트롭이라는 마을에서 하루 더 쉬고 왔다고 했다. 그는 나에게도 시간 되면 꼭 다녀오라고 했다. 마을도 엄청 예쁘고 식당도 많고 아이스크림도 맛있고, 게다가 호스텔이 있는데 25달러밖에 안 한다고 했다. 조금 고민했다. 스케줄상으로는 무리가 없는데 희남이가 조금 걸렸다. 하지만 큰 문제는 없을 것 같아 보스턴에게 내 소식을 희남이에게 전해 달라 하고 윈트롭을 다녀오기로 했다.

몇 번의 시도 끝에 히치를 하여 윈트롭에 도착했다. 이곳도 작은 마을이었는데, 영화에서나 나올 것 같은 웨스턴 스타일의 마을이었다. 건물들이 목조로 지어져 있고 낡은 페인트로 간판이 그려져 있는, 그리고 꽃들과 카우보이 장비들로 장식이 되어있는 참 예쁜 마을이었다. 태워다 준 존 아저씨가 차로 마을 한 바퀴를 돌며 소개해줬다. 그리고 호스텔 앞에 내려줬다. 호스텔도 깔끔하고 좋았다. 호스텔에 짐을 풀고 간단히 씻은 후 마을을 돌아보았다. 펍들과 식료품 가게, 서점도 있었고 장비점, 가구점, 미술관도 있었다. 아담하지만 있을 건 다 있는 그런 마을. 한 바퀴를 돌아본 후 아까 존 아저씨가 추천해준 펍에 들어가 맥주 한 잔과 햄버거, 그리고 어니언링을 먹었다. 어니언링을 시키면 수제 케첩소스가 나왔는데, 소스 맛이 최고였다. 햄버거는 별로였지만 어니언링과 수제 케첩의 조화는 햄버거 맛을 잊게 해줬다.

PCT를 걸으며 이런 작은 마을들을 만나는 재미가 쏠쏠하다. 우리나라의 웬만한 미국 여행 책자에도 소개되지 않을 마을들. 어찌 보면 이것이 진짜 미국의 모습인지도 모른다. 진짜라기보다는 진솔한? 아니면 또 다른 진짜? 아무튼 우리나라도 시골에 가면 또 다른 진면목들을 발견할 수 있는 그런 느낌. 이 마을에 오길 잘했다.

10. 04. PCT +172

Winthrop&Rainy Pass~Golden Creek(23.72km/4,189.72km/1,397m)

마지막 2,600마일 지점을 지나다

짐을 정리하고 호스텔을 나섰다. 그리고 간단히 아침 겸 점심을 먹고 사거리에 있는 카페에서 카페모카 하나를 마신 후 히치를 시도했다. 금방 잡힐 줄 알았는데 생각보다 오래 걸렸다. 샌디에고에서 헤어샵을 운영하고 있는 피비(Phoebe)라는 친구가 태워줬는데, 레이니 패스로 오는 내내 많은 이야기를 나눴다. 알래스카에서 살았으며, 지금은 샌디에고에서 샵을 운영 중이고, 지금은 잠깐 이곳에 교육 때문에 왔다고 한다. PCT는 안 해봤지만 구간 구간은 걸어봤고, 네팔 히말라야에도 다녀왔고 태국, 라오스, 캄보디아도 다녀왔다고 한다. 전 남자친구가 AT와 존뮤어를 걸어 잘 알고 있다며 지금의 남자친구가 클라이밍이나 아웃도어 활동 같은 것을 엄청 좋아하는데, 내년에 PCT를 걸으려 준비하고 있다고 했다. 작년에 이곳에 눈이 너무 많이 와 PCT 끝부분이 막혀 완주를 못한 사람들도 있다고 했다. 한국은 어떠냐고 물어봐서 정말 아름답고 맛있는 것도 많다고 꼭 오라고 했다. 그녀는 언젠가 중국, 한국, 일본을 가보고 싶다고 했다. 내 머리와 수염을 다듬어주고 싶은데, 지금 가위가 없어서 아쉽다는 말과 함께 목적지에 도착했다. 샌디에고에 들를 일 있으면 연락하라며. 우리는 연락처를 교환한 후 헤어졌다.

레이니패스부터 시작되는 구간은 정말 아름다웠다. 노란 단풍이 길을 내주고 있었고, 조금씩 오르막이 시작되어 2,000m 패스에 오르자 저 멀리 산들이 펼쳐져있는 게 보였다. 길도 별로 험하지 않았다. 워싱턴 주 끝자락에 워낙 멋진 패스들이 많다고 한다. 그리고 지금 시기가 가장 멋지다고 하는데, 그 이유는 가을에 접어들며 나뭇잎들이 울긋불긋 물들어가기 때문이다. 이곳을 너무 일찍 지나쳤으면 못 볼 수도 있었던 단풍들을 보고 있으려니 행복하다는 생각이 들었다. 모든 게 순리대로 자연스럽게 되어가고 있었다.

오늘도 많은 데이 하이커들이 하이킹을 하고 있었는데, 만날 때마다 PCT 하고 있냐고, 거의 다 왔다고, 멋지다고 응원해주었다. 하늘은 높고 푸르고 기분도 청아했다. 희남이가 저 앞에서 걸어가고 있는 것을 몇 번인가 보았지만 일부러 따라잡지 않았다. 마지막 이 순간은 온전히 나를 위해 걷고 싶다는 생각이 들었다. 희남이에게 조금 미안한 마음이 들었지만 이해해 줄 거라 믿었다. 그래도 조금 걱정이 되어 희남이를 놓치지 않는 범위 내에서 길을 걸었다. 2,600마일 마커를 통과했다. 이제 더 이상의 마커는 없다.

10. 05. PCT +173

Golden Creek ~WACS2625(35.26km/4,224.98km/1,987m)

모뉴먼트 78을 향하여

어제는 무서운 꿈을 꿨다. 쥐들 소리에 잠에서 깰까봐 이어폰을 끼고 자서 잘 잔 것 같은데, 아침에 일어나니 꿈이 너무 생생했다. 꿈에서도 나는 PCT를 걷는 중이었고, 텐트에 침낭을 펴고 잠들었다가 뭔가 묵직한 물체가 발쪽을 건드려 보았더니 커다란 살쾡이 같은 것이 텐트 안으로 들어와 나를 물려고 했다. 침낭 안에 들어가 있어서 몸이 자유롭지 않아 떼어내려 애를 썼지만 쉽지 않았다. 계속 내 팔을 물고 늘어지고 있었는데, 쳐서 내쫓으려 해도 잘 맞지 않았다. 그렇게 한참동안 실랑이를 하다가 잠에서 깼다. 쥐가 텐트 안에 들어올까봐 신경 쓰느라 그런 꿈을 꿨을까? 아무튼 조금 늦게 일어났다.

식빵에 남은 참치와 케첩과 마요를 바른 후 배를 채우고 하루를 시작했다. 25km를 걸어가면 하트패스(Harts Pass)란 곳을 만나는데, 그곳에 트레일엔젤이 있다는 사실을 알고 있었다. 어제 레이니패스에서 출발할 때 어떤 아저씨를 만났는데, 자기가 트레일엔젤이라며 나에게 몇 명 정도가 이곳을 지났을지 물어봤었다. 하트패스에서 매직을 해주려고 하는데 대충 인원수를 알아야 한다고 해서 어제 6명, 오늘 6명 정도일 거라고 얘기해줬다. 그리고 아저씨가 먹을 거 필요하냐며 맥주 한 캔과 머핀을 챙겨주었다. 더 챙겨주려 했지만 이거면 충분하다고 오늘 밤에 먹을 거라고 했다. 아저씨가 내일 하트패스에서 만나자고 하며 떠났다. 그래서 약간의 기대를 하고 도착했다. 역시 그곳엔 트레일매직이 펼쳐져 있었다. 깨끗한 물도 마시고 사과도 먹고 핫도그도 하나 챙겨 먹었더니 배가 너무 불렀다. 위스키가 있어 한 모금 했는데 별로 맛이 없었다. 맥주가 있음 딱 좋겠다 생각했는데 조금 아쉬웠다.

10km 정도 더 운행하여 오늘의 캠핑사이트를 잡았다. 예상대로라면 오늘까지 합해서 두 번의 캠핑이 남았다. 내일 끝낼 수도 있지만 희남이 속도도 있고 하루 더 PCT를 즐기고 싶어 천천히 가려고 한다. 이제 PCT의 끝 모뉴먼트 78까지는 약 40km가 남았다. 내일 마지막을 즐기며 35km를 걷고 PCT에서 마지막 밤을 보낼 생각이다. 그리고 7일 아침에 출발하여 오전에 이 길의 끝에 선 후, 캐나다로 들어갈 것이다. 이제 끝이 눈앞이다.

10. 06. PCT +174

WACS2625~Castle Pass(34.02km/4,259.01km/1,664m)

PCT의 마지막 밤

이상한 경험을 했다. 어제 잠이 들고 두세 시간쯤 후 뭔가가 침낭 위 목덜미 주위로 올라가는 느낌이 들어 손으로 확 쳤다. 뭔가 맞는 느낌 도 들었고 떨어지는 느낌도 들었다. 재빨리 헤드랜턴을 켜고 둘러봤는 데 아무것도 없었다. 쥐가 들어온 줄 알고 엄청 놀랐다. 혹시 텐트에 구멍이 뚫렸나 살피다가 이너텐트 지퍼가 10cm 정도 열려있는 것을 발 견했다. 소스라치게 놀랐다. 처음엔 쥐가 뜯은 줄 알았는데, 곰곰 생각 해 보니 아까 물을 텐트 밖으로 버리고 안 닫은 것 같았다. 그래도 뭔 가 꺼림칙했다. 내가 느낀 것은 진짜 쥐였을까? 아님 꿈이었을까? 그리 고 다시 잠에 들었다.

그 후 두 개의 꿈을 더 꾸었는데, 하나는 내가 큰 교통사고를 당하 는 꿈이었다. 친구들과 함께 차를 타고 어디를 갔다가 돌아가는 길이었 다. 나는 조수석에 앉아 있었고, 중간에 휴게소 같은 곳에 들러 다 내렸 는데 나는 피곤하다며 남겠다고 했다. 그리고 차에서 잠깐 잠이 들었는 데, 차가 저절로 굴러가는 것이었다. 조수석에 앉아 핸들을 잡고 브레 이크를 밟으려 노력했지만 말을 잘 안 들었고, 결국 엄청난 속도로 벽에 부딪히고 고가도로에서 떨어져 주변에 있는 아파트에 추락하고 말았다. 차는 모두 부서지고 아파트도 부서졌지만 다행히도 나는 멀쩡했다. 또 하나의 꿈은 에콰도르에 내가 도착하여 히치를 하여 어디론가 가야 하 는 상황이었는데, 화장실이 급해 화장실을 찾는 꿈이었다.

계속해서 이상한 꿈들을 꾸게 된다. 텐트에서 제대로 못자서 그런 것 같았다. 오늘은 저 멀리 앞서 걸어가고 있던 희남이를 따라 잡았다. 예 상은 했지만 희남이는 단단히 화가 나 있었다. 아무리 찾아도 내 흔적 을 찾을 수 없어 혹시 사고가 난 게 아닌지 걱정을 했다고 했다. 나는 자초지종을 설명하고 걱정 끼쳐서 너무 미안하다고 했다. 잠시 혼자만의 시간을 갖고 싶어 그랬다고 말하고 싶었지만 그러면 되려 미안해 할 것 같아 그냥 놀고 싶어 마을에 들렀다 천천히 왔다고 했다. 그래도 처음과 끝을 함께 할 수 있는 친구가 있어서 마음 한구석이 든든했다.

마지막 밤이다. PCT의 끝을 5km 정도 남겨두고 있다. 오늘로 174일째, 내일이면 PCT를 걸은 지 175일 만에 완주하게 된다. 결국 이날이 오고야 말았다. 얼떨떨하다. 좋은 것도 아니고 아쉬운 것도 아니다. 더 일찍 끝냈어도 그랬을 것 같고 더 늦어졌어도 그랬을 것 같다. 아마 내일도 그렇게 벅차오르거나 신나거나 하진 않을 것 같다. 물론 끝에서 멋진 사진 한 장을 남기려고 애를 쓰겠지만 그것이 나의 기분을 그대로 나타내주진 않을 것이다. 하지만 그건 안다. 훗날 지금 이 길을, 이 길을 걸었던 순간들을 돌아보며 많은 것들을 다시 채울 것이라는 것을. 어쩌면 지금 당장은 깨닫지 못한 어떤 생각들도, 혹은 감정들도.

PCT에서의 마지막 저녁을 먹었다. 남은 식량을 모두 해치워 버렸다. 내일 아침에 간단히 먹을 오트밀만 남겨두고 억지로 모두 입에 넣었다. 마지막 볼일도 시원하게 보았다. 오늘은 일찍 자야겠다. 마지막 밤을 깊게 보내고 싶었으므로.

10. 07. PCT +175

Castle Pass~Monument 78&Manning Park(20.09km/4,279.09km/1,298m&1,192m)

Fin.

마지막 날, 아침을 오트밀로 해결하고 마지막 텐트를 정리했다. 그리고 텐트 입구에 마지막으로 '10. 07. 캐나다'라는 마킹을 하고 출발했다. 제일 첫 마킹이 '2015. 04. 16. Campo'였으니 정확히 175일째 되는 날이었다. 새벽부터 비가 조금씩 내리기 시작했지만 큰 문제가 되진 않았다. 희남이 속도에 맞춰 한 걸음, 한 걸음 아껴가며 걸었다. 이제 더 이상 걷지 못할 수도 있는 길이라고 생각하니 한 걸음 한 걸음이 소중하게 느껴졌다. PCT를 알게 된 이후부터 꿈꿔온 오늘이었다. 나도 모르게 이 순간의 느낌은 어떠할까? 하며 수도 없이 상상해보았다. 많은 사람들이 훗날 이 순간의 느낌을 궁금해 할 것이란 것도 알고 있다. 그렇기 때문에 지금 이 순간의 감정을 기록하려 노력했다. 한 시간 반 정도 걸어가자 저 앞에 드디어 보이기 시작했다. 다른 하이커들의 사진에서 보았던 낯익은 모뉴먼트 78. 결국 이 앞에 서게 되었다. 이 길의 끝에. 희남이도 함께. 희남이도 나도 가장 힘들었던 마지막 한 달을 포기하지 않고 걸어 마침내 이 길의 끝에 선 것이다.

마지막을 기념하기 위해 사진 몇 장을 찍고 오래전부터 오늘을 위해 챙겨놨던 콜라 한 캔을 꺼냈다.

"형, 콜라 챙겨왔어요?"

"응. 오늘을 위해 며칠 동안 배낭에 넣어 뒀었지. 샴페인으로 하고 싶었는데 병은 너무 무겁더라고."

배낭 위에 카메라를 세워두고 희남이와 모뉴먼트 78 앞에 섰다. 그리고 카메라 타이머에 맞춰 콜라 세리머니를 하려고 준비했다.

"준비해. 하나, 둘, 셋!"

타이머에 맞춰 콜라를 땄는데 거품이 멋지게 터져주진 않았다. 그래도 웃으며 남은 콜라를 한 모금씩 나눠 마셨다. 사실 내가 상상했

던 마지막의 모습은 이런 게 아니었다. PCT를 걸으며 만났던 수많은 하이커들과 함께 이 길의 끝에 서고 싶었다. 하지만 예상치 못한 변수들로 인해 조금 늦게 이곳에 오게 되었다. 그나마 다행인 것은 처음부터 함께였던 희남이와 끝까지 함께 있다는 것이었다. 끝내 눈물은 흐르지 않았다. 나는 무덤덤하게 희남이에게 말했다.

"드디어 여기까지 왔네. 수고했다. 이제 캐나다로 가자."

어찌 보면 가장 고마운 사람은 희남이일지도 모른다는 생각이 들었다. 희남이에겐 말 잘 안 듣는 형이 가장 큰 짐이었을 것이다. 몇 번인가 나를 두고 혼자 가고 싶었던 적도 있었다고 고백했지만, 희남이는 함께 하기로 한 이상 끝도 함께 하는 것이 더 의미 있을 것 같다며 잘 참고 견뎌주었다. 나 역시 몇 번의 고비가 있었지만 홀로 이 길 끝에 섰다면 분명 후회했을 것이다. 혼자가 아니라 함께 도달하기. 어찌 보면 그것이 우리의 가장 큰 목표였는지도 모른다.

우리는 캐나다 입국 퍼밋을 미리 받아놓은 터라 PCT 보더를 통과하여 캐나다로 들어갈 수 있었다. 모뉴먼트 78을 뒤로한 채 매닝파크로 향했다. 국경을 지나 나는 조금 더 속도를 내어 매닝파크에 먼저 도착했다. 이제 더 이상 걸을 길은 없다고 생각하니 서운한 감정이 들었다. 원래 PCT는 캐나다를 지나 알래스카까지 연결될 예정이었다고 한다. 지금은 매닝파크까지 연결이 되어있다. 훗날 알래스카까지 연결된다면 이곳에서부터 시작하여 다시 걸을 것이다. 나에겐 정말 남다른 의미의 알래스카이니까. 매닝파크 롯지에 도착하여 모닝스타 아저씨와 쿠키몬스터 아줌마가 남겨두었다던 선물을 찾았다. 맛있는 맥주 6병. 코로나였다. 시에라시티에서 함께 마셨던 코로나, 희남이가 좋아하는 맥주라고 말했었는데, 그걸 어떻게 기억하고 있었는지…. 정말 감동이었다.

식당에 앉아 조금 늦어지는 희남이를 기다렸다. 벤쿠버에서 이남기 선배님의 아들 종인이가 마중을 나와 주었다. 이제 PCT를 떠나 다시 문명세계로 돌아가는 것이다. 나는 알고 있다. 지금 이 순간 큰 변화는 없을 것이란 것을. 이 지점을 지났다고 해서 무엇인가 엄청난 것이 바뀌진 않을 것이다. 하지만 서서히 조금씩 변화될 것을 안다. 여행은 그런 거다. 끝나는 순간부터 진짜 시작되는 것이 여행이다. 한 가지 변화하지 않을 사실이 있다. 나는 이 길을 걸은 것을 절대 후회하지 않는다.

05

PCT, 그리고 그 후

시간을 두려워하지 말자

어쩌면 가장 하고 싶었던 말이기도 하다. 가장 많은 질문을 받았고 가장 많은 화두후원을 받았던 이야기. 바로 시간과 용기에 대한 이야기를 꺼내보려 한다. 많은 사람들이 잘 다니고 있던 회사를 그만두겠다고 하였을 때, 그리고 PCT에 도전한다고 하였을 때, 용기 있는 선택이라고 했다. 자신들도 그러고 싶지만 그럴 용기가 없다며 나의 선택을 지지한다고 말해주었다. 하지만 나는 반대로 이렇게 말하고 싶었다.

"저는 용기가 있어 떠나는 것이 아닙니다. 용기가 없어 현실에서 도망가는 것일 수도 있습니다. 어쩌면 끝까지 그 자리를 지키고 있는 당신이 더욱 용기 있는 선택을 했는지도 모릅니다."

정말 그랬다. 지금 돌이켜보면 나는 100퍼센트 내 자신에게 떳떳하여 그러한 선택을 했다고 확신할 수 없다. 누군가 혹시 현실도피를 멋지게 포장하고 있는 것이 아니냐고 물어봤다면 확실한 대답을 할 수가 없었을 것이다.

나는 '인간은 살아가기 위해 일을 해야 한다.'라는 사실을 인정하는 데 30년이 걸렸다. 그전까지는 절대 그 사실을 인정하지 못했고 인정하기 싫었다. 인간은 누구나 행복을 위해 살아간다고 하면서 왜 그 행복을 위해 노동이라는 고통을 감수해야 하는지. 그것은 신들이 인간을 질투하여 내렸던 형벌이었을까? 아니면 인간의 이기심으로 인해 열린 판도라의 상자? 호기심으로 선악과를 따먹은 죄? 이틀을 행복하기 위해 주 5일을 일해야 하고, 일 년에 한 번 정도 있는 휴가를 위해 일 년 내내 일을 해야만 하는 비효율적인 상황을 절대 인정할 수 없었다.

그러다가 4년이란 시간이 흘러갔고, 이제는 지금까지 해온 시간들까지 더해져 그 효율성까지 따지기 시작하다 보니 그것들은 더욱 나를 옭매어갔다. 하지만 아무리 생각을 해봐도 인간이 무조건적으로 행복만을 추구할 수는 없었다. 그 행복을 추구하고 얻기 위해서는 그만한 노력과 대가가 필요하다는 것을 30년 만에 인정하게 되었다. 하지만 그 명제를 나에게 맞게 조금 수정했다.

'인간은 살아가기 위해 생산적 활동을 해야 한다.'

일 혹은 노동이라는 것보다는 조금 더 포괄적 의미의 생산적 활동. 그리고 그 사실을 인정하고 나니 조금 다른 것들이 보이기 시작했다. 우선 내가 살아가는 이유는 행복하기 위해서이고, 그러기 위해서는 하고 싶은 것들을 해야 하는데, 이것들을 하기 위해서는 아무 대가 없이 원한다고 할 수 있는 것이 아니다. 무엇인가 생산적인 활동을 통해 얻어내야 한다.

내가 생산적인 활동을 할 수 있는 나이를 평균적으로 생각해 보면 정년을 65살까지라고 가정하고 지금 내 나이가 31이니 아직 34년이 남았다. 내가 살아온 날보다 더 많은 생산적 활동을 할 수 있는 혹은 해야만 하는 날이 남았다. 만약 지금 새로운 도전을 한다 해도, 혹은 아예 새로운 길로 들어선다고 가정했을 때 기본적인 대학교 4년 과정을 다시 마치고 1년 정도 유예기간을 두고도 29년이 남았다. 내가 살아온 날만큼 남았는데 지금 공부했던 몇 년, 일했던 몇 년 등을 본전 생각으로 아까워하다 이 많은 날들을 이대로 흘러가게 할 순 없었다. 그 순간 나를 붙잡고 있던 많은 것들을 뿌리치고 회사를 그만둘 수 있게 되었다.

물론 위에 말한 것처럼 100퍼센트 확신은 아니었다. 또한 남아있는 사람들을 잘못되었다고 절대 생각하지 않았다. 각자의 이유와 추구하는 바가 다르기에 다른 선택을 할 수 있는 것이다. 하지만 시간을 두려워하여 자신의 것을 잃지 않았으면 좋겠다. 나 역시 시간이란 것에 대해 너무 수동적으로 움직이고 있고, 시간이라는 것을 두려워했었다. 하지만 지금은 시간이란 것을 두려워하지 않고 내가 충분히 컨트롤할 수 있다고 생각한다. 시간에 대해 용기가 생긴 것이다. 어찌 보면 지금까지 내가 생각했던 시간들은 나의 시간이라기보다는 사회적 관념이 만들어준, 혹은 남들에게 빗대어 보여지는 시간이었다고 생각한다. 솔직히 말해 시간이 없는 것이 아니라 마음이 없는 것이라고 생각한다. 우리에게는 충분한 시간이 있다. 하지만 우리는 어쩌면 시간이 너무 두려운 나머지 시간을 핑계 삼아 우리의 마음을 숨기고 있는 것일지도 모른다. 시간을 두려워하지 말자. 용기를 내자.

2015. 10. 11

빅토리아마라톤에 참가하다

마라톤 하는 날 아침이다. 처음 마라톤에 도전한 게 2007년이었으니 벌써 8년이나 되었다. 그동안 수많은 크고 작은 대회를 뛰었다. 2007 아디다스 한강마라톤 하프코스 완주를 시작으로 2008 도쿄마라톤에서 처음으로 풀코스에 도전하고 매년 10km, 하프, 풀 가리지 않고 다양하게 뛰었다. 학교 후배들과 함께 팀을 구성하여 뛰기도 했고, 오탐 친구들과 하프 도전을 하기도 했다. 가장 기억에 남는 마라톤은 첫 풀코스였던 도쿄마라톤이 아닐까 싶다. 우리나라와는 다른 분위기의 마라톤, 다양한 연령대의 참가자들, 그리고 도쿄의 심장부를 달리고 있다는 즐거움. 그러나 그런 것보다 마지막 골인지점을 앞두고 경험했던 그 일을 아직도 잊을 수가 없다.

사실 도쿄마라톤을 신청해두고 제대로 준비를 하지 않았다. 새롭게 학교에 복학하여 하루하루 신나게 놀기 바빴고, 몸은 점점 망가져 갔다. 게다가 운동을 하다 허리를 잘못 삐긋하여 훗날 디스크로 발전하는 계기가 된 때였다. 그러다 결국 마라톤 당일까지 오게 되었고, 그래도 뛸 수 있다는 자신감 하나로 출발선에 섰다. 출발신호가 울리고 수많은 참가자들과 함께 도쿄 심장부를 달리기 시작했다. 처음에는 너무 행복했다. 약간 쌀쌀한 날씨긴 했지만 분위기에 취해 내마음에 취해 큰 신경을 쓰진 않았고, 눈앞에 펼쳐진 이국적인 풍경과 일본의 달리기 문화를 보며 한 발 한 발 내딛었다. 그런데 하프 포인트를 지나고 시간이 흐를수록 점점 몸에 무리가 오는 것이 느껴졌다. 그래도 나는 양희종이니까, 나는 나에게 절대 지지 않는 양희종이니까, 라는 생각으로 버티려 노력했다. 처음엔 한쪽 무릎에 이상신호가 오기 시작했다. 그래서 다른 쪽에 더 하중을 싣고 약간 절뚝거리며 뛰었다.

10km 정도를 남겨두고 다른 쪽 무릎에도 이상신호가 오기 시작했다. 어떻게든 뛰어보려 했지만 결국 양쪽 무릎이 무너져버려 완전 절뚝이며 걸을 수밖에 없는 상태가 되었다. 많은 러너들이 하나 둘씩 나를 추월하기 시작했다. 날씨는 점점 더 추워지고 시간은 계속 흘러갔다. 어느덧 내가 마지막 그룹에 속해있는 듯 내 뒤에는 몇몇 러너

들밖에 보이지 않았다. 골인지점을 거의 앞에 두고 마지막 힘까지 써가며 두 발을 이끌고 계속 걸어갔다. 저 앞에 골인지점이 보이기 시작할 때쯤 뒤에서 환호성과 함께 누군가 뛰어오고 있었다. 뒤를 돌아서 바라보니 어느 한 러너가 한쪽 다리에 의족을 끼운 채 웃으며 천천히 뛰어오고 있는 것이었다. 그리고 주변으로 카메라와 여러 서포터들이 함께 하고 있었다. 그는 결국 나를 추월해 지나갔다.

그때 이런 생각이 들었다. 토끼와 거북이 경주 이야기의 토끼처럼 나는 자신감에 넘쳐 결국 자만에 빠져버린 사람은 아니었는지. 누군가 나에게 마라톤을 왜 하냐고 물어보면 "나를 증명해 줄 수 있는 하나의 자격증"이라고 말하곤 했다. 내가 아무리 도전정신을 가지고 있고 심신이 건강하며 끈기가 있다고 말을 해도 객관적으로 증명하기가 어렵다. 하지만 그런 말 대신 "저는 마라톤을 완주했습니다."라고 말을 한다면 내가 말한 것들에 대한 신뢰가 생길 것이다. 여전히 그렇게 생각하고 있긴 하지만 이 역시 멋지게 포장한 말 중 하나였던 것 같다. 이제는 왜 달리냐고 묻는다면 한번 더 생각해 봐야 할 것 같다. 아무튼 오랜만에 달리는 오늘 빅토리아마라톤을 즐기고 싶다. PCT 직후라 조금 걱정이 되지만, 그래도 시원한 바람을 느낄 수 있을 것 같다. 기록에 연연해하지 말고 즐겁게 뛰어보자.

2015. 10. 12

가난한 여행자의 현실

약 6개월 동안의 대장정을 큰 사고나 무리 없이 잘 마무리 지었다.

하지만 불안했다. 엄청 홀가분하고 편안할 것 같았는데 오히려 그 어느 때보다 더 불편하고 불안하다. 아마 큰 목표를 잃어서인지도 모른다. 아니 잃었다기보다 하나를 넘어서고 다음 목표를 향하기 전의 휴식이지만, 그게 참 오묘한 느낌이다. 좋은 사람들을 만나고 맛있는 음식을 먹고 편안한 잠자리에 든다. 요트도 탔고, 추수감사절 칠면조 요리도 먹었으며, 차이니즈 레스토랑에서 외식도 했다. 하지만 이 평범한 일상과 평온함이 나를 더 불안하게 만들고 있는 것 같다. 아니면 그동안 애써 외면했던 현실에 마주하게 되어 그런지도 모른다.

지난 여정동안 수많은 고민과 생각을 했지만, 그중에서 현실적인 것들은 계속 미뤄두었다. 특히 금전적인 부분에 관한 것들. 내 힘으로, 내가 벌어둔 돈으로 여행을 시작하고 마무리지었지만 부담감이 컸다. 6개월 동안의 타지 생활. 트레일을 걷고 텐트생활을 하며 지냈다고 해도 절대 가난한 여행이 될 수 없었다. PCT를 걸으며 만났던 다른 하이커들도 평균 8천~9천 달러를 소비한다고 했다. 아직 정확하게 정산을 해보진 않았지만 나 역시 그 정도를 썼을 거라고 생각한다.

4년 동안 일하고 받은 퇴직금으로 시작하여 여행의 막바지에 다다랐을 땐 마지막 보루였던 적금도 깨버렸다. 그리고 아직도 카드값 청구서가 계속해서 날아든다. 엄밀히 말하자면 빚을 진 것이다. 어쩌면 이게 정말 현실일지도 모른다. PCT를 걸으며 나는 행복하다고 연신 외쳐댔지만 현실을 간과하고 있었다. 그것이 현실이라 생각했는데, 깨어보니 다른 현실이 있었다. 아니, 장자의 호접몽처럼 어떤 게 현실이고 어떤 게 꿈인지도 잘 모르겠다. 많은 사람들이 말했다. 그만큼 수고했으니 이제 조금 쉬라고, 쉬는 여행을 해보라고. 하지만 나는 가난한 여행자였다. 최대한 돈을 아끼기 위해 버스 대신 두세 시간 걸음을 택하였고, 샌드위치 하나를 나눠 먹어가며 하루 끼니를 때우기도 했다. 사실 어렵다. 두렵다. 나는 쉬는 법에 익숙지 않다. 쉬는 여행에 익숙하지 않다. 만약 휴양지로 여행을 떠난다면 나는 잘즐기지 못할 것 같다. 물론 곧 적응을 할지도 모르지만 적응 전까지의 공백이 조금 두렵다. 참 웃긴다. 남보다 도전을 즐기고 새로운 경험을 추구하는 내가 의외로 이런 것에 두려움을 가지고 있다는 사실이. 다시 한 번 천천히 하나하나 정리를 해봐야겠다. 모든 걸 끝낸 지겨우 하루가 지났을 뿐이다. 익숙지 않은 것이 당연할지도 모른다. 일단 마음을 추스르고 지금까지 써왔던 글과 사진, 그리고 그림들을 정리해야겠다. 멋진 책을 써보고 싶다. 정성껏 만들어 나와 함께 해주었던 분들과 이 순간의 감정들을 나누고 싶다. 곧 익숙해질 것이다. 내가 항상 말하듯 as it is, 스스로 그러하게 자연스럽게.

2015. 10. 14

행복, 하니?

PCT를 걸으면서 머릿속에 맴돌던 노래들이 몇 있었다. 엄밀히 말하면 노래라기보다는 어떤 노래의 도입부라고 해야 할까? 그냥 그노래의 첫 시작의 멜로디와 가사, 그리고 감정들이 머릿속에 계속 맴도는 그런 순간들. 그 중 하나가 차호석의 「내 안의 눈물」이란 노래의 처음 가사, '너무, 힘들어.'였고 또 하나가 정선연의 「행복하니」의 처음 부분, '행복, 하니?'였다. 그냥 노래 전체가 떠오른 것도 아니고, 그렇다고 내용이 중요한 것도 아니었다. 지금 와서 생각해 보면 두 노래 모두 헤어진 연인을 그리워하는 노래이다. 하지만 그런 것들과 상관없이 불현듯 걷다가 혼자 "너무, 힘들어." 하고 중얼거리기도 하고 또 한참 걷다가 "행복, 하니?" 하고 되뇌었던 것 같다. 이제 조금씩 정리가 되고 있다. 지난날들의 기억들이 하나하나 정리되며 추억이란 프로세스로 물들여 가고 있는 중이겠다. 그러고 나면 다시 한 번 저물고 낙엽이 되어 떨어진 후 겨울을 보내고 새로운 잎들이 자라나고 꽃을 피운 후 열매를 맺을 것이다. 우리가 흔히 생각하는 사계절의 패턴보다는 더욱 오래 걸릴 수도 있지만, 그 열매를 잘 맺을 수 있도록 해야겠다. 그리고 그 열매를 선물로 주고 싶다. 내가 저 노래 가사들을 계속 되뇌며 걷고 있었을 때 활짝 웃음으로 나 응원해주신 분들에게.

2015. 10. 16

일상으로의 초대

산책을 하고 차를 마시고 책을 보고 생각에 잠길 때 요즘엔 뭔가 텅 빈 것 같아.

– 신해철의 「일상으로의 초대」 중

PCT를 끝낸 후 평범한 일상을 보내려고 노력하고 있다. 어제도 오늘도, 그리고 내일도 그럴 것이다. 5년 전 빅토리아에 처음 왔을 때는 모든 것들이 새롭고 신기해 보였지만 두 번째 방문이어서 그런지 처음 하루정도 빼고는 설렘이 많이 줄었다. 하루의 일과는 이렇다. 아침에 일어나 이부자리를 정리하고 간단히 스트레칭을 한 후 시리얼을 우유와 함께 먹는다. 메일과 메시지, 페이스북 등을 확인하고 샤워를 한다. 그리고 나갈 채비를 한다. 어떠한 목적이 있는 외출은 아니다. 그냥 나가기 위해 나간다고 해야 할까? 할 일이 딱히 있는 건 아니지만 그렇다고 방에서만 뒹굴고 싶지 않아 운동화를 신고 문 밖으로 나간다. 어제는 이러한 일상에 새로운 것을 더했다. 여느 때와 비슷하게 나갈 채비를 하는데, 뭔가 아쉬움이 있었다. 그게 무엇일까 생각을 해봤다. 로션 혹은 향수. 6개월 넘게 잊고 있었던, 그래서 익숙지 않았던 냄새들. 일상을 즐기기 위해선 필요할지도 모른다는 생각을 했다. 하지만 챙겨놓은 로션이나 향수는 없었고, 그렇다고 그걸 당장 살 만한 여유나 간절함도 부족했다. 아쉬운 대로 수진이 로션을 살짝 발라보았다. 말 그대로 아쉬웠지만 나름대로 일상에 조금 가까워진 듯한 느낌이 들었다.

그리고 쇼핑을 했다. 물론 PCT를 걸으며 가끔 쇼핑을 하긴 했지만 그땐 필요한 장비 구매 성격이 강했다고 한다면, 이번은 나를 위한 사치의 성격이 강한 쇼핑이었다. 그렇다고 대단한 것을 산 건 아니다. 이곳저곳 구경을 하다 캐나다의 한 SPA 브랜드 매장에 들어가 회색 맨투맨 티셔츠 하나를 구입했다. 일상으로 돌아온 듯했다. 이옷 저 옷 들었다 놨다를 반복하고, 거울 앞에 서서 옷을 대보며 다른 바지를 입었을 때를 상상해 보기도 했다. 그리고 사이즈 별로 입어보며 가장 마음에 드는 옷을 찾는 작업. 아무것도 아닌 듯하지만 지금의 나에겐 새로운 것이었다.

오늘은 조금 더 일찍 일어났다. 어제 수진이가 배낭과 텐트 등 장비에서 냄새가 난다고 일광욕 좀 시키라고 했던 게 생각이 났다. 하긴 PCT를 끝내고 일주일 넘게 배낭과 텐트, 침낭 등을 제대로 관리해주지 않았으니. 심지어 마지막 날 비를 그렇게 맞았는데도 말리기는커녕 꺼내지도 않고 있었다. 일단 이부자리를 정리하고 시리얼을 먹고 간단하게 운동을 했다. 맨몸운동 위주로 했는데 근육이 많이 빠지긴 한 것 같았다. 팔굽혀펴기 10개도 버거웠다. 조금씩 운동을 하여 근력을 많이 키워야겠다. 샤워를 한 후 장비들을 모두 꺼내 햇빛과 바람에 말렸다. 역시 축축하고 비 비린내가 나고 있었다. 선선한 가을바람과 따뜻한 햇살에 금방 뽀송뽀송해졌다.

오늘은 산책을 하고 차도 마시고 책도 읽고 생각에 잠기기도 했다. 빅토리아 항구부터 서쪽 해안길을 따라 주욱 걸어 피셔맨스 워프(Fisherman's wharf)의 수상가옥들도 구경하고 브레이크워터(Breakwater)라는 기다란 방파제에도 다녀왔다. 방파제 끝에 있는 등대 아래에 앉아 알랭 드 보통의 『여행의 기술』이라는 책을 읽었다. 거기에는 이러한 내용이 적혀 있었다.

> 굳이 여행지에 가서 직접 그곳을 여행하는 것보다 책을 보거나 박물관 등에 가서 그곳을 대표하는 이미지들로만 여행을 하는 것이 더 편안하고 좋을 수도 있다.

어찌 보면 그게 더 그 여행지를 잘 알 수 있는 방법일 수도 있다고. 상당부분 공감이 갔다. 해가 조금씩 저물어가고 있을 즈음 책을 덮고 다시 수진이네 집으로 향했다. 돌아오는 길에 군것질 거리와 맥주를 샀다. 사실 소주를 사고 싶었다. 하지만 가격을 확인해 보니 한 병에 9달러 정도였다. 너무 비쌌다. 소주 앞을 몇 번씩 두리번거리며 고민했지만 이 역시 그럴 정도의 여유와 간절함은 없다고 생각했다. 그리고 저녁을 먹고 맥주를 마시며 하루를 정리하고 있다. 생각해보면 일상으로 돌아온 것 같지만 일상 '놀이'를 하고 있는 것 같다. 그냥 놀이라면 즐거움만 가득해도 부족할 텐데 진짜 일상처럼 텅 빈 것 같은 마음도 함께 느끼고 있다. 저 노래처럼 누군가를 내 일상으로 초대하고 싶다는 생각을 했다. 너무나 짧은 일상일 수도 있겠지만.

2015. 11. 19

남쪽으로 자전거 여행을

남쪽으로, 그저 남쪽으로 향할 생각을 했다. 처음에 이 계획을 세웠을 때만 해도 남미를 가보고 싶단 생각이었는데, 시간이 흐르고 난 뒤 역시 나에게 목적지는 그리 중요치 않았다. PCT를 끝내고 약간의 휴식을 가지며 또 다른 생각들이 머릿속을 지배하기 시작했다. 솔직히 두려움이 일기도 했다. 아무리 오랫동안 PCT를 했다고 해도 자전거 여행은 또 다른 세상이었다. 5년 전 알래스카 자전거 일주를 했던 경험이 있다고 해도 오래전 일이고, 그때는 든든한 친구가 함께 있어서 즐거움이 더 컸다. 캐나다 에드먼튼에서 며칠 휴식을 취할 때, 친구 태경에게 이렇게 털어놓았다.

"조금은 두려워. 막상 닥치면 잘 해내겠지만 지금은 마치 꿈같았던 첫 휴가를 마치고 다시 부대 복귀를 앞둔 심정이야. 물론 그때처

럼 휴식을 취해도 뭔가 찜찜한 그런 휴식이었지. PCT를 앞두었던 때
와는 조금 다른 두려움이야. 그때는 군입대를 앞둔 것 같은 그냥 막
연한 두려움이었다고 하면 이번엔 휴가 복귀를 하는 신병처럼 돌아
가면 얼마나 힘들지 알지만 가야만 하는 그런 두려움이야. 그래도 가
면 물론 다 하겠지. 그냥 내 일인 것처럼."

　아직 이 두려움은 사라지지 않았다. 그리고 어느덧 하루 전으로 다
가왔다. 그 사이 여러 일들이 있었지만 결국 지금 난 시애틀에 있고
남쪽으로 떠날 준비를 하고 있다. PCT에서 만난 하이커 바리스타가
자전거 여행을 준비할 수 있도록 집에 머물게 해주어, 그곳에서 짐

을 챙기고 마지막 밤을 보내고 있다. 둘이서 소주 한 잔을 하며 나중에 다시 만날 날을 기약했다. 나는 남쪽으로 떠날 것이다. 어렸을 때 동화나 동요에서 들었을 것만 같은 따뜻한 남쪽 나라를 향해. 정해진 목적지는 없다. 그냥 남쪽으로 가려 한다. 정해진 기간도 없다. 처음엔 내년 4월 전에 끝내려고 생각했지만, 그것 역시 중요치 않았다. 당장 하루 만에 그만둘 수도 있고 아니면 평생이 걸릴 수도 있다. 자전거가 기본 운송수단이 되겠지만 굳이 그것만을 고집할 이유도 없다. 자전거를 선택한 이유는 현재 내 상황에서 가장 효율적인 운송수단이 될 것 같다는 생각을 했기 때문이다. 여행 방법도 그렇고, 비용적인 측면에서도 그렇다.

나는 가난한 여행자이다. 물론 여행을 하는 것 자체가 가난하지 않다고 생각할 수도 있지만, 나는 분명 여유롭지 않은 여행자이다. 지난 몇 년 동안 시간에 쫓겨 생활을 하던 중 어느 순간 마음의 여유까

지 사라진 나를 발견했던 적이 있었다. 그것이 무서웠다. 나는 마음만은 가난해지고 싶지 않았다. 이렇게 오늘을 잘 마무리하고 카우치에 누웠다. 오랜만에 하는 카우치서핑이다. 내일 새벽 일찍 일어나 바리스타가 일하는 카페에 들러 인사를 한 뒤, 남쪽으로 떠날 것이다. 남쪽으로 계속 가다 보면 파랑새를 만날 수 있지 않을까?

과연 신선이 되었을까?

비극적 경험이 유일한 예술의 원천이다.

– 마크 로스코

여행을 떠나기 전 한 전시회에서 작가가 남겨둔 이 노트 한 줄이 내 머릿속을 휘감았던 적이 있었다. 그 노트가 쓰여 있던 벽을 한참 동안 바라보며 서 있었다. 그리고 그때의 느낌을 잊지 않기 위해 메모를 해 두었었다. 이와 비슷한 생각을 했던 적이 있었기 때문에 공감이 되었던 것 같다. 우연한 기회에 한 작가의 강연을 들을 수 있는 기회가 있었는데, 그때 그 작가가 이러한 말을 했다.

"어느 순간이 되니까 글이 잘 안 써지는 거예요. 아무리 쓰려고 애를 써도 배가 따뜻하고 편하니까 글이 안 나오는 거지. 그래서 생각을 해봤어요. 왜 글이 잘 안 써질까? 그랬더니 한 가지가 변했더라고. 예전에는 악조건 속에서 힘들게 글을 썼었는데, 지금은 나름 유명 소설가가 되어 몸도 마음도 편해지니까 그 감정들이 잘 안 나오는 거야. 그래서 지금 이 순간 나를 가장 힘들게 할 수 있는 게 무엇일까? 고민을 해봤어요. 그래서 생각한 게 이혼이야. 하지만 멀쩡하게 잘 살고 있는 부부가 이혼을 할 수 있겠어요? 작가의 아내로 지금까

지 고생하며 살다 이제 조금 편해지기 시작했는데 남편이 이혼을 요구한다니, 정말 말이 안 되는 거잖아. 그래서 우리 집사람과 한번 이야기를 해봤지. 그래서 절충안을 찾은 게 별거를 하는 거였어요. 나혼자 저 먼 곳에 방을 하나 얻어 글을 쓰는 거야. 밥도 혼자 해 먹고, 빨래도 하고….”

정확한 내용은 아니지만 대충 이러한 맥락이었던 것으로 기억한다. 그의 말 역시 나에게 큰 공감을 불러 일으켰다. 이러한 연유로 나는 PCT를 시작한 것일 수도 있다. 신선이 되고 싶다는 말로 포장은 했지만, 사실은 고행을 통해 새로운 자극과 설렘을 얻고 싶었다.

PCT를 시작했을 때, 정말 엄청난 생각들이 떠올랐다. 하루하루 걸을수록 그 생각들은 배가 되었고 폭발적으로 커져 나갔다. 그 생각과 느낌들을 잃지 않기 위해 나는 매일 매일 기록하였고, 그것들을 혼자만 간직하기에는 아깝다는 생각을 하여 SNS 등에 올려 여러 사람과 나누려고 노력했다. 하지만 시간이 지날수록 그 생각들은 처음만큼 쉽게 다가오지 않았다. 하루하루 새롭던 경험들이 어느덧 익숙해진 까닭일 수도 있고, 자연스럽게 떠오르는 사유가 아닌 누군가를 위한, 기록을 위한 생각을 쥐어 짜내다 보니 그렇게 된 것일 수도 있었다.

PCT를 끝내고 한참이 지난 후 그 순간 하나 하나를 돌이키며 정리하던 중 이런 생각이 들었다. 이게 정말 내가 느꼈던 감정일까? 그 순간 내가 정말 이랬었나? 혹시 누군가에게 보여줄 것을 마음 쓰느라 내 생각과 감정을 포장하진 않았나? 뭔가 멋져 보이는 미사여구로 꾸며 있어 보이는 척하고 있진 않나? 생각이 떠오르지 않았던 날도 글을 채우기에 급급하여 거짓 감정을 표현하진 않았나?

군생활을 할 때, 생각과 감정의 변화를 알아보고 싶어 하루하루 일기를 썼었다. 생각해 보니 그때도 비슷한 생각을 했던 적이 있었다. 일기라고 하는 지극히 개인적인 매체임에도 불구하고 어느 순간 이 일기가 나의 솔직한 감정을 표현하고 있는 것이 아니라 내 스스로 한 번 포장을 하고 가꿔낸 감정들로 표현하고 있는 것을 발견하게 된 것이다. 그 후로 한동안 일기를 쓸 수 없었다.

결국 난 신선이 되지 못했다. 신선이 되고 싶다고 떠들어댔지만 신선은커녕 예전의 모습에서 크게 벗어나지 못하고 있다. 아직도 내 인생의 방향을 정확히 모르겠으며, 누군가의 말 한마디에 크게 기뻐하기도 하고 슬퍼하기도 한다. 아직도 갈대처럼 이리저리 흔들린다. 나보다 잘 나가는 사람들을 보면 시기 질투도 느끼며, 아무것도 아닌 나의 잘난 점을 부풀리고 싶어 한다. 어떻게 보면 전보다 더 욕심이 많아진 것 같다. 차라리 떠나기 바로 직전의 내가 조금 더 가볍고 많은 것들을 내려놓았었던 것 같다.

마크 로스코가 말한 '비극적 경험'이 아직 부족한 것 같기도 하고 그가 말한 것처럼 배가 아직 따뜻한 것 같다는 생각도 했다. 그렇다고 다시 나를 밖으로 던졌을 때 과연 내가 원하고자 하는 답을 찾을 수 있을까? 찾을 수 있다면 얼마나 더 있어야 할까? 만약 그 답까지 조금 남았다면 지금 돌아섰을 때 얼마나 아쉬울까? 그 아쉬움을 알 수 있을까? 내가 경험하지 못한다면 그 답이 얼마나 남았는지 알지 못할 텐데. 조금 더 해보는 게 나은 걸까? 이런 생각을 하는 것 자체가 맞는 걸까? 아예 처음부터 잘못된 생각을 하고 있던 건 아닐까? 그냥 쉽게 결과론적으로 생각하여 그 순간마다 유리한 방향으로 해석하고 있던 것은 아니었는지.

as it is, 스스로 그러하게 자연스럽게

영화 「인투 더 와일드 Into the wild」에 나오는 크리스토퍼처럼 슈퍼 방랑자가 되고 싶었는지도 모르겠다. 여행이라는 인간의 말초적 본능이 인간이 만들어 놓은 물질문명의 노예가 되어야 된다는 것에 반감을 가졌을지도 모르겠다. '여행 = 돈이 든다'라는 공식에서 탈피하여 '돈이 없어도 즐거운 여행을 할 수 있다.'라는 해답을 찾고 싶었을지도. 왠지 여행이라고 하는 것에는 숭고한 의미가 존재하는데, 그것에 인간의 때를 묻히기 싫어하는 이기심일 수도 있다고 생각했다. 많은 여행자들은 도보여행 혹은 무전여행을 하나의 성지, 혹은 여행자의 로망으로 생각하기도 한다. 예를 들어 그 유명한 산티아고 순례 길을 걸어서 여행한 사람과 자동차를 타고 한 여행자에게 대하는 태도는 다를 것이다. 또 다른 예로 높은 산맥의 정상을 올라갈 때, 트레킹 혹은 하이킹으로 올라간 사람과 곤돌라나 경비행기, 헬기로 올라간 사람에게 대하는 태도 역시 다를 것이다. 자전거를 이용한 여행 역시 많은 사람들에게 관심 받는다. 왜 그럴까? 색다른 경험을 할 수 있어서? 아무나 도전할 수 있는 여행이 아니어서? 아니면 정말 물질 문명의 혜택을 최소화하고 인간 본연의 모습으로 하는 행동이어서? 즉, 자연과 하나가 될 수 있는 여행이기 때문에?

'만일 우리가 대지의 소리에 귀를 기울인다면 우리가 무엇을 해야 할지 알게 될 것이다(If we listen to the land, we will know what to do).'

이 문구를 알래스카 데날리국립공원에서 발견하게 된 순간 대지의 소리에 귀를 기울인다는 것이 무엇인가에 대해 생각해 보았다. 핑계일 수도 있겠지만 아직 잘 모르겠다. 만약 자연과 하나가 되는 여행을 하고 싶다면 비행기를 타고 다른 대륙에 가서도 안 되지 않을까? 배를 타고 가서도 안 되고, 인간의 힘으로 뗏목을 만들거나 수영을 해서 가는 것? 극단적인 예일 수도 있지만 그러한 여행이 이상향이 될 수도 있다는 생각이 들었다. 하지만 사회는 계속 변하고 있다.

기차가 발명되고 기차로 여행하는 방법이 생겼을 때 어떤 사람들은 싫어했을지도 모른다. 자동차가 발명되고 자동차로 여행하는 방법이 생겼을 때 어떤 사람들은 두려워했을지도 모른다. 배가 발명되고 비행기가 발명되고 이제 우주선도 발명되었다. 시간이 흐르고 나니 우리는 그 많은 여행 방법에 대해 조금은 관대해졌을지도 모른다. 어찌 보면 전통적인 방법, 혹은 과거에 대한 향수가 아닐까? 과거의 것들이 자연과 보다 가까운 모습을 하고 있어서일지도. 스스로 自, 그러할 然, 인간이 바꾸고 있는 지금의 모습도 어찌 보면 스스로 그러하게 만들고 있는 것일지도 모르겠다. 결국 인간도 자연의 일부이기 때문에. 조금 더 관대해지자. 조금 더 여행에 대해 관대해지자. 조금 더 이 세상 모든 것에 대해 관대해지자. 스스로 그러하게 自然스럽게.

선순환과 악순환

극심한 슬럼프에 빠지게 되면 점점 우울해지고 그 우울함이 더욱 우울함을 부르고 그러다 자신감도 바닥이 나고 끝까지 잃지 않으려 했던 자존감까지도 땅으로 곤두박질하게 된다. 이러한 상황에 빠져들게 되면 쉽게 빠져나오지 못하고 계속해서 스스로 구덩이를 파고 들어가 더욱 깊게 빠져들 때가 있는데, 이를 악순환 고리에 빠졌다고 한다. 이 악순환 고리에서 빠져나오지 못하면 최악의 경우, 자살이라는 절대 넘어서는 안 될 선택의 기로에까지 놓이게 되는 경우가 있는데, 우리나라의 자살률이 꽤 높다는 것을 봤을 때 얼마나 큰 사회문제인지 짐작할 수 있을 것이다.

나 역시 엄청난 악순환 고리에 빠진 적이 있었다. 안간힘을 써서 빠져나오려 했지만 말처럼 쉽게 되지 않았고 최악의 순간 직전까지 갔었다. 그래서 결국 퇴사라는 하나의 선택을 했고, PCT 도전을 통해 비로소 나는 악순환 고리로부터 벗어날 수 있었다. 그리고 지금은 선순환 고리에 올라 서 있다. 돌이켜보니 선순환과 악순환은 종이 한 장 차이라는 생각이 들었다. 사람 일은 모두 마음먹기에 달렸다고 한다. 선순환과 악순환 역시 마음먹기에 달렸다. 선순환이나 악순환 고리에 빠져 있다는 것은 어쨌든 무엇인가를 순환시킬 원동력이 존재한다는 것이다.

그렇다면 문제는 악순환의 힘을 어떻게 선순환으로 돌릴 것인가이다. 그 무엇인가는 어떤 사건이 될 수도 있고 어떤 매개체, 어떤 인물 등이 될 수도 있다. 그것이 무엇이 될 것인지는 잘 모르지만 그것을 잘 찾아 이용한다면 악순환의 연결고리가 선순환으로 선회해서 우리를 정상궤도로 올려놓을 것이다. 이러한 이유에서 우리는 기분전환을 위해 머리를 자르거나 여행을 떠나거나 어떠한 특별한 행동을 취하거나 하는 것인지도 모른다. 나에게 그 매개체는 퇴사와 PCT 도전이라는 큰 사건이었고, 그 매개체가 순환의 방향을 바꾸어 지금은 선순환 고리에 서 있다고 생각한다. 물론 영원히 선순환에 고리에 머물러 있을 수만은 없을 것이다. 악순환에서 선순환으로 선회할 수 있는 것처럼 반대로 어떠한 순간 혹은 사건에 마주하게 되면 악순환으로 돌려질 수도 있다. 하지만 그때는 전보다 쉽게 순환의 방향을 바꿀 수 있을 것 같다. 그것은 지금 힘들어 하고 있는 당신도 언제든 가능하다.

See you on the trail

PCT에서 가장 많이 하고 들었던 말이다. PCT를 걸으며 수많은 것들을 보고, 듣고, 느끼고, 생각한다. 그리고 수없이 많은 사람들을 만나고 헤어지게 되는데, 우리는 그때마다 "See you on the trail."이라고 외친다. 사전적으로 해석을 한다면 '트레일에서 만나.' '트레일에서 또 보자.' 정도의 의미겠지만 PCT에서 느껴지는 의미는 그 이상이다. 전혀 관계가 없던 사람들이 PCT라는 곳에서 만나 함께 걷고, 이야기하고, 느끼며 공감하는 순간이기 때문이다. 그들은 나이도, 성별도, 직업도, 국적도 다르다. 하지만 다른 곳에서와 달리 쉽게 친구가 되기도 하고, 때론 연인이 되기도 하며 동료가 되기도 한다.

PCT에서 만난 사회학과 교수 출신의 로드워커는 이를 PCT 가족이라고 말했다. PCT라는 장거리 트레일에서 동고동락하며 마치 가족 같은 커뮤니티를 형성한다고 했다. 약 6개월 동안 비슷한 공간에서 비슷한 목표를 갖고 함께 생활하다 보니 다른 커뮤니티보다 훨씬 더 공감의 폭이 넓어진다는 의미였다. 그러다 보니 항상 서로를 걱정하고 서로를 챙기며 서로의 안부를 묻게 된다. 하지만 이 길을 걷는다는 것이 각자에게 어떤 의미가 있으며 서로의 개성을 존중해야 한다는 것을 너무도 잘 알고 있기에 간섭하거나 구속하지 않는다. 지금이 순간 함께하며 계속해서 함께 하고 싶지만 내일도 함께할 수 있을지, 훗날 다시 만날 수 있을지에 대한 기약을 함부로 할 수 없다. 하지만 우리는 알고 있다. 오늘이 될지, 내일이 될지, 수년이 흐른 후가될지 아무도 모르지만 각자의 길을 계속해서 잘 걸어갈 것이며, 언젠가 이 길에서 다시 만날 수 있을 것이란 것을. 그래서 이렇게 말한다.
"See you on the trail."

2016년 봄

PCTA(Paific Crest Trail Association)

PCT를 관리하고 있는 PCT 공식 협회. 가장 중요한 PCT 퍼밋을 신청하는 곳이며 지도나 관련 뉴스, 그 외의 정보를 찾아볼 수 있는 곳이다. www.pcta.org

PCT 퍼밋(PCT Permit)

PCT를 걷기 위해서는 PCT 퍼밋을 받아야 한다. 하지만 워낙 넓고 여러 주와 국립공원 등이 합쳐져 있는 곳이라 각각의 상황마다 요구하는 퍼밋이 다를 수 있다. 이것을 종합하여 PCT 500마일 이상 걸을 계획을 하고 있

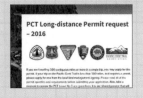

는 하이커를 위해 PCTA에서 PCT 퍼밋을 발급하고 있는데, 보통 연말에서 연초 사이에 오픈을 하니 지속적으로 PCTA 사이트를 확인을 해보는 것이 좋다. (2018년 퍼밋은 2017년 11월 1일 오픈 예정.) 2015년부터는 영화 「와일드」의 영향으로 작년대비 300% 이상 신청자가 늘어 하루 15명 발급으로 제한하고 있다. 잘 알려진 JMT(존뮤어 트레일) 퍼밋보다는 발급이 쉬우며, 이 퍼밋 하나로 PCT 전 구간을 걸을 수 있기 때문에 효율성이 좋은 편이다.

준비물

* 하이커의 기호에 따라 다를 수 있음

50리터 전후의 하이킹용 배낭, 3계절용 침낭, 3계절용 텐트(혹은 타프), 매트리스, 방수재킷, 경량보온재킷, 긴팔상의, 긴 바지, 여분의 옷, 양말, 수건, 속옷, 1인용 코펠, 버너, 스포크, 연료, 물통, 정수필터, 전자장비(카메라, 폰, 충전기, 태양열 충전기, 배터리 등), 손톱깎이, 칼, 상비약, 신발, 경량슬리퍼, 세면도구 등.

패킹(Packing)

가장 중요한 것이 배낭 패킹과 짐의 무게이다. 하이커들은
15kg 정도의 무게를 맞추는 편이며, 구간에 따라 조금씩 달라
진다. 흔히 BPL(Back Packing Lite)이라고 말하는 백패킹보다
더 가벼운 ULH(Ultra Light Hiking)이라는 초경량 하이킹에
초점을 맞추는 게 좋다. 하이커들에 따라서는 옷에 달린 라벨
태그까지 잘라 무게를 줄이는 경우도 있지만 개인 성향에 따

라 맞추는 것이 가장 좋다. 보통 배낭에 1인용 코펠, 버너 등 취사도구와 침낭,
텐트 혹은 타프 등 취침 도구, 그리고 옷가지들과 카메라, 핸드폰 등 전자 장비
들을 기본으로 하고, 그 외에 식량과 물 등을 조절하여 패킹을 한다. 요세미티
구간에는 곰으로부터 하이커의 음식물을 보호할 수 있는 곰통을 필수적으로
소지하고 있어야 하며, 패킹 계획을 세울 때 꼭 염두에 두어야 한다.

재보급(Resupply)

워낙 먼 길을 걷게 되기 때문에 중간보급은 필수이다. 보통 5일에서 길게는 10
일 정도의 짐을 짊어지고 가야 하기 때문에 재보급 계획은 자신의 능력이나 상
황에 따라 잘 계획해야 한다. 재보급을 받는 방법은 크게 세 가지가 있다.

첫 번째, 기본적으로 중간에 만나게 되는 마을에 있는
우체국이나 스토어, 혹은 트레일엔젤 집에 미리 우편
으로 보내놓은 것을 찾는 방법
두 번째, 마을 등에서 직접 구입하여 재보급하는 방법
세 번째, 서포터와 중간에서 만나 보급을 받는 방법
우체국이나 스토어에 보낸다면 평일/주말 운영시간
도 확인해서 계획을 잘 세워야 한다. 잘못된 재보급
계획을 세운다면 최악의 경우 최대 1박 2일 동안 걸어

PCT에서 가장 가까운 마을로 탈출하여 재보급을 받는 경우도 생기게 된다. 하지만 계획을 잘 세운다면 굳이 미리 우편으로 보급품을 보내놓지 않아도 현지에서 구입하여 재보급을 진행할 수 있다.

지도 & GPS & 가이드북

국내에는 PCT에 대한 정보가 거의 전무한 상태이다. 앞서 언급한 PCTA 사이트나 외국 사이트 정보를 통해 PCT 지도나 GPS 값 등을 얻을 수 있으며 어플리케이션으로도 검색하여 다운로드받을 수 있다. 그중 PCT 하이커인 하프마일(Halfmile)이 제작한
무료지도와 어플리케이션이 가장 많이 활용되며, 좀 더 자세한 정보가 나와 있는 것훅스 가이드(Guthook's Guides) 와 같은 유료지도와 어플리케이션을 사용하는 하이커들도 있다. 가이드북 역시 국내에는 출판된 것이 없으며, 외국 서적을 통해 정보를 얻어야 한다. 그중 요기스(Yogi's) 시리즈가 하이커들에게 많이 읽히고 있다.

물 & 정제

짐의 무게 중 가장 부담이 되는 부분이 바로 물에 대한 것이다. 부피 그대로 무게를 차지하기 때문에 쉽게 줄일 수도 없으며, 그렇다고 충분히 가져갈 형편도 되지 못한다. 보통 하이커들은 수낭 하나와 물통을 함께 쓰는 편이며, 물통은 아웃도어용 물통보다는 일반 생수통을 비워 활용하는 편이다. 물은 기본적으로 자연에 있는 물을 식수로 활용하는 편이며 정제 필터나 정제 알약 등으로 정제를 하여 식수로 활용한다.

PCTWATER라고 구글 등에서 검색하면 하이커들이 실시간으로 업로드해 만들어 놓은 WaterReport를 다운받을 수 있다. 이를 보며 물에 대한 정보를 사전에 알고 있으면 조금 더 효과적인 운행이 가능하다.

트리플크라운(Triple Crown)

PCT와 같이 장거리 트레일이나 하이킹을 일컬어 Long Thru Distance Trail 혹은 Hiking이라고 한다. 미국에 이런 장거리 트레일이 여러 곳 있는데, 그중 대표적인 세 가지가 바로 PCT(Pacific Crest Trail)와 CDT(Continental Divide Trail), 그리고 AT(Appalachian Trail)이다. 이 세 개를 모두 성공한 사람을 트리플크라운이라고 칭하는데, 대부분의 장거리 하이커들이 이를 꿈꾸고 있다.

야생동물

PCT를 걷다 보면 수많은 야생동물들과 마주하게 된다. 물론 야생이다 보니 위험한 요소들도 존재하지만, 야생동물을 존중하는 자세를 갖고 있다면 크게 문제되지 않는다. 보통 사람을 무서워하거나 사람에게 큰 해가 되지 않는 동물들이 많지만, 사막지형에서 자주 볼 수 있는 방울뱀이나 요세미티 지역에서 많이 출몰하는 곰, 벌떼처럼 달려드는 모기들, 그리고 워싱턴 지역의 쥐들은 조금 유의해야 할 필요가 있다.

곰통(Bear Canister)

곰통은 곰들이 사람들의 음식물에 접근하지 못하도록 만들어진 통으로, 하이시에라에부터 요세미티 구간이 곰들이 자주 출몰하는 서식지이기에 법적으로 꼭 구비하도록 지정되어 있다. 크기나 모양이 다양하지만 보통 하이커들이 쓰는 곰통은 20~30리터 정도의 반투명 플라스틱 원통형으로 되어 있으며 곰들이 쉽게 열지 못하게 뚜껑을 누르고 돌려야 열리게 되어있다. 이 구간에서는 모든 음식물을 이 곰통 안에 넣어 보관해야 하며 캠핑시 반드시 텐트에서 멀리 떨어진 곳에 곰통을 두어야 한다.

카우보이캠핑(Cowboy Camping)

텐트 등의 장비를 사용하지 않고 침낭과 매트리스 등을 활용하여 야외에서 벌이는 캠핑, 비박

레인저 스테이션(Ranger Station)

레인저란 국립공원이나 주립공원 등에서 그 지역을 보존하고 감시하는 등의 역할을 하는 사람을 말하며, 그들이 상주하며 사무실로 사용하고 있는 곳이 레인저 스테이션이다. PCT를 걷다가 위급한 상황이거나 지역정보가 필요할 때 방문하면 도움을 받을 수 있다.

PCT 약어

PCT를 시작하게 되면 자주 보이는, 꼭 알아야 할 용어들이다.

BB(Bear box or Bear locker)

캠핑장에 설치된 음식저장박스. 야생동물로부터 보호하기 위한 것이다.

CG(Campground)

어느 정도 규모가 있는 캠핑장을 말한다.

CS(Campsite)

텐트를 칠 수 있는 평평한 사이트를 말한다.

GT(Gate)

입구

Hwy(Highway crossing)

주로 재보급이나 휴식을 위해 마을로 갈 때 PCT를 벗어나 히치하이킹을 하는 도로

TH(Trailhead)

트레일의 시작 지점

TR(Trail)

트레일의 약자

PL(Powerline)

고압전선. PL이라는 글씨가 보이면 주의하는 것이 좋다.

PO(Post Office)

우체국. 주로 재보급품을 받기 위해 들르게 되는 곳이다.

RD(Road crossings)

도로, 찻길

RR(Railroad track)

가끔 트레일에 등장하는 기찻길

Ski(Ski lift)

스키장 또는 스키리조트

Wild(Wilderness boundary)

야생동식물보호구역

WA/WR(Water/Water Resource)

물을 얻을 수 있는 장소. 워터리포트(www.pctwater.com)에 업데이트 됨.

WACS/WRCS(Water Campsite/Water Resource Campsite)

물을 얻을 수 있는 캠프사이트. 워터리포트에 등록이 되어있는지 여부로 구별
하고 있다.

4,300km

175일간 미국 PCT를 걷다

초판1쇄 2016년 4월 6일 **초판3쇄** 2020년 7월 17일 **지은이** 양희종 **펴낸이** 한효정 **편집교정** 김정민
기획 박자연, 강문희 **디자인** 화목, 이선희 **마케팅** 유인철, 이산들 **펴낸곳** 도서출판 푸른향기 **출판
등록** 2004년 9월 16일 제 320-2004-54호 **주소** 서울 영등포구 선유로 43가길 24 104-1002 (07210)
이메일 prunbook@naver.com **전화번호** 02-2671-5663 **팩스** 02-2671-5662
홈페이지 prunbook.com | facebook.com/prunbook | instagram.com/prunbook

ISBN 978-89-6782-040-4 03940
ⓒ 양희종, 2016, Printed in Korea

값 16,500원

이 도서의 국립중앙도서관 출판예정도서목록(CIP)은 서지정보유통지원시스템 홈페이지(http://seoji.nl.go.kr)와
국가자료공동목록시스템(http://www.nl.go.kr/kolisnet)에서 이용하실 수 있습니다.
CIP제어번호 : CIP2016008066